GÉNÉALOGIES

DES MAISONS

DE FABRI et D'AYRENX

PAR

Jules DE BOURROUSSE DE LAFFORE

Président de la Société des Sciences, Belles-Lettres et Arts d'Agen

BORDEAUX

IMPRIMERIE G. GOUNOUILHOU

II — RUE GUIRAUDE — II

1884

GÉNÉALOGIES

DES MAISONS

DE FABRI ET D'AYRENX

Tiré à 150 exemplaires.

———— ✳ ————

GÉNÉALOGIES

DES MAISONS

DE FABRI ET D'AYRENX

PAR

Jules DE BOURROUSSE DE LAFFORE

Président de la Société des Sciences, Belles-Lettres et Arts d'Agen.

BORDEAUX

IMPRIMERIE G. GOUNOUILHOU

II — RUE GUIRAUDE — II

1884

ARCHIVES DU CHATEAU D'AUGÉ

Le château d'Augé a de riches Archives, encore inexplorées et qui m'ont été ouvertes avec une bonne grâce dont je suis très reconnaissant. J'y ai puisé les éléments des deux généalogies qui sont le but de ce livre.

Et d'abord, qu'est-ce que le château d'Augé ? Où est-il situé ? Quels en ont été les seigneurs depuis le règne de Charles VI ?

Je demande à répondre succinctement à ces diverses questions, avant de donner les généalogies de Fabri et d'Ayrenx.

Le Bruilhois était un petit pays, ayant le titre de vicomté pendant le moyen âge et jusqu'à la Révolution de 1789. Il était situé sur la rive gauche de la Garonne, entre les villes de Valence-d'Agen, Golfech, La Magistère, Lafox, Agen et le Port-Sainte-Marie, qui sont sur la rive droite du fleuve ; et celles de Bruch, Espiens, Nérac, Calignac, Francescas, Ligardes, La Montjoye, Astaffort, Dunes et Auvillars, qui sont sur la rive gauche. Il avait environ 40 kilomètres de longueur de Donzac à Montesquieu, et une vingtaine de largeur de Sérignac à Beaulens, ou de Layrac au Pergain. Il occupait la superficie d'à peu près trois cantons actuels et fertiles du département de Lot-et-Garonne.

La vicomté de Bruilhois était divisée en 24 communes, ayant chacune haute, moyenne et basse justice. De plus, quatre de ces communes avaient une paroisse ou un fief ayant également haute, moyenne et basse justice.

Ainsi, sous le rapport politique ou féodal, le Bruilhois était une vicomté composée de 24 communes ayant La Plume pour chef-lieu ou capitale, selon une expression ambitieuse que l'on trouve souvent dans les actes publics.

Il était, sous le rapport judiciaire, un bailliage d'appeaux. Les appels des sentences des 28 juridictions devaient être portés à la cour du bailli séant à La Plume, et les appels du bailliage directement au parlement de Toulouse. Telle est la substance de l'arrêt solennel rendu le 6 juillet 1782 par cette cour de parlement, contrairement aux prétentions de la cour sénéchale d'Armagnac, séant à Lectoure.

La vicomté ou le bailliage d'appel de Bruilhois était, au point de vue ecclésiastique, du diocèse d'Agen jusqu'en 1317; puis du diocèse de Condom jusqu'à la Révolution. Il fait de nouveau partie du diocèse d'Agen, depuis la formation des départements.

La commune de La Plume, la plus importante sous le rapport féodal et judiciaire, comme par son étendue, sa population, sa situation centrale au point culminant de la vicomté, avait le grand château vicomtal *(magnum castrum vice comitale),* auquel tous les seigneurs des 24 communes de la vicomté devaient porter leurs hommages ; elle avait aussi la cour du bailli, où les appels de toute les sentences des 28 juges du bailliage devaient être portés.

On trouvera aux pages 14 à 21 du tirage à part des *Notes Historiques sur des monuments féodaux ou religieux du département de Lot-et-Garonne* que j'ai publiées dans la *Revue de l'Agenais,* quelques détails précis sur les dix familles qui ont possédé la vicomté de Bruilhois, sans interruption, de l'an 960 à 1789.

Le territoire de la commune de La Plume était divisé en 15 ou 16 paroisses. La première et la principale de ces paroisses était Saint-Pierre de Cazaux, puisqu'elle comprenait la ville même de La Plume et son château vicomtal,

bien que situés à 1,500 mètres de distance de l'église paroissiale, dont le portail est du x° ou du xı° siècle.

Le château d'Augé est construit à 200 ou 300 mètres de
l'église Saint-Pierre de Cazaux, qui est encore au centre du
cimetière de la commune.

Garcie de Montagu, seigneur en partie de Mondenard et
de divers autres fiefs, second fils d'Arnaud de Montagu,
baron de Mondenard (première baronnie du Quercy), épouse,
avant le 26 août 1407 (sous le règne de Charles VI), Mira-
monde d'Albret, dame des baronnies de Moncaut, Estillac
et en partie de Sainte-Colombe, etc., fille de Garcie-Arnaud
d'Albret, et de Mathée de Révignan, dame baronne de
Moncaut. Garcie de Montagu de Mondenard et dame Mira-
monde d'Albret étaient en outre seigneurs d'Augé et de
Martet, dont ils faisaient par conséquent hommage au
vicomte de Bruilhois.

En 1458, sous le règne de Charles VII, noble Jean de
Tours achète aux dits baron et baronne de Moncaut, les
terres d'Augé et de Martet, comme nobles et exemptes de
taille.

Le 24 décembre 1461, première année du règne de Louis XI,
noble Jean de Tours, habitant à la salle d'Augé, district et
juridiction de La Plume, fait dans la ville de Lectoure hommage
dudit Augé à illustre prince messire Jean (V), comte d'Armagnac, Fezensac, Rodez et l'Isle-Jourdain, vicomte de
Lomagne, Auvillars, Bruilhois, Creyssel et Gimoès, seigneur
des terres de Rivière, Aure et montagnes de Rouergue,
(...... *nobilis Johannes de Tors tenuisse ab antecessoribus
ipsius domini vice comitis ...... in feudum francum nobile
et honoratum sub dictis homatgio et fidelitatis juramento
...... unum hospitium fortificatum vulgariter nuncupatum
la sala d'Auge scitam infra districtum et juridictionem ......*

de Pluma). — Sont présents à cet hommage, nobles hommes messire Galobie de Panassac, chevalier, seigneur de Panassac ; messire Bertrand de Montesquiou, chevalier, seigneur de Montesquiou ; Antoine de Bulhac (ou de Brilhac) ; Pierre Arnaud de Mauléon *(de Malleo)*, écuyer ; messire Bertrand de La Rolhie, licencié ès lois, juge de Lomagne. L'acte d'hommage est reçu et expédié par Jean Sapientis, notaire public par autorité dudit comte. *(Grosse en parchemin portant la marque du notaire. Archives du château d'Augé.)*

Messire Louis de Gimberlion est seigneur d'Augé et de Martet en la commune de La Plume. Il doit par conséquent l'hommage au vicomte de Bruilhois. Il rend cet hommage en ces termes le 19 avril 1479, dans la ville de La Plume, à Jean, vicomte de Rochechouart et de Bruilhois.

« ..... Existant et personnellement constitué messire Louis de Gimberlion ..... étant dans la maison de noble Robert de Lamy, en présence d'excellent, magnifique et puissant homme messire Jean de Rochechouart, vicomte de Rochechouart et de Bruilhois..... fait hommage à notre seigneur vicomte, ayant les genoux fléchis, les mains jointes..... *(Existens et personaliter constitutus dominus Ludovicus de Gimberlion..... in domo habitationis nobilis Roberti de Lamy, coram egregio, magnifico et potenti viro domino Joanne de Rochechouart et de Brulhes..... fecit homagium domino nostro vicecomiti genibus flexis, manibus junctis.....)* Le même de Gimberlion reconnaît tenir toutes les possessions, rentes, revenus, oblies, redevances qu'il a dans le lieu ou la juridiction de La Plume, pour raison des dits châteaux de Martet et d'Augé, et dans toute la vicomté de Bruilhois, ainsi que ses prédécesseurs avaient coutume de faire..... » L'un des quatre témoins est noble Pierre de La Rainville, procureur et gouverneur de ladite vicomté de Bruilhois pour le même seigneur vicomte. *(Archives du château d'Augé. Grosse en parchemin portant la marque de Michel Gervasi, notaire de toute la sénéchaussée d'Agenais et Gascogne; ledit hommage produit à la cour de parlement de Toulouse et visé dans l'arrêt de ladite cour du 6 juillet 1782.)*

Un autre hommage de la même terre est fait le 5 avril 1495.

Le 2 juillet 1499, noble Louis de Gimberlion, seigneur d'Augé et de Martet, fonde un obit chargé d'une messe annuelle de *Requiem*, qui doit être célébrée à perpétuité dans l'église Saint-Barthélemi de La Plume. Il établit à cet effet une rente qu'il assigne sur une île lui appartenant sur la Garonne, appelée l'Isle-Chrétienne, en la juridiction de Caudecoste, l'une des 24 communes du Bruilhois. *(Acte passé devant Mᵉ Odet Saugentis, notaire à La Plume.)* L'église Saint-Barthélemi, mentionnée dans cet obit et dans laquelle Jean Iᵉʳ, dit *le Bon,* 14ᵐᵉ comte d'Armagnac, fit hommage le 16 avril 1353 de la vicomté de Bruilhois à l'évêque de Condom, a été reconstruite presque en totalité en 1511, à l'exception de la partie inférieure du clocher qui est de la première construction. Elle était située en dehors des murs d'enceinte, à 25 ou 30 mètres de l'une des trois portes extérieures de la ville de La Plume. Le grand château vicomtal et ses dépendances étaient compris dans le mur d'enceinte et formaient à peu près la moitié de la ville, avec laquelle ils communiquaient par deux portes intérieures. L'une des trois portes extérieures, spécialement destinée à ce château ou cette forteresse, existe encore en assez bon état de conservation. Elle était nommée *Porta Morousa* (Porte des Maures), comme je l'ai lu dans de vieux papiers des Archives de la Mairie. Avec le temps la prononciation s'est altérée, on a dit *Portamourousa,* et oubliant l'étymologie on a traduit en gascon moderne : *Portamourouso,* et en français : *Portamoureuse* ou *Porte amoureuse.*

Je reviens au château d'Augé.

L'an 1500, une transaction est passée devant Molardy,

notaire, entre noble Jean de Castetz, seigneur d'Augé, et les consuls de La Plume.

L'année suivante, le 11 janvier 1501, noble Jean de Castetz rend hommage au vicomte de Bruilhois pour les fiefs d'Augé, Lamothe et Martet.

Il rend deux hommages pour les dites seigneuries le 2 mai 1520 et en 1522, à Charles de France, duc d'Alençon, comte d'Armagnac, vicomte de Bruilhois, etc., comme mari de Marguerite de France (qu'on a nommée la Marguerite des Marguerites), sœur du roi François Ier.

L'an 1505, Jean de Castetz reçoit, en qualité de seigneur d'Augé, des reconnaissances féodales retenues par Ouzannet, notaire.

Le 15 mai 1531, étant dans le château d'Augé, noble homme Jean de Castetz, seigneur dudit château (*constitus fuit nobilis et providus vir Johannes de Castetz, dominus dicte aule d'Auge*), étant avancé en âge et voyant ses derniers jours approcher (*videns diem extremum sibi de proximo imminere*), fonde dans l'église Saint-Pierre de Cazaux, une chapelle sous l'invocation de saint André, apôtre, chapelle dans laquelle il veut être inhumé. (*Grosse en parchemin portant la marque du notaire et faisant partie des Archives d'Augé.*) Cette chapelle, encore appelée la chapelle d'Augé, est la seule de l'église Saint-Pierre de Cazaux. Elle a été jusqu'à la Révolution le lieu de sépulture des seigneurs d'Augé.

Après avoir été successivement possédé par les maisons de Montagu de Mondenard, de Tours, de Gimberlion et de Castetz, le château d'Augé devient la propriété d'une branche de l'illustre maison de Faudoas, qui l'a gardé pendant six ou sept générations.

Olivier de Faudoas, écuyer, seigneur de La Motte et de Saint-Esteffe, capitaine de 50 hommes d'armes des ordonnances du roi (fils et héritier d'Hélie de Faudoas, seigneur des mêmes lieux, et de Clairette de Révignan de Saint-Mézard, mariés le 6 mai 1493), devient seigneur d'Augé et de Martet en la commune de La Plume, et de l'Isle-Chrétienne sur Garonne, commune de Caudecoste. Il fait hommage pour Augé devant le château vicomtal de La Plume l'an 1535, et donne un dénombrement l'an 1540. Le 8 novembre de la même année 1540, il épouse Marguerite de Sédillac ou de Sérillac, et devient ainsi seigneur baron de Sérillac, fiefs et titres qu'il a transmis à ses descendants. Il fait l'an 1543 son dénombrement et son hommage pour la directe d'Augé devant le roi et la reine de Navarre, vicomtes de Bruilhois. Le 6 mai 1546, ledit Olivier de Faudoas, en sa qualité de seigneur d'Augé, Martet et l'Isle-Chrétienne, décharge l'Isle-Chrétienne de la rente que noble Louis de Gimberlion, l'un de ses prédécesseurs, avait établie le 2 juillet 1499 pour un obit chargé d'une messe annuelle de *Requiem.*

Le 22 juin 1555, noble Gilles Antoine de Faudoas, seigneur des maisons et salles d'Augé et de Martet, fait la déclaration et dénombrement des fiefs et nobles tènements qu'il possède en la vicomté de Bruilhois, près la ville de La Plume *(grosse en parchemin et jugement rendu le 28 mai 1667,* en faveur de noble Gabriel de Faudoas, curateur des héritiers de messire Pierre de Faudoas, baron de Sérillac, seigneur d'Augé, Martet, etc., rendu par Claude Pellot, seigneur de Port-David et Sandars, conseiller du roi en ses conseils, maître des requêtes ordinaire de son hôtel, intendant de justice, police et finances en la généralité de Guyenne, signé : PELLOT, *faisant partie des Archives du château d'Augé).*

Les descendants d'Olivier de Faudoas ont été, pendant près de deux siècles, barons de Sérillac, seigneurs d'Augé, Martet, etc. Messire Bernard de Faudoas, seigneur d'Augé, reçoit encore des reconnaissances pour la directe d'Augé en 1713, 1728 et 1729, retenues par Martin, notaire royal de La Plume.

Les Messieurs de Courtade de Quissac furent seigneurs d'Augé et de Martet de 1733 à 1766.

Le 4 mars 1766, Paul de Fabri ou de Fabry ([1]) succède comme seigneur d'Augé et de Martet à Joseph Courtade de Quissac, conseiller en l'Élection de Condom, et meurt le 6 novembre 1774.

Messire Jean de Fabry, major au corps royal du génie, fils aîné de Paul, et que l'on trouve qualifié baron de Fabry dans divers actes publics autérieurs à 1799, est le dernier seigneur d'Augé et de Martet, de 1774 à la Révolution. Il a laissé de son mariage avec Augustine, fille du marquis de Montaut de Saint-Sivié, vicomte du Saumont, Aminthe de Fabry d'Augé, mariée le 8 décembre 1814, avec noble Zacharie Cazimir de Bernard de Lagrange du Tuquo (fils du dernier seigneur du Tuquo, officier au régiment de Forez, chevalier de Saint-Louis).

Le château d'Augé est actuellement habité par madame veuve d'Ayrenx, née de Bernard de Lagrange du Tuquo, petite-fille de Jean de Fabry, dernier seigneur d'Augé et de Martet.

([1]) Ces deux ortographes se trouvent dans les actes; la dernière semble avoir prévalu en France dans les quatre derniers siècles.

DE FABRI ou DE FABRY

ORIGINAIRES DE PISE,

CHEVALIERS en 1138, 1152, etc., etc.;

GENTILSHOMMES CONSULS DE PISE, PODESTATS ET GONFALONNIERS DE FLORENCE, etc.,

En Italie;

FONDATEURS DE L'HÔPITAL D'HYÈRES EN 1304;

SEIGNEURS DE ST-JULIEN, ST-LAURENT, RIEZ, FONTVERNE, PEIRESC, etc.;

BARONS, puis MARQUIS DE RIANS;

SEIGNEURS DE ROMEVILLE, FABRÈGUES, MONCAUT, GAYANS, AUGÉ;

BARONS, puis COMTES D'AUTREY,

En France.

ARMES : *D'or, au lion de sable, armé et lampassé de gueules.*

La maison de Fabri est originaire de la ville de Pise en Toscane, où elle a été très florissante. Elle a occupé au moyen âge les plus grandes charges des puissantes républiques de Pise et de Florence. Elle a sa filiation connue sans interruption depuis les dernières années du onzième siècle, ou les premières du douzième.

Jean Fabri, chevalier, son premier auteur certain, est né vers 1099, époque dé la premièré croisade et de la prise de Jérusalem par Godefroy de Bouillon, sous le règne de Mathilde de Toscane, appelée *la grande comtesse*, morte le 24 juillet 1115. « Les descendants de cette » noble race ont été remarquables dans les armes, les lettres et par leur » piété. » (Voir *Viri illustris Nicolai Claudii Fabricii de Peiresc, senatoris Aquisextiensis, Vita, per Petrum Gassendum, etc.*, édition de La Haye, 1651, in-12, p. 3.)

On le voit, la maison de Fabri vivait dans les États de Mathilde de Toscane; certains de ses membres ont été contemporains de cette princesse et de la première croisade; ils ont servi, avec la qualité de chevaliers, dans les armées des empereurs Conrad III et Fréderic Barberousse, 1138 à 1190.

Deux branches de la maison de Fabri se sont établies en France, l'une en Provence, dans la ville d'Hyères, sous le règne de Philippe-Auguste et non de saint Louis; l'autre à Bagnols, au diocèse d'Uzez en bas Languedoc, sous le règne de Charles VIII.

Cette maison a produit en Italie un grand nombre de chevaliers, des gentilhommes consuls de la ville de Pise, un podestat ou chef de justice à Florence en 1284, trois gonfalonniers en 1345, 1416, 1451, un généralissime des galères de cette république, marié en 1372.

Et en France, le fondateur de l'hôpital de la ville d'Hyères en 1304, un servant d'armes du roi Charles IV le Bel en 1324, un évêque de Marseille en 1361, des capitaines de compagnies d'hommes d'armes, des chevaliers de l'ordre de Saint-Jean-de-Jérusalem, de nombreux conseillers de cours souveraines, dont le plus illustre est Claude Nicolas de Fabri de Peiresc; deux colonels dont l'un tué à la bataille de Malplaquet en 1709; Annibal de Fabry, seigneur de Moncaut, lieutenant général des armées du roi; son frère Louis de Fabry, comte d'Autrey, aussi lieutenant général, maintenus dans leur noblesse en 1671; Henry de Fabry, comte d'Autrey, colonel du régiment de La Sarre, fils dudit Louis. Jacques de Fabry de Fabrègues, capitaine de vaisseau; son frère Louis de Fabry, dit le chevalier de Fabry, lieutenant général des armées navales en 1782, commandeur de l'ordre royal et militaire de Saint-Louis.

La maison de Fabri a été maintenue dans sa noblesse à Montpellier, le 4 janvier 1671, par ordonnance de Claude Bazin, chevalier, seigneur de Bezous, intendant de la province de Languedoc; et à Paris le

5 mars 1716, par les Commissaires généraux du Conseil, députés par le roi pour l'exécution de ses déclarations contre les usurpateurs du titre de noblesse.

Elle a possédé en France un grand nombre de fiefs, entre autres la baronnie de Rians, érigée en marquisat du même nom en faveur de Claude III de Fabri, neveu de Claude Nicolas de Fabri de Peiresc, de la branche de Provence; et la baronnie d'Autrey, érigée en titre de comté par lettres-patentes données à Versailles au mois de février 1692, enregistrées par arrêt de la Chambre des Comptes de Dôle, du 22 mai 1692, en faveur de Louis de Fabry, seigneur de Moncaut, gouverneur de la citadelle de Besançon, qui devint lieutenant général des armées du roi, de la branche de Languedoc.

I. — CHEVALIERS dans les armées de Conrad III, empereur d'Allemagne, puis de l'empereur Frédéric Barberousse;
GENTILSHOMMES CONSULS DE PISE, PODESTATS ET GONFALONNIERS DE FLORENCE, ensuite SEIGNEURS DE SAINT-JULIEN et DE SAINT-LAURENT.

I. JEAN FABRI, 1er du nom, chevalier, originaire de la ville de Pise en Toscane, est né vers la fin du règne de Mathilde, avant le 24 juillet 1115, date de la mort de cette célèbre princesse, appelée la grande comtesse. Il est donc venu au monde à peu près à l'époque de la première croisade et de la prise de Jérusalem par Godefroy de Bouillon (1099).

Créé chevalier, Jean Fabri soutient le parti des empereurs d'Allemagne, Conrad III, de 1138 à 1152, puis de Frédéric Barberousse, et se signale dans les armées navales de Pise, alors l'une des plus puissantes républiques d'Italie.

Il est le père de Pierre, qui suit.

II. PIERRE FABRI, 1er du nom, chevalier, appelé *Pierre Fabri d'Hyères*, est qualifié père de Geoffroy dans l'acte public du 27 juin 1219, qui va être analysé. C'est lui qui doit être considéré comme le premier de sa race établi en Provence, dans la ville d'Hyères, et non Hugues I Fabri, chevalier, son petit-fils, marié en Provence près d'Hyères, et qui accompagne, avec sa femme, son fils et autres ses parents du même nom, le roi saint Louis en Terre-Sainte, du 24 août 1248 au 3 ou 11 juillet 1254.

Pierre Fabri laisse deux fils :

   1° Geoffroy, dont l'article suit;

   2° Jean Fabri, 2ᵉ du nom, dit *le Pisan*. Il fait en 1248 la septième croisade avec saint Louis, roi de France, et revient de Saint-Jean d'Acre en 1254, comme Hugues et Aycard Fabri, ses propres neveu et petit-neveu, le roi de France, etc.

III. GEOFFROY FABRI, chevalier, comparaît le 27 juin 1249, avec Pierre Fabri, d'Hyères, chevalier, son père, dans un acte bien important, par lequel l'un des cadets des vicomtes de Marseille, vend la seigneurie d'Hyères à la commune de Marseille. Quelques mots suffiront pour faire comprendre la situation des parties contractantes.

Bozon II, comte d'Arles ou de Provence (comme son père Rotbold II, son oncle Bozon Iᵉʳ, et son grand-père Rotbold Iᵉʳ), fut nommé *comte héréditaire de Provence* en 948 ou 950, par Conrad le Pacifique, roi d'Arles ou de la Bourgogne Transjurane. Il mourut en 968 laissant trois fils : 1° Guillaume Iᵉʳ, qui a continué les comtes d'Arles ou de Provence; 2° Rotbold III, comte de Forcalquier; et 3° Pons Iᵉʳ, vicomte de Marseille, sous la condition de l'hommage à Guillaume Iᵉʳ, comte d'Arles, son frère aîné.

   « La postérité de Pons (dit l'abbé d'Expilly dans son *Dictionnaire des Gaules,* tome V, page 1004) se maintint en possession de la vicomté de Marseille pendant huit ou neuf générations, jusqu'au commencement du treizième siècle, qu'étant alors divisée en plusieurs branches, cette vicomté sortit des mains de ses anciens possesseurs. Les habitants et la communauté de Marseille en acquirent presque toutes les portions.

   » La domination des anciens vicomtes de Marseille, continue d'Expilly, était d'une étendue assez considérable. Peut-être qu'au commencement ils n'étaient maîtres que de la seule ville de Marseille et de quelque peu de terres les plus voisines de cette ville. Avec le temps ils s'agrandirent tellement, qu'ils furent possesseurs effectifs de toutes les places, depuis la ville d'Hyères, jusqu'aux Martigues et Fos, non seulement le long de la mer, mais encore un peu avant dans les terres, savoir : les villes de Toulon et d'Hyères, les villes de Sixfours, Olières, Soliers (ou Solliès), Brégançon, La Ciotat, etc., etc. »

Pons IV, vicomte de Marseille par indivis, seigneur de Fos, d'Hyères, d'Aix, de Cuers, de La Garde, etc., descendant dudit Pons Iᵉʳ, vicomte de Marseille, adopta définitivement le nom de Fos, devenu celui de diverses branches issues des vicomtes de Marseille.

Geoffroy Fabri, chevalier, est du nombre des citoyens d'Hyères, par l'avis desquels la communauté de Marseille (qui a déjà racheté la plus grande partie de la vicomté de Marseille), acquiert d'Amiel de Fos (titré marquis de Fos, seigneur souverain d'Hyères, de Cuers et de La Garde) et de ses enfants, la seigneurie de la ville d'Hyères et le château de Brégançon. En vertu de ce traité, les citoyens de la ville d'Hyères jouissent des privilèges maritimes des Marseillais, et du droit de pêche depuis Brégançon jusques à l'île de *Corguste*, qui est la Tour de Bouc, près la ville de Martigues.

Le vendeur Amiel de Fos, seigneur souverain d'Hyères, de Cuers et de La Garde, est le fils aîné de Pons V, seigneur des mêmes lieux, et le descendant de Pons IV, vicomte de Marseille par indivis, surnommé de Fos, à cause de la terre et du château de Fos qu'il possède en propre près Martigues, dans la viguerie d'Aix, au diocèse d'Arles.

Geoffroy Fabri, chevalier, a laissé trois fils :

1º Hugues, qui suit;
2º JEAN FABRI, présent, ainsi que Hugues son frère, et Jean Fabri leur oncle paternel, dit le *Pisan,* à la septième croisade avec le roi saint Louis, de 1248 à 1254;
3º Pierre II Fabri, dont les descendants se sont établis en Languedoc sous le règne de Charles VIII, et ont formé les branches des seigneurs DE SAINT-GERVAIS, DE MONCAUT, des COMTES D'AUTREY, etc. Ce Pierre II sera rapporté après la postérité de son frère Hugues.

IV. HUGUES I FABRI, chevalier, fils de Geoffroy qui précède, épouse vers 1220-1230 MARIE DE FOS DE SOLLIÈS (issue des vicomtes de Marseille, et par conséquent des comtes de Provence), fille d'Aicard de Fos, seigneur en partie de Solliès, aujourd'hui chef-lieu de canton près la ville d'Hyères, arrondissement de Toulon (Var). Cette Marie est petite-nièce de Guidon de Solliès, prévôt de Barjols, l'un des principaux du conseil de Raymond Bérenger IV, dernier comte de Provence et de Forcalquier, beau-père du roi saint Louis et de Charles de France, comte d'Anjou.

Le 24 août 1248, jour de la Saint-Barthélemi, Hugues Fabri, chevalier, Jean son frère, et autre Jean son oncle, Marie de Solliès sa femme et Aicard Fabri son fils, étant à Aigues-Mortes, montent dans le vaisseau qui doit les conduire en Chypre, en Egypte et en Terre-Sainte pour la septième croisade. Ils sont dans le même vaisseau que leurs suzerains Charles de France, comte d'Anjou et du Maine (frère du roi saint Louis),

et Béatrix son épouse, héritière des comtés de Provence et de Forcalquier, dont la sœur Marguerite est reine de France. Le roi saint Louis,
dit l'historien Mézeray,

> « Menoit avec luy la Reine sa femme, ses deux frères Robert et
> Charles, qui avoient aussi les leurs, et un nombre innombrable
> de princes, seigneurs, prélats et gentilshommes. En passant à Lyon
> il reçut la bénédiction du pape; de là il descendit par le Rhosne et
> s'étant embarqué à Aigues-Mortes en Languedoc le vingt cinquiesme
> d'aoust, il fit voile deux jours après, et aborda heureusement en
> Chypre le vingt cinquième de septembre; il y passa l'hiver pour
> attendre le reste de ses troupes et de ses munitions. » (*Abrégé
> chronologique de l'histoire de France*, par François de Mézeray,
> t. V, p. 193.)

Le samedi après l'Ascension (15 mai) 1249, le roi saint Louis, qui a
reçu le nouveau renfort amené par Robert, duc de Bourgogne, part de
Chypre avec toutes ses troupes et aborde le 4 juin à la rade de Damiette
en Egypte, où les Sarrasins l'attendent de pied ferme. Il prend terre
malgré eux, et les repousse. En février 1250, les chrétiens gagnent la
bataille de La Massoure, et sont bientôt décimés par le scorbut, et enfin
entièrement défaits par le sultan Malec-Sala. Le roi saint Louis, ses
deux frères Alphonse et Charles, et presque tous les chefs chrétiens sont
faits prisonniers le 5 avril 1250.

Ils obtiennent leur liberté moyennant une rançon de quatre cent
mille livres d'argent et la remise de la ville de Damiette; ils conservent
leurs possessions en Terre-Sainte. Dans cette situation déplorable, ils
montent sur les galères des Génois et vont descendre au port de Saint-
Jean-d'Acre.

> » De plus de trente-cinq mille bons combattans qui avoient suivi
> saint Louis en cette expédition, il lui en restoit à peine six mille,
> nombre trop petit pour faire aucune entreprise. Néanmoins, à la
> prière des chrétiens de ce païs-là, et parce qu'il connoissoit que les
> Barbares enfreindroient la trève sitôt qu'il seroit parti, il résolut
> d'y demeurer quelque temps, et cependant il renvoya Alphonse et
> Charles en France. » (François de Mézeray, cité, t. V, p. 200 et 201.)

Hugues Fabri est du nombre des chevaliers qui ont survécu et toujours suivi les princes. Il ne rentre pas en France avec Charles, comte
d'Anjou et de Provence, son suzerain; il reste avec le roi Louis IX à
Saint-Jean-d'Acre, d'où ils partent ensemble le 24 avril 1254, veille de
Saint-Marc. Ils avaient quitté la France depuis près de six ans, et

séjourné trois ans et demi en Terre-Sainte. Ils abordent à Marseille le 3 ou le 11 juillet.

Dans son livre intitulé *La Noblesse de France aux Croisades*, p. 254, M. P. Roger cite (d'après Moréri) Hugues Fabri, de Provence, au nombre des croisés, ainsi que Bertrand Fabri, aussi de Provence (d'après une charte de 1250).

Lorsqu'il débarque en Provence, Hugues Fabri, dangereusement malade, est transporté dans la ville d'Hyères (en latin *Arcæ*), à cette époque port d'embarquement, aujourd'hui chef-lieu de canton du département du Var, à 5 kilomètres de la rade d'Hyères.

La santé recouvrée, Hugues Fabri s'emploie pour accorder les chefs du château d'Hyères et les commandants de la ville. Il paraît si judicieux en cette occasion, et ses avis sont si généralement suivis, que tout le corps de ville veut être conduit par ce sage chevalier, qui reçoit la dignité de bailli et de châtelain de la forteresse.

La place d'Hyères était alors de très grande importance à cause du commerce ; aussi Hugues Fabri voulut-il qu'elle appartînt à Charles de France, de son chef comte d'Anjou et du Maine, et du chef de sa femme Béatrix de Provence, comte de Provence et de Forcalquier. Il conduisit l'affaire à bonne fin, à la satisfaction des parties contractantes.

L'auteur de l'histoire généalogique des vicomtes de Marseille de la maison de Fos raconte en ces termes l'histoire du traité de 1257, par lequel Charles d'Anjou eut la ville d'Hyères, en échange de quelques autres fiefs :

> « Les riches domaines possédés par les puissants vicomtes de Marseille excitèrent plus d'une fois l'ambition de leurs voisins, contre lesquels ils eurent à se défendre les armes à la main, à la tête de leurs nombreux vassaux. Attaqués par Alphonse II, roi d'Aragon et comte de Provence, ils résistèrent vaillamment à ce prince, qui leur disputait leur souveraineté, et le forcèrent à renoncer à son entreprise.
>
> » Ils furent moins heureux contre Charles Ier, duc d'Anjou et comte de Provence, qui, redoutant la force que leur donnaient leurs possessions sur le littoral, les contraignit de souscrire un traité d'échange qu'il conclut avec eux au mois d'octobre 1257. La ville d'Hières, ainsi que les châteaux et les îles dont les vicomtes de Marseille étaient souverains, furent alors échangés contre d'autres domaines éloignés des rivages de la Méditerranée. La pacification de la Provence fut le résultat de ce traité, qui valut à la fois, à Charles d'Anjou, la reconnaissance de ce pays, l'affection et

le dévouement des vicomtes de Marseille, envers lesquels il s'était montré généreux. On vient d'élever au célèbre frère de saint Louis, sur une place de la ville d'Hières, une statue qui le représente apposant son sceau à cet acte de pacification, par lequel il attacha désormais à sa cause les vicomtes de Marseille, marquis de Fos.

» Ceux-ci devenus des sujets dévoués et fidèles, l'aidèrent dans l'expédition qu'il fit pour prendre possession du royaume de Naples, et deux des seigneurs de leur maison, Roger et Rostaing de Fos, faisaient partie des chevaliers choisis pour combattre corps à corps, cent contre cent, dans le fameux duel de Charles d'Anjou avec le roi d'Aragon. »

L'acte fut passé au palais de Tarascon, le 18 des calendes d'octobre (lundi 14 septembre) 1257.

Hugues Fabri, le sage chevalier que les citoyens d'Hyères avaient créé leur bailli et châtelain de leur forteresse, avait été assez heureux, ai-je dit, pour amener la conclusion de ce traité, à la satisfaction des parties contractantes. Il avait satisfait Charles de France, comte d'Anjou et de Provence, roi de Sicile, etc., son suzerain, en lui faisant avoir la forteresse d'Hyères ; les enfants d'Amiel de Fos, marquis de Fos, seigneur souverain d'Hyères, de Cuers et de La Garde avaient reçu divers fiefs, en échange de leurs droits sur la ville d'Hyères ; Roger de Fos avait reçu la baronnie de Bormes, les terres de La Mole, de Collobrières, etc., Bertrand de Fos, seigneur de La Garde et de La Valette avait eu les seigneuries du Canet et de Pierrefeu ; Mabile de Fos, sœur de Roger et de Bertrand, mariée au seigneur d'Agout, baron de Sault, avait reçu d'autres terres, etc.

Après la vente de cette place, le prince Charles, comte de Provence, donne le gouvernement de la même forteresse à Hugues Fabri, l'heureux négociateur du traité, pour lequel il n'a pas moins d'attachement que son frère saint Louis. Il le fait aussi bailli et viguier de la ville et de tous les villages en dépendant.

Hugues, durant son gouvernement, augmente considérablement les fortifications de ce château. Il donne le nom de Saint-Hugon à l'une des tours qu'il fait construire.

« Laquelle tour portait en pierre les armoiries de ce chevalier, dans lesquelles la croix de Florence occupait la visière du haume, suivant l'usage des bandes « sacrées ».

Hugues Fabri a laissé de son mariage avec Marie de Fos de Solliés, entre autres enfants :

1º Aicard, qui a continué la postérité;

2º Bertrand Fabri de Solliès, auteur de la 9e BRANCHE, et dont un fils fonda l'hôpital d'Hyères;

3º Paul Fabri de Solliès, auteur de la 10e BRANCHE, rapportée en son lieu.

V. AICARD FABRI, chevalier, nommé aussi AICARD FABRI DE SOLLIÈS, suit son père Hugues I Fabri et sa mère Marie de Fos de Solliès, à la septième croisade de 1248 à 1254, dirigée par le roi saint Louis. Il succède à son père en qualité de commandant du château d'Hyères et d'intendant des fortifications. En mémoire de son gouvernement, une porte de l'ancienne ville d'Hyères conserve encore le nom d'Aicard Fabri ou de La Fabri.

Il épouse HUGONE DE FOS DE LA GARDE, fille de Bertrand de Fos, seigneur de La Garde et de La Valette, l'un des fils d'Amiel de Fos, seigneur souverain d'Hyères et de La Garde, qui ont passé le traité du 14 septembre 1257 avec Charles de France, comte d'Anjou et de Provence. Ledit Bertrand, seigneur de La Garde, était chevalier du grand Romée de Villeneuve, connétable de Raymond Bérenger IV, comte de Provence.

S'il est permis de s'appuyer sur une simple tradition domestique, j'ajouterai que le même Aicard Fabri fait (sous Charles Ier, comte d'Anjou et de Provence, roi de Sicile) le voyage de Tunis, où le roi saint Louis meurt le 25 août 1270. Il est certain du moins qu'il a suivi ce dernier à la croisade de 1248 à 1254.

Aicard Fabri laisse de son mariage avec Hugone de Fos de La Garde :

1º Hugues II, qui suit;

2º Jean Fabri, auteur de la 8e BRANCHE, rapportée après la descendance de son frère aîné.

VI. HUGUES FABRI ou DE FABRI, 2e du nom, chevalier, épouse le 17 avril 1281 PAULETTE DE VERSELLO, sœur aînée de Bartholomine, et fille de feu Jean de Versello. Il reçoit le 12 mai 1291 des reconnaissances comme mari et comme beau-frère des filles dudit Jean de Versello. Il acquiert, le 7 janvier 1306, les salins d'Hyères avec Jean son frère.

Il laisse de son mariage :

1º Bertrand, qui a continué la postérité;

2º ANTOINE FABRI, associé le 7 octobre 1304 à la fondation de l'hôpital d'Hyères, et substitué au patronage par Guillaume Fabri de Solliès, fondateur, son oncle à la mode de Bretagne (d'après une expression moderne). Il épouse le 11 août 1338 AICARDE GERMAINE, en faveur de laquelle Hugone Fabri, sa belle-sœur, fait une donation;

3° HUGONE FABRI ou FABRESSE (d'après la coutume assez générale de donner le nom de Fabresse à chacune des filles de la maison de Fabri). Elle fait une donation en faveur d'Aicarde Germaine, sa belle-sœur.

VII. BERTRAND FABRI ou DE FABRI, damoiseau, fils aîné de Hugues II et de Paulette de Versello, est présent le 20 mars 1316 à la donation de l'hôpital dans laquelle il est qualifié *domicellus*. Il est donataire le 20 avril 1336 de Jean Fabri, son oncle paternel. Il épouse le 1er novembre 1340 MARIE DE FOSSIS, tante de Jacques de Fossis, seigneur de La Malle, et d'Allemagne de Fossis, qui avait été femme de Louis de Glandevès, seigneur de Faulron.

Il a de ce mariage :

1° Guillaume, qui suit;

2° JEAN OU JEANNET FABRI, substitué le 1er novembre 1340, ainsi que ses frères Guillaume et Bertrandet, à Cécile Fabri, leur cousine issue de germains, par Jean Fabri, leur grand-oncle, et grand-père de Cécile.

3° BERTRAND FABRI, substitué le 1er novembre 1340, comme il vient d'être dit.

VIII. GUILLAUME FABRI ou DE FABRI, 1er du nom, damoiseau, est substitué le 1er novembre 1340, par ledit Jean son grand-oncle, à Cécile de Fabri. Il est l'un des héritiers de cette dernière le 2 septembre 1372; il obtient contre Jacques de Fos, des droits que celui-ci lui disputait. Il épouse, le 22 novembre 1373 BÉATRIX DE QUATRE-LIONNE, cousine et légataire de Béatrix de Solliès.

Ledit Guillaume et Antoine son fils transigent avec Balthazar Spinola, grand sénéchal de Provence.

IX. ANTOINE I FABRI ou DE FABRI, chevalier, fils de Guillaume qui précède, étant sous l'administration de sa mère Béatrix de Quatrelionne, conteste le patronage de l'hôpital d'Hyères le 16 février 1404.

Il succède, le 6 juillet 1429, aux droits et armes de Pierre Moissoni. En effet, ledit Pierre Moissoni, chevalier, descendant direct de la sœur de Guillaume Fabri de Solliès, fondateur en 1304 de l'hôpital d'Hyères, avait usé le 16 février 1404 du droit de patronage sur cet hôpital, droit qui lui était disputé par Antoine I de Fabri; et le 6 juillet 1429 il dispose par son testament dudit patronage et de ses armes en faveur du même Antoine de Fabri et de ses enfants Monet et Barthélemi, parents collatéraux du fondateur.

Cette parenté s'établit de la manière suivante :

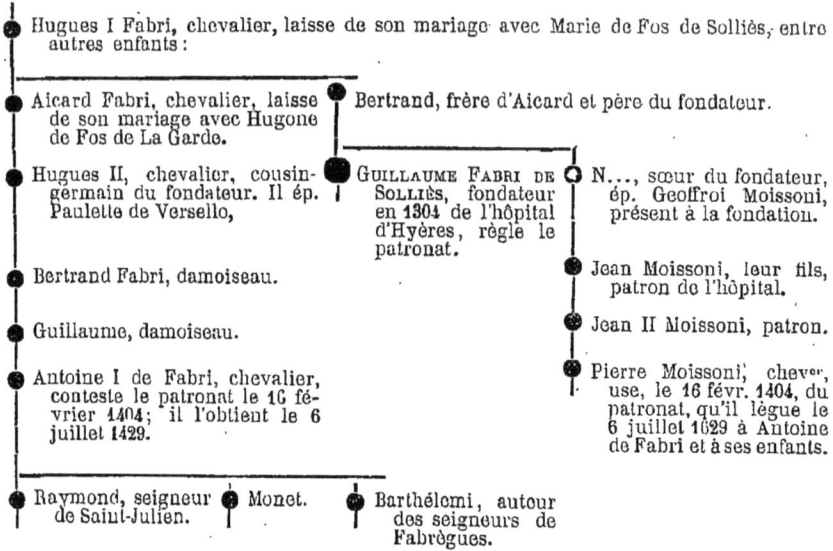

Hugues I Fabri, chevalier, laisse de son mariage avec Marie de Fos de Solliès, entre autres enfants :

Aicard Fabri, chevalier, laisse de son mariage avec Hugone de Fos de La Garde.

Bertrand, frère d'Aicard et père du fondateur.

Hugues II, chevalier, cousin-germain du fondateur. Il ép. Paulette de Versello,

Guillaume Fabri de Solliès, fondateur en 1304 de l'hôpital d'Hyères, règle le patronat.

N..., sœur du fondateur, ép. Geoffroi Moissoni, présent à la fondation.

Bertrand Fabri, damoiseau.

Jean Moissoni, leur fils, patron de l'hôpital.

Guillaume, damoiseau.

Jean II Moissoni, patron.

Antoine I de Fabri, chevalier, conteste le patronat le 1G février 1404 ; il l'obtient le 6 juillet 1429.

Pierre Moissoni, chevᵉʳ, use, le 16 févr. 1404, du patronat, qu'il lègue le 6 juillet 1629 à Antoine de Fabri et à ses enfants.

Raymond, seigneur de Saint-Julien.

Monet.

Barthélemi, auteur des seigneurs de Fabrègues.

Le patronat de l'hôpital d'Hyères, longtemps exercé par les descendants d'une sœur du fondateur, revint ainsi en 1429 au chef de la maison de Fabri.

Antoine de Fabri avait épousé HUGUETTE DE CLARITYS, fille de Jean de Claritys, du royaume de Naples. Cette dame fait son testament le 30 juin 1436, en faveur de ses enfants : Raymond, Monet et Barthélemi. Elle lègue ses perles à Yolande Portanier, sa bru.

L'année suivante, Antoine de Fabri et son fils Raymond reçoivent de René de France, comte d'Anjou et de Provence, appelé le *bon roi René*, une lettre datée du 14 janvier 1437 relative au passage de ce prince en Italie, avec son armée. On sait que René d'Anjou fut proclamé roi de Naples en 1438 et qu'il régna quelques années.

Antoine de Fabri laisse de son mariage, entre autres enfants :

1° Raymond de Fabri, seigneur de Saint-Julien et en partie de Riez, qui suit :

2° MONET DE FABRI, qualifié servant d'armes le 1ᵉʳ avril 1416 de Louis II, duc d'Anjou, roi de Sicile. Il est substitué le 6 juillet 1429,

comme son père Antoine et son frère Barthélemi, au patronage de
l'hôpital d'Hyères ([1]);

3° Barthélemi de Fabri, auteur des seigneurs DE FABRÈGUES, rapporté
après la descendance de son frère aîné.

X. RAYMOND DE FABRI, seigneur en partie de Saint-Julien et de
Riez, fils aîné d'Antoine I et de Huguette de Claritys, continue la branche aînée. Il est nourri, ainsi que son frère Monet, au château d'Angers,
au service des princes Louis III né en 1403, et René d'Anjou né en 1408
(le bon roi René), fils de Louis II de France, duc d'Anjou, comte de
Provence, roi titulaire de Naples (lequel est fils de Louis I duc d'Anjou et petit-fils de Jean II, roi de France de 1350 à 1364).

Raymond de Fabri part du château d'Angers avec des lettres-patentes
de servant d'armes dudit Louis II, datées du 1er avril 1416 :

> « Raymond présenta ses lettres le 2 juin de l'an suivant (1417) à
> Pierre Gontard, viguier et capitaine du château d'Hières, qui séant
> à son tribunal de justice les receut à deux genoux avec beaucoup
> de révérence, le chef découvert et le front baissé contre terre en
> signe d'obéissance. »

Il est employé conjointement avec son père Antoine, par René, duc
d'Anjou, comte de Provence (héritier des droits de son frère Louis III,
et de son père Louis II, sur le trône de Naples), lorsque ledit René passe
avec son armée à Naples, où il est proclamé roi par une partie de la
population en 1438. Ces faits sont constatés par les lettres suivantes,
datées du 14 janvier 1437 (V. St.), signées de la main du bon roi René :

> « Très cars é fisels, tant per so qua nostra très cara è très amada
> companha la reyna nos a scrieu, è mandat à dire per nostrè amat è
> fisel escudier de Chivali, loqual ès nouvellament arrivat devers nos,
> venant espressament de par dela, per so que de plusors partidas de
> Italia *sentem* et *vesen* clarament, nos esser necessitat a avanssar
> nostre passage en nostre realme, sens la mettre plus la longua
> dilation, o autreman tombarian en inconvenient irréparable, que
> Dieu non veulha;
> » Per la qual causa, aven deliberat faire ac l'ajuda de nostro
> senhor lo dich passage dedins lo mes de feborie prochanement
> venent et per so a causa del dich passage so nos es necessitat aver

---

([1]) Une généalogie manuscrite dit que Monet de Fabri est le père d'Amédée ou Amiel,
auteur des barons, puis marquis de Rians, seigneurs de Peiresc; mais elle avance un fait
inexact, puisque Raymond de Fabri (frère aîné de Monet) et Yolande Portanier, mariés,
nomment ledit Amiel ou Amédée comme leur second fils dans leurs testaments de 1464
et 1473.

de vos certena adjuda é secors a causa del don darriement a vos fache, vos mandam presentement devers vos nostres très cars é fisels messi Jolian de Agussano et Alphonso de Moransa portador d'aquestas per vos dire, espausar, pregar, é requerre alcunas causas de nostra part.

» Si vos pregam très affectuasemen que lo dessus dich vuelhas ausir é creire en so que vos dira de par nos coman nostra personna propria, é sur son espedition talamen besonhar, que toujours de plus en plus vostra fidelitat sia recommandade envers nos, eussens que en vos en avem ferma esperansa, très cars é fisels, Dieu sia garda de vos.

» Escriu en nostra cieutat d'Aix le XIV de jenvyé M CCCC XXXVII. »

L'auteur de la généalogie manuscrite à laquelle j'emprunte cette lettre, la fait suivre des réflexions suivantes :

« Cette lettre scellée sur le repli en lettre de cachet témoigne assez de bonnes choses qui méritent cet arrêt : La bonté de ce roy, l'état des affaires, le voyage que le roy vouloit faire pour cette conquette, et enfin l'autorité qu'Antoine et Monet de Fabri qui tenoit rang entre les plus nobles et principaux citoyens, s'étoit acquis de longue main à Hières. »

Le 4 mars 1437, Raymond de Fabri épouse YOLANDE PORTANIER, fille de Raymond Portanier, dont les armes sont : *d'azur, à la fasce d'argent, accompagné de 2 roses de même*. Il fait son testament le 30 juillet 1464, en faveur de ses enfants Antoine II et Amiel. Sa femme Yolande Portanier fait le sien le 9 octobre 1473, en faveur des mêmes enfants Antoine II et Amiel. Elle fait un legs à Jean de Fabri, son petit-fils, et substitue ses biens à Pierre de Gaubert et Ellias Portanier, ses neveux.

Raymond de Fabri laisse de son mariage avec Yolande Portanier, entre autres enfants (*fuerat Raymundus a puero una cum Renato in Ludovici secundi aula educatus; natus que illi praeter Antonium, Amedeus, qui quod esset natu posterior.....*) :

1º Antoine II, qui continue les seigneurs de Saint-Julien;
2º Amiel ou Amédée de Fabri, auteur des barons, puis marquis DE RIANS, seigneurs DE PEIRESC, etc., rapporté après la descendance de son frère aîné.

XI. ANTOINE DE FABRI, 2ᵉ du nom, seigneur en partie de Saint-Julien et de Riez, épouse le 8 août 1450, DAUPHINE DE BRAS, fille d'Espatton de Bras, coseigneur de Saint-Julien, et de Béatrix de

Riquéti, dame en partie de Riès. Cette dernière appartient à la famille des Riquéti, marquis de Mirabeau, originaire de Florence, qui a donné Honoré-Gabriel de Riquéti, comte de Mirabeau, le plus grand orateur de la Révolution française.

Le 30 juillet 1464, Antoine II de Fabri est nommé au testament de son père Raymond, et le 9 octobre 1473, au testament de sa mère Yolande Portanier. Le 14 juillet 1480, il fait, avec Ellias Portanier, consul, et le sr de Gaubert, ses proches parents, hommage pour la ville d'Hyères au roi Charles d'Anjou, comte de Provence, en vertu du testament du bon roi René, son oncle paternel. Le 29 décembre 1482, le même Antoine de Fabri est nommé châtelain et gouverneur de Brégançon.

Il fait son testament le 20 avril 1503, et donne ses biens d'Hyères à ses enfants, qu'il substitue les uns aux autres. Son épouse Dauphine de Bras fait son testament la même année, en faveur d'Honoré, son second fils, qu'elle charge de porter le nom et les armes de Bras.

Du mariage d'Antoine II de Fabri et de Dauphine de Bras sont nés :

1° Jean, qui suit;
2° HONORÉ DE FABRI, nommé aux testaments de son père et de sa mère, et chargé par cette dernière d'ajouter aux nom et armes de Fabri, les noms et armes de Bras. Il épouse le 19 octobre 1503 MAGDELEINE DE VALAVOIRE. Il a de ce mariage :

DAUPHINE DE FABRI DE BRAS, dame en partie de Saint-Julien et de Riès, mariée le 19 juin 1533 à JEAN DE FABRI, son cousin germain;

3° Caprais de Fabri, auteur de la branche des seigneurs DE RIÈS.

XII. JEAN DE FABRI, seigneur de Saint-Julien, fils aîné d'Antoine de Fabri, 2me du nom, et de Dauphine de Bras, seigneur et dame de Saint-Julien et de Riès, mariés le 8 août 1450, reçoit un legs le 9 octobre 1473 de Yolande Portanier, sa grand'mère paternelle, épouse de Raymond de Fabri.

Il épouse le 1er décembre 1476, LOUISE DE BRAS, fille et donataire de Pierre de Bras, coseigneur de Saint-Julien, et cousine de Dauphine de Bras, citée plus haut.

Le même Jean de Fabri va aux guerres d'Italie avec Charles VIII, roi de France, puis avec le roi Louis XII. Il passe avec les troupes en Piémont le 18 mars 1513.

Louise de Bras fait son testament le 19 juillet 1535, nomme ses enfants et institue pour son héritier universel Jacques, son fils aîné. Elle laisse de son mariage :

1º Jacques, dont l'article suit;

2º JACQUES-HONORÉ DE FABRI, légataire de Pierre de Bras, coseigneur de Saint-Julien, son grand-père maternel. Il est nommé le 17 octobre 1508, recteur de l'hôpital d'Hyères, de l'avis de Foulquet de Fabri (de la branche de Rians), ou bien il concourt à cette nomination. Il sert dans les armées hors du royaume et ne revient pas;

3º JEAN DE FABRI, marié avec sa cousine germaine DAUPHINE DE FABRI DE BRAS, dame en partie de Saint-Julien et de Riès;

4º LÉGIER DE FABRI, légataire de sa mère le 19 juillet 1535, nommé prieur du Croisset le 7 février 1538. Il est en outre, comme son frère Jean, usufruitier de son frère Jacques-Honoré;

5º PIERRE DE BRAS FABRI, héritier de Pierre de Bras son aïeul maternel, et chargé de porter les nom et armes de Bras. Il épouse JEANNE DE GRAS, sœur de Raymond de Gras, seigneur de Bormes, meurt le 16 février 1526, avant sa mère, et laisse de son mariage :

GASPARDE DE BRAS FABRI, née posthume le 16 septembre 1526. Elle laisse sa succession à sa mère, qui se remarie avec le sieur de ....ard.

XIII. JACQUES DE FABRI DE BRAS ou DE BRAS FABRI, seigneur de Saint-Julien, légataire et fidéicommissaire le 19 juillet 1535 de Louise de Bras, sa mère, avait épousé GUILLEMETTE DE BÉREN-GUIER DE GAUBERT, fille du sʳ de Gaubert. Il fait son testament le 7 février 1538, et laisse de son mariage :

1º Mathieu, qui suit;

2º François de Bras Fabri, auteur des seigneurs DE LA PANTILLE.

XIV. MATHIEU DE BRAS FABRI, seigneur en partie de Saint-Julien, et, du chef de sa femme coseigneur de Saint-Laurent, est nommé au testament de son père. Il épouse ANNE DE VINTIMILLE, de la maison des comtes de ce nom, dame de Saint-Laurent avec ses frères. Ladite Anne de Vintimille, devenue veuve, épouse en secondes noces Raymond de Boudille, seigneur de Saint-Martin de Moustier. Elle avait eu de son premier mariage :

1º Melchior, qui suit;

2º ANTOINE DE BRAS FABRI, seigneur de Saint-Julien, mort à la guerre (1583).

XV. MELCHIOR DE BRAS FABRI, seigneur de Saint-Laurent et de Saint-Julien, fils aîné de Mathieu, épouse DAUPHINE DE BOUDILLE, fille de Raymond de Boudille, seigneur de Saint-Martin de Moustier. Il meurt à Moustier en 1585, laissant de son mariage :

XVI. RAYMOND DE BRAS FABRI, seigneur en partie de Saint-Laurent et de Saint-Julien, épouse N... DE CLAPIERS d'Aulps, fille de M. de Clapiers, et de la dame d'Allons de Requistou. En 1608, il vend sa portion de la seigneurie de Saint-Julien qui était la huitième.

II. SEIGNEURS de LA PAUTILLE ou DE LA PANTILLE.

ARMES : *D'or, au lion de sable, armé et lampassé de gueules, tenant dans ses pattes de devant une épée de sable, dont la poignée et la garde sont de gueules.*

XIV. FRANÇOIS DE BRAS FABRI, second fils de Jacques de Bras Fabri et de Guillemette de Bérenguier (voir p. 23), fait les guerres de Piémont sous le baron des Adrets. Il épouse JEANNE DE VINTIMILLE, fille de François de Vintimille et sœur de Louis, seigneur de Montpezat. En sorte que Mathieu et François de Bras Fabri, frères, ont épousé deux damoiselles de la même maison.

Ledit François a laissé de son mariage :

1º Melchior, qui suit;
2º HONORÉ DE BRAS FABRI, mort en 1628;
3º FRANÇOIS DE BRAS FABRI, qui fait la guerre dans le marquisat de Montferrat, où l'on croit qu'il est demeuré;
4º GASPARD DE BRAS FABRI, qui se signale aux guerres de Piémont, sous le maréchal de Lesdiguières;
5º ANTOINE DE BRAS FABRI, voué à l'église.

XV. MELCHIOR DE BRAS FABRI, seigneur de Saint-Julien, recueille, par arrêt du parlement du 14 février 1582, la succession de Balthazar de Fabri, seigneur de Riès, au 4e degré du fidéicommis, que son trisaïeul paternel Antoine II de Fabri, seigneur en partie de Saint-Julien et de Riès, avait institué dans son testament du 20 avril 1503. Il épouse en 1606 MAGDELEINE DE SICCARD, fille de Guillaume de Siccard, conseiller du roi, enquêteur au siège d'Hyères. Il a de cette union :

Cosme, qui suit.

XVI. COSME DE BRAS FABRI, seigneur de La Pautille ou de La Pantille (1636), dans la commune de La Cadière (aujourd'hui canton du Beausset, arrondissement de Toulon, Var), est maintenu dans sa noblesse en 1668 par les commissaires députés pour la recherche des faux nobles. Il est qualifié écuyer sur les cadastres ou livres terriers de l'hôtel-de-ville de La Cadière. Il prend la même qualité sur son testament fait en 1700 devant Audifren, notaire à La Cadière.

Il a d'ANNE GÉRARDE, son épouse :

XVII. CLAUDE DE BRAS FABRI, seigneur de La Pantille, demeurant au lieu de La Cadière, au diocèse de Marseille, est qualifié dans une généalogie ou article généalogique « seul mâle qui reste de cette famille, toutes les autres branches ayant fini par défaut de mâles. » (*L'État de la Provence dans la Noblesse*, par M. l'abbé R. D. B., t. II, édité par Aubouin Lineri Clousier en 1693.)

Cette prétention d'être en 1693 le seul mâle survivant de la maison de Fabri est absolument inexacte.

III. SEIGNEURS DE RIÈS.

XII. CAPRAIS DE FABRI, seigneur de Riès, est le troisième fils d'Antoine de Fabri, 2e du nom, seigneur en partie de Saint-Julien et de Riès, et de Dauphine de Bras, mariés le 8 août 1450. On a vu, page 21, que cette dernière était fille d'Espatton de Bras, coseigneur de Saint-Julien, et de Béatrix de Riquéti, dame en partie de Riès.

Dans le partage des biens paternels et maternels, Caprais de Fabri reçoit en 1503, la seigneurie de Riès. Il transige en juillet 1508 avec Jean de Fabri, seigneur de Saint-Julien, son frère.

Les membres de la maison de Fabri attachaient, depuis deux siècles, un grand prix à être seigneurs patrons de l'hôpital d'Hyères, parce que ce titre conférait certains droits honorifiques, et rappelait l'importante fondation faite l'an 1304 par Guillaume Fabri de Solliès, l'un de leurs collatéraux. L'an 1509, ce droit de patronage devient le sujet d'un grand et long procès : Caprais de Fabri, seigneur de Riès, conteste le patronage de l'hôpital d'Hyères à son cousin germain paternel, messire Foulquet de Fabri, seigneur de Fontverne (qui fut quelques années plus tard conseiller au parlement d'Aix, le bisaïeul de Claude-Nicolas de Fabri, seigneur de Peiresc).

« Le 23 décembre 1517, il (Caprais) conteste en Avignon et à Rome avec un dévolutoire. » Il meurt laissant son épouse AUDELLE DE CHAUSSEGRAS, enceinte de Melchior, qui suit.

XIII. MELCHIOR DE FABRI, coseigneur de Riès, né posthume, remplit le premier degré du fidéicommis établi, le 20 avril 1503, aux biens d'Hyères, par son aïeul paternel Antoine de Fabri, 2e du nom, seigneur en partie de Saint-Julien et de Riès.

Il laisse quatre fils de son mariage :

1º Balthazar, dont l'article suit;

2º LOUIS DE FABRI, gouverneur le 19 janvier 1582 et lieutenant pour le roi de Portcros, l'une des îles d'Hyères. Il épouse, le 3 mars 1586, JEANNE DE FABRI, de la branche de Rians, fille de Charles de Fabri, viguier et capitaine pour le roi à Hyères, et de Jeanne Gensallette.

Louis de Fabri fait naufrage la même année en vue des îles d'Hyères, amenant deux cents familles pour peupler ces îles.

FRANÇOISE DE FABRI, fille des dits Louis et Jeanne de Fabri, naît posthume et meurt en bas âge;

3º JOSEPH DE FABRI, tué en la guerre de *Ratars* à *Vilutrose* (j'ai mis en italiques les lettres que je ne suis pas sûr d'avoir bien lues);

4º CHARLES DE FABRI, tué en Corse.

XIV. BALTHAZAR DE FABRI, coseigneur de Riès, fils aîné de Melchior, hérite de sa mère le 27 janvier 1597; il succède en 1586 à son frère Louis aux biens d'Hyères, et recueille le fidéicommis établi le 20 avril 1503 par Antoine II de Fabri, coseigneur de Saint-Julien et de Riès. Il transmet ce fidéicommis à Melchior de Bras Fabri, seigneur de Saint-Julien, fils de son cousin issu de germains, François de Bras Fabri et de Jeanne de Vintimille.

Il épouse POLIXÈNE DE SIGUIER, nièce du sr de Pioussin.

XV. N... DE FABRI de Riès, fille unique de Balthazar de Fabri et de Polixène de Siguier, meurt en bas âge. Sa succession revient à Melchior de Bras Fabri, seigneur de Saint-Julien.

IV. Barons, puis Marquis de RIANS.

Seigneurs de FONTVERNE, COLAS, FEIRESC, etc.

Armes : *D'or, au lion de sable, armé et lampassé de gueules, surmonté d'un lambel de gueules.*

XI. AMIEL ou AMÉDÉE DE FABRI, auteur de la branche des barons, puis marquis de Rians, est le second fils de Raymond de Fabri, seigneur en partie de Saint-Julien et de Riès, et de Yolande Portanier, mariés en 1437; il est par conséquent le frère puîné d'Antoine II de Fabri, qui a continué les seigneurs en partie de Saint-Julien et de Riès. (Voir p. 21.)

Nous avons vu, à la page 20, que Raymond de Fabri fut élevé comme enfant d'honneur avec le bon roi René, à la cour de Louis II de France, duc d'Anjou, comte de Provence, roi titulaire de Naples; qu'il eut deux fils nommés Antoine et Amédée. Gassendi, à la page 3 de l'édition de la *Vie de Peiresc* déjà citée, dit encore qu'Amédée, en sa qualité de puîné, ajoute un *lambel de gueules,* au-dessus du *lion de sable sur fond d'or,* qui sont les armes pleines de sa famille; que le même Amédée devient gouverneur d'Hyères, et qu'il est intimement connu de Charles III de France, dernier mâle de la maison d'Anjou, auquel Louis XI, roi de France, succède en 1481 *(fuerat Raimundus a puero unà cum Renato in*

Ludovici secundi aula educatus; natusque est illi, praeter Antonium, Amedeus, qui quod esset natu posterior, ideo familiæ insignibus, seu leoni fusco, in scuto aureo lemniscum coccineum adjecit. Legitur is quoque Arcarum præfectus, et Carolo tertio, cui nec Franciæ brevi successit intimè notus).

Amiel ou Amédée de Fabri est nommé au testament de son père, daté du 30 juillet 1464, et à celui de sa mère du 9 octobre 1473.

L'État de la Provence dans la Noblesse, par M. l'abbé R. D. B., tome II, édité en 1693 par Aubouin Émeric Clousier, contient ce qui suit à l'article des Fabri et des seigneurs marquis de Rians :

> « Cette branche descend d'Amiel ou Amédée Fabri, fils puîné de Raymond et d'Yolande Portanier, qui le 21 de janvier 1463, de l'aveu du roi René, épousa LOUISE DE GAUBERT, dame de Terrelongue, dont le parti était alors si avantageux que, par mandement de ce roi, du 29 décembre 1459, il fut défendu à son ayeule et tutrice dame Antoinette de Levens, et à tous les autres parents, de la marier sans son consentement. Il fut fait gouverneur du château d'Hières et il l'était encore l'an 1481. »

Cette Louise de Gaubert, trisaïeule paternelle de Claude-Nicolas de Fabri de Peiresc, est morte le lundi 30 juin 1494, comme on le voit dans la note suivante inscrite par Guillaume de Fabri, son second fils, à la fin d'un calendrier conservé à Carpentras.

> « L'an 1494, et le seguon luns du mes de jun, qui estoit le x dudict mes, transpassa de ce monde ma benigne et miséricordieuse mère de moy Guilhem Fabry, fils de noble homme feu Emilhon Fabry, de la ville d'Hyères...... » (*Catalogue des mss. de la Bibliothèque de Carpentras,* par M. Lambert, t. XXII, p. 28. — Note que je dois à l'obligeance de M. Ph. Tamizey de Larroque, correspondant de l'Institut).

Amiel de Fabri eut de son mariage :

1º Foulquet de Fabri, seigneur de Fontverne, qui a continué la postérité ;

2º Guillaume de Fabri, auteur des seigneurs DE ROMEVILLE ET DE CHAMPAUZÉ, rapporté après la postérité de Foulquet ;

3º ÉTIENNE DE FABRI ;

4º N... DE FABRI, mariée en Auvergne.

XII. FOULQUET DE FABRI, seigneur de Fontverne, conseiller au parlement d'Aix en Provence, fils aîné des précédents, est le premier des cinq conseillers donnés par sa branche en cinq générations audit parlement. Il est le bisaïeul de Claude-Nicolas de Fabri, seigneur de Peiresc, abbé de Guîtres, conseiller au parlement d'Aix. Une généalogie manuscrite dit de Foulquet :

> «... Amédée, communément dit Amiel, d'une demoiselle de Gaubert nommée Louise, laissa Foulquet le sénateur qui mérite d'être connu pour la gloire de ses neveux. »

Les deux frères Foulquet et Guillaume de Fabri prennent part à l'expédition de Piémont, et, après avoir montré leur habileté dans la carrière des armes, deviennent remarquables dans la science du droit.

L'an 1494, messire Foulquet de Fabri, seigneur de Fontverne, épouse SILVESTRE DE L'ÉVÊQUE, damoiselle, fille de Jean de L'Évêque, secrétaire du roi. (*L'État de la Provence dans la Noblesse*, cité.)

Le 17 octobre 1508, Foulquet de Fabri est seigneur patron de l'hôpital d'Hyères, et, en cette qualité, présente pour être recteur dudit hôpital, Raphaël de Fabri, l'un des fils de Jacques de Fabri, seigneur de Fabrègues, et de Louise de Vintimille.

Il s'établit dans la ville d'Aix, où il est élu assesseur l'an 1510, et l'année suivante il est choisi et député pour les affaires du pays, avec noble René Matheron, seigneur de Peymier, pour aller près du roi de France Louis XII, alors à Valence; et l'an 1512 avec le vicomte de Tallar. Il a tant de succès dans cette deuxième ambassade, que l'an 1515 il est de nouveau élu assesseur et député pour aller en cour. Ne pouvant cette fois remplir cette mission, par suite d'une maladie à la jambe, il est remplacé par Louis Garnier, auteur des sieurs de Monferon. Enfin, après avoir exercé pendant un an la charge d'avocat du roi des pauvres, Foulquet de Fabri devient conseiller au parlement souverain d'Aix.

> « ... fut fait sénateur pour être un des juges et des conseillers du
> , souverain tribunal, le 24 décembre de l'an mil cinq cent vingt-quatre;
> il mourut 20 ans après. »

Je trouve plusieurs de ces faits constatés dans les termes suivants :

> « En 1511, la province fit des plaintes touchant les nouveaux droits qui se prenaient pour le jugement des procès. Ces plaintes furent portées au Roy par Foulquet de Fabri, seigneur de Calas. Il en rapporta des lettres dont le public fut satisfait. Depuis il fut diverses fois assesseur d'Aix, et fut employé dans toutes les grandes affaires. Il fit paraître tant de probité et de clairvoyance que le roy

le fit conseiller au parlement. Sur ce don, la province qui se vit
privée d'un si grand appui, essaya de divertir les choses par ses
remontrances. Mais il ne lui fut pas possible de rien avancer, quoique même le pourvu put faire pour se deffendre d'accepteur la grace;
il lui fallut obéir à la jussion qui vint pour cela.

» La pourpre ne fut pas le seul ornement que sa postérité ait
reçue de luy, quoiqu'elle en ait été décorée pendant plus d'un siècle;
elle hérita de son intégrité et de son zèle. Les vertus conservées
dans sa famille ont été fort relevées de nos jours dans la personne
de Peiresc, son arrière-petit-fils et son successeur en sa charge... »

L'État de la Provence dans la Noblesse, cité plus haut, nous fournit
une indication à propos de Foulquet de Fabri. Après avoir constaté
que ce dernier était pourvu de l'office de conseiller au parlement de
Provence, l'auteur de cet ouvrage ajoute :

« ... et fait lieutenant de roi l'an 1534, en l'absence de Claude
d'U*tte,* seigneur du Pui Saint-Martin. J'avois mis dans la liste des
lieutenants de Roi, que c'étoit l'an 1528 parce que cette date est
ainsi dans les lettres d'érection du marquisat de Rians : mais de
depuis ayant vu les lettres de lieutenant de Roi, j'ai trouvé qu'elles
furent données par Claude, comte de Tende, le 4 janvier de l'an 1534. »

Lorsque l'empereur Charles-Quint menace de ravager la Provence,
Foulquet de Fabri sauve les précieuses archives du parlement d'Aix,
en conseillant au connétable Anne de Montmorency de les faire trans-
porter dans le château des Baux. Gassendi, ouvrage cité, page 5, et
Gauffredi rapportent qu'à l'instigation et à l'exemple de Foulquet de
Fabri, les habitants d'Aix et des campagnes brûlent eux-mêmes leurs
moissons, et font couler leurs vins pour détruire tout ce qui peut servir
à la nourriture de l'ennemi.

Foulquet de Fabri laisse de son mariage avec Silvestre de L'Évêque :

1º Nicolas, qui suit;
2º Balthazar de Fabri, rapporté après la descendance de Nicolas; .
3º JACQUES DE FABBI (1520), père de

A. JEAN DE FABRI (1544);
B. BENOIT DE FABRI.

XIII. NICOLAS DE FABRI, seigneur de Calas, fils aîné de Foulquet
de Fabri, seigneur de Fontverne, conseiller au parlement d'Aix, et de
dame Silvestre de L'Évêque, est conseiller à la même cour souveraine
après son père, de 1545 à 1573.

Il a les vertus de son père, est attaché à Claude de Savoie, comte de Tende et de Sommerive, gouverneur et sénéchal de Provence, et au roi Charles IX. Lorsque le parlement d'Aix est dissous et remplacé par une décurie ou cour composée de dix membres, le roi veut que Nicolas de Fabri fasse partie de cette nouvelle cour; et après son expédition de Corse, il lui concède la seigneurie et la propriété de Brégançon près Hyères. (Gassendi, cité, p. 6.)

Il épouse **CATHERINE DE CHAVARI**, de la ville d'Arles, et laisse de son mariage :

> 1° Claude I de Fabri, seigneur de Calas, conseiller au parlement d'Aix (le troisième de sa branche). Petit de corps et même infirme, mais d'un esprit vif et généreux, il donne son prénom à son neveu Claude-Nicolas de Fabri, seigneur de Peiresc, né le 11 décembre 1580, et meurt l'an 1608 sans avoir été marié;
>
> 2° Réginald ou Régnaud de Fabri, qui a continué la postérité;
>
> 3° Magdeleine de Fabri, mariée à Pierre de Pontevez, appartenant à l'une des grandes maisons de Provence;
>
> 4° Françoise de Fabri;
>
> 5° Charlotte de Fabri.

XIV. RÉGINALD ou RÉGNAUD DE FABRI, seigneur de Calas, de Peiresc, de Valavès et de la baronnie de Rians, « aujourd'huy sénateur à la cour des Aides » (dit M. de Gauffredi, *H^e Prov.*, auquel j'emprunte cette phrase), est le second fils de Nicolas de Fabri, seigneur de Calas, et de Catherine de Chavari, qui précèdent *(Jam ut accedamus ad Peireskii patrem reliquit Nicolaus duos filios, Claudium nempe et Reginaldum)*.

Élevé dès son enfance près de Renée de France (seconde fille de Louis XII, mariée le 28 juin 1528 à Hercule d'Est, duc de Ferrare, veuve le 3 octobre 1559, et retirée pendant son veuvage au château de Montargis en Gatinais, jusqu'à sa mort le 12 juin 1575), Régnaud de Fabri s'adonne ensuite à l'étude du droit *(Reginaldus vero innutritus a puero apud ducissam Ferrariæ Renatam, Ludovici duodecimi filiam, cum illa exigeret senium Montargiri, dedit deinceps juri excolendo).* (Gassendi, *Vie de Peiresc*, citée, p. 6 et 7.) Il est reçu l'an 1574 conseiller à la Cour des Comptes, et meurt doyen de cette cour. (*L'État de la Provence dans la Noblesse*, cité.)

Régnaud de Fabri acquiert l'ancienne baronnie de Rians, située en Provence, et peu éloignée de la ville d'Aix, bien que de nos jours elle soit un chef-lieu de canton de l'arrondissement de Brignoles, Var.

Il épouse 1° MARGUERITE DE BOMPAR, fille de N... de Bompár, seigneur de Peiresc ou de Peyresq (aujourd'hui chef-lieu d'une commune du canton de Saint-André, arrondissement de Castellane, Basses-Alpes). La nouvelle mariée porte la seigneurie de Peiresc dans la maison de Fabri. Elle vient du côté paternel de chevaliers et de gouverneurs, et du côté maternel tient aux familles de Vallavoir et de Forbin (*Porro cum frater viveret cœlebs, ducit ipse in conjugem Margaritam Bompariam, quæ ex paternâ stirpe equites præsides habuit, et maternâ vèro ad familias Vallavoriam, Forbinamquè attinuit* (Gassendi, p. 7). Elle meurt âgée de 22 ans.

Régnaud de Fabri, après quatorze ans de veuvage, épouse : 2° CATHERINE DE CARADET, d'une naissance illustre des deux côtés : ses ancêtres paternels avaient été empereurs grecs, et par sa mère Catherine de Caradet tenait aux Fiesque, de Gênes. Elle était veuve, et avait une fille nommée Marquise de son premier époux, Olivier de Thules, de race parlementaire. Nous verrons cette Marquise de Thules mariée plus tard avec Palamède de Fabri, baron de Rians, fils de Marguerite de Bompar (Gassendi, édition citée, p. 13).

Régnaud de Fabri a du premier lit avec Marguerite de Bompar, dame de Peiresc :

> 1° Claude Nicolas de Fabri, seigneur de Peiresc, dont l'article suit;
> 2° Palamède de Fabri, seigneur de Valavès, baron de Rians, qui a continué la postérité;

Le même Régnaud de Fabri a du deuxième lit avec Catherine de Caradet :

> 3° GABRIEL DE FABRI;
> 4° SUZANNE DE FABRI;
> 5° et autres enfants morts en bas âge.

XV. CLAUDE-NICOLAS DE FABRI, seigneur DE PEIRESC, abbé de Guitres, conseiller au parlement d'Aix, est le fils aîné de Régnaud de Fabri et de Marguerite de Bompar, dame de Peiresc. Il naît le 11 décembre 1580, à sept heures du soir, au château de Beaugensier, situé dans une vallée resserrée, et cependant agréable, rendue fertile par le Gapeau, petit cours d'eau qui l'arrose. Ce château est éloigné de Toulon et d'Hyères, comme ces deux villes le sont entre elles. Claude-Nicolas de Fabri fit construire un aqueduc assez remarquable pour conduire les eaux de la petite rivière dans le magnifique jardin qui était près du vieux château. Gassendi qui fournit ces données en 1641, dit que cette habitation était tombée en ruine.

Régnaud de Fabri et Marguerite de Bompar désiraient des enfants depuis quelques années, lorsque cette dernière comprit qu'elle allait devenir mère, elle se promit de donner à son enfant pour parrain *un pauvre passant (lustralem sponsorem,* servant aux purifications), au lieu d'un grand personnage. Le nouveau-né fut appelé Claude (du nom de son oncle), Nicolas du nom de son grand-père, et Peiresc du château situé sur une élévation, patrimoine de sa mère, en latin *Petrisco,* vulgairement *Peiresc,* nom qu'il a rendu célèbre (Gassendi, cité, p. 7 et 8).

En 1604, Peiresc, âgé de 24 ans, est nommé conseiller au parlement d'Aix; mais n'accepte pas alors; soit qu'il ne veuille pas priver de cet honneur son père qu'il aime tendrement; soit qu'il craigne qu'une fois attaché aux devoirs de sa charge, il ne lui reste plus la liberté de l'étude et l'occasion de voyager pendant qu'il est jeune. Bien qu'il refuse d'être sénateur (suivant une expression latine de l'époque), il continue l'étude du droit.

On désire vivement le marier; il opte pour le célibat, ne croyant pas pouvoir supporter les sollicitudes de la famille. Un jour, sans le consulter, Régnaud de Fabri convient pour son fils d'un mariage avec une fille unique *viri illustris* Jean de La Cépède, *primi rationum præsidis.* Peiresc demande ardemment d'être dégagé de cette promesse faite sans avoir été consulté; il donne pour raison qu'il a précédemment engagé son nom et sa foi à la Sagesse et aux Muses *(quippe se Palladi, ac Musis, nomen fidemque ita dedisse, ut Salvilegum duceret de aliis nuptiis cogitare)* (Gassendi, cité, p. 9). Il reste célibataire à l'exemple de Claude de Fabri, conseiller au parlement d'Aix, son oncle paternel.

Peiresc, revenant de Marseille au château de Beaugensier, veut traverser Le Castellet pour y saluer une personne du lieu nommée Julian. Il se trouve en rapport avec un homme éminent, Guillaume du Vair, né à Paris en 1556, successivement conseiller au parlement, maître des requêtes, premier président au parlement d'Aix en Provence (mort à Tonneins en Agenais, où il était à la suite du roi Louis XIII, durant le siège de Clairac, 1621). Ce premier président, qui devint garde des sceaux de France en 1616, avait jugé et apprécié le jeune Peiresc, neveu de Claude I de Fabri, conseiller à la même cour. Du Vair se prépare à se rendre à Paris et demande à Peiresc s'il ne veut pas connaître la ville et la cour. Ce dernier peut-il désirer rien de mieux qu'un tel

3

voyage, fait en compagnie d'un homme de cette importance? La volonté de mon oncle paternel, répond-il, peut seule y mettre obstacle. Une affaire de famille était portée en ce moment au conseil du roi, relativement à des tailles que les habitants de Rians prétendaient dues pour certains fonds de terre par Régnaud de Fabri, baron de Rians; et Régnaud a demandé que son frère Claude, le conseiller au parlement d'Aix, aille à Paris pour cela. Guillaume du Vair cherche à tout concilier : il se charge de s'occuper de la question des tailles comme de sa propre affaire, et persuade à l'oncle qu'il y a de l'injustice et non de la bonté à ne pas employer les qualités d'un homme de la valeur de ce neveu. L'oncle donne son acquiescement, et vers la fin du mois d'août, Fabri de Peiresc fait le voyage avec Guillaume du Vair, et arrive pour les fêtes du prince Dauphin.

Il apprend que sur ces entrefaites Catherine de Caradet, sa marâtre, est morte à Beaugensier, que son retour est attendu pour le règlement de diverses affaires. Il revient en Provence vers la fin du mois suivant. Rentré chez lui, il approuve l'avis de posséder indivise la baronnie de Rians. (*Idem*, p. 107.) Des querelles naissent à propos des semences dans cette baronnie; Peiresc prend soin de les apaiser et de traiter avec Louis de Grôlée, seigneur de Meuillon, marquis de Bressieux. Il part à cet effet pour le Dauphiné, d'où il était revenu au commencement de 1607.

Il est enfin la même année conseiller au parlement d'Aix, à l'âge de vingt-sept ans (Gassendi, cité, p. 135).

Claude de Fabri, oncle paternel de Peiresc, meurt vers la fête des rois de l'année 1608. Il veut que son cœur et ses entrailles soient ensevelis à Beaugensier, et le reste de son corps à Aix, dans le sépulcre de ses ancêtres. (*Idem*, p. 150.)

Peiresc est à Paris en 1614, et doit, à l'instigation de Régnaud de Fabri, son père, assister le mois de janvier suivant aux noces de Magdeleine de Fabri, sa proche parente, avec Pierre Séguier, le futur chancelier de France. Palamède de Fabri, seigneur de Valavès, son frère germain, convoqué à Paris avec l'ordre de la noblesse de Provence pour assister aux États-Généraux du royaume (parce que le jeune roi Louis XIII est majeur de quatorze ans), a été malade en route et obligé de s'arrêter.

L'an 1623, Peiresc est nommé abbé de Guîtres au diocèse de Bordeaux, avec faculté de continuer ses fonctions de conseiller au parlement. Non seulement la cour accède à cet arrangement, mais elle décide même à l'unanimité, que Peiresc admis à la première classe y demeure à perpétuité, et qu'il soit dispensé de la Tournelle ou de connaître des affaires criminelles. Il obtient même un rescrit par lequel le souverain pontife lui permet de connaître des crimes capitaux. (*Idem*, p. 475, 476.)

Peiresc avait quarante-cinq ans lorsqu'il perdit son père, le 25 octobre 1625. Cet événement lui causa une douleur profonde.

En 1631, Claude III de Fabri, fils de Palamède, cherche à se marier dans le comtat Venaisin ou d'Avignon avec une noble jeune fille nommée Marguerite d'Arlies ou des Alries. Peiresc approuve cette union, et pour la faire réussir, fait donation à son neveu de sa part de la baronnie de Rians, et de sa charge de conseiller au parlement d'Aix, sous la réserve d'en jouir encore pendant trois ans *(donatione facta Riantiensis baronniæ et concessione dignitatis senatoriæ, ea solum lege ut sibi functio integra per triennium reservaretur)* (Gassendi, cité, p. 362.)

A l'expiration des trois années, vers la fin d'octobre 1635, Peiresc est très gravement affecté de ne plus faire partie de la cour de parlement, bien qu'il ait spontanément résigné ses fonctions en faveur de son neveu. Dans cet état de choses, son frère Palamède de Fabri, seigneur de Valavès, agit à Paris et obtient un diplôme royal par lequel Peiresc est complètement réintégré dans ses fonctions et pour cinq ans. (*Idem*, p. 383.)

Peiresc meurt le 24 juin de la même année 1637; et comme tout ce qui se rattache à un grand homme offre de l'intérêt, on est allé jusqu'à noter avec précision qu'il est mort avant trois heures de l'après-midi, après avoir vécu cinquante-six ans, six mois, douze jours et vingt heures. (*Idem*, p. 583.) Les funérailles sont réglées par le baron de Rians, neveu paternel du défunt.

Palamède de Fabri, seigneur de Valavès, ayant une grande douleur, était absent de Paris lorsque la mort de son frère lui fut annoncée. Le cardinal de Lyon alla le visiter, et laissa voir une profonde affliction à cause de son affection pour Peiresc. Le cardinal de Richelieu arrive ensuite à Aix, et n'a rien de plus pressé que de faire ce qui est convenable, et même d'assister aux funérailles que les habitants de la baronnie de Rians font à Peiresc à l'occasion d'un cénotaphe. Il écrit aussi à Gênes immédiatement pour qu'on envoie de là le marbre nécessaire à l'érection d'un monument. Tout cela est fait au nom et du consentement du frère et de leur affection mutuelle. (*Idem,* p. 585) ([1]).

L'épitaphe suivante fut mise sur le monument :

« Hîc situs Nicolaus
Fabri Peirescius
Amplissimi ordinis in
Aquæ — Sext. curia
Senator,
Christianiam resurrectionem
Expectat.
Reconditissimus antiquariæ
Supellectilis thesauros
Sagacitate, consilio,
Liberalitate, cunctis
Orbe tota

Disciplinarum studiosis
Aperuit.
Doctissimis unde proficerent
Saepe monstravit.
Mira beatitate felix,
Sœculo satis rixoso
Notissimus sine
Quærela vixit.
VIII cal. Jul. chr. M.
VC. XXXVII·
Optimo viro omnis bonus
Adprecari debet. »

Je trouve à la fin de l'article de Peiresc une dernière note que je ne veux pas négliger, bien qu'elle contienne plusieurs idées déjà exprimées :

« La maison de Fabri *(gens Fabricia),* appartenant à l'ordre de la chevalerie, a brillé par la gloire militaire pendant plus de trois cents ans, avant d'entrer au parlement d'Aix (1524). Elle fut remarquable par l'intelligence et par la science, elle eut la plus éminente dignité, une grande érudition et un fonds littéraire assez distingué, elle parvint ainsi héréditairement à Nicolas-Claude Fabri (4me génération) qui par ses études et sa droiture surpassa ses devanciers. »

Foulquet de Fabri, seigneur de Fontverne, bisaïeul paternel de Peiresc, fut conseiller au parlement d'Aix en 1524; si ses ancêtres appartenaient à la chevalerie plus de trois siècles avant cette époque, cela nous reporte à 1200, et par conséquent à Pierre I Fabri, chevalier, appelé Pierre Fabri d'Hyères, qui assiste en 1219 avec son fils Geoffroy,

([1]) Cette phrase un peu ambiguë dans Gassendi ne permet pas de juger si c'est le cardinal de Richelieu ou le frère de Peiresc qui écrit à Gênes.

aussi chevalier, à la cession de la seigneurie d'Hyères à la commune de Marseille. Tout cela confirme la filiation de la maison de Fabri.

Un portrait de Peiresc, gravé en 1631, existe dans les riches archives du château d'Augé (La Plume, Lot-et-Garonne), où j'ai trouvé tous les éléments de cette généalogie, réunis avant la révolution par Jean de Fabri, seigneur d'Augé, chef de bataillon du génie.

M. Ph. Tamizey de Larroque, correspondant de l'Institut, mon collègue à la Société des Sciences, Lettres et Arts d'Agen, et mon ami, est, depuis plusieurs années, chargé par le Gouvernement français de réunir et de publier, en six volumes in-4°, toute la correspondance de Claude-Nicolas de Fabri, seigneur de Peiresc. Il était, par sa prodigieuse érudition et son étonnante puissance de travail, naturellement désigné pour cet immense collection.

XV. PALAMÈDE DE FABRI, seigneur de Valavès, viguier royal de Marseille, est le second fils de Régnaud de Fabri et de Marguerite de Bompar, dame de Peiresc, et le frère germain de Claude-Nicolas de Fabri, seigneur de Peiresc, abbé de Guîtres et conseiller au parlement d'Aix, qui précèdent.

Né en 1582, Palamède de Fabri, épouse MARQUISE DE THULES, dame de Trébillane, fille unique d'Olivier de Thules, de race parlementaire, et de Catherine de Caradet, alors remariée à Régnaud de Fabri. Cette Catherine de Caradet, ai-je dit, était de grande naissance; elle descendait, par son père, des anciens empereurs grecs, et, par sa mère, des Fiesques, de Gênes. Cette Marquise ou Marguerite de Thules était cousine de deux évêques d'Orange de ce nom.

Le roi Louis XIII est déclaré majeur de quatorze ans le 2 octobre 1614; à cette occasion les États-Généraux du royaume sont appelés à Paris pour le 27 du même mois. Palamède de Fabri, seigneur de Valavès, etc., convoqué avec l'ordre de la noblesse de Provence, est atteint pendant la route d'une maladie grave qui l'oblige de suspendre son voyage.

L'an 1627, Palamède de Fabri revient à Paris et termine par une transaction les procès relatifs à la baronnie de Rians, qui duraient depuis un si grand nombre d'années.

Six ans plus tard, l'an 1633, il est nommé viguier royal de Marseille, et promet à cette ville de prendre tous les ans les rênes de la magistrature le 2 mars, et de continuer toute l'année en qualité de chef de la cour municipale.

XVI. CLAUDE III DE FABRI, baron, puis marquis de Rians, conseiller au parlement de Provence ou d'Aix, est le fils de Palamède de Fabri et de Marquise de Thules. Né trois ans après le mariage de ces derniers, il reçoit son prénom de Claude I de Fabri, son grand-oncle paternel, encore vivant à cette époque.

L'an 1631, Claude III de Fabri, baron de Rians par l'abandon des droits de son oncle et de son père sur cette terre, épouse dans le comtat d'Avignon une noble jeune fille, MARGUERITE D'ARLIES ou DES ALRIES, fille de Jacques des Alries, seigneur de Rousset, et d'Isabeau de Simiane (celle-ci d'une des grandes maisons de Provence).

En 1637, après le décès de Peiresc, son neveu Claude III de Fabri, baron de Rians, devient conseiller au parlement d'Aix, le cinquième de sa branche.

C'est en sa faveur que l'ancienne baronnie de Rians, acquise par son grand-père Régnaud de Fabri, conseiller à la même cour, est érigée en marquisat par lettres de 1657, enregistrées au parlement d'Aix.

Deux filles sont nées du mariage de Claude III de Fabri, marquis de Rians, et de Marguerite d'Arlies ou des Arlies :

1° SUZANNE DE FABRI, dame marquise de Rians, mariée à FRANÇOIS-PAUL DE VALBELLE, seigneur de Mérargues et de Caderache;

2° GABRIELLE DE FABRI DE RIANS, mariée à SCIPION DU PÉRIER, 2° du nom, chevalier, conseiller au parlement de Provence, fils de François II du Périer, et Marguerite de Duranty de Saint-Louis, petit-fils de Scipion du Périer, surnommé le *Papinien moderne,* procureur général de la Provence l'an 1637, l'un des légataires de Peiresc, et marié en 1609 avec Sibille de Garnier, des seigneurs de Montfuron. Enfin, Scipion II du Périer, l'époux de Gabrielle de Fabri de Rians, a pour bisaïeul François du Périer, gentilhomme de la chambre du roi Henri IV en 1607, marié l'an 1584 à Catherine d'Étienne. C'est à ce François du Périer que François de Malherbe adressa les stances si connues commençant par ce vers :

« Ta douleur, du Périer, sera donc éternelle ? »

La maison du Périer est sortie incontestablement des anciens rois, comtes ou princes de Bretagne, de la branche des comtes de Cornouailles, qui avait une origine commune avec les rois, comtes ou ducs de Bretagne (voir *dom Maurice,* liv. Ier, fos 13, 14, 15, 16, 17, 18, 19 et 20). Salomon du Périer, marié à Julienne de Quélen, qui a fondé la branche de Provence, est l'un des fils d'Alain, chevalier, sire du Périer, maréchal de Bretagne en 1304 et 1322.

V. Puinés des BARONS DE RIANS.

XIII. BALTHAZAR DE FABRI est le deuxième fils de messire Foulquet de Fabri, seigneur de Fontverne, conseiller au parlement d'Aix, et de dame Silvestre de L'Évêque (voir p. 30). Il est le frère puiné de

Nicolas, et par conséquent le grand-oncle de Claude-Nicolas de Fabri, seigneur de Peiresc.

Il meurt après avoir été médecin de cinq rois et de deux connétables de Montmorency.

XIV. CHARLES I DE FABRI, fils de Balthazar qui précède, est nommé viguier et capitaine pour le roi dans la ville d'Hyères; il est plus tard donataire du fort et de l'île de Bregançon, comme récompense de ses services.

Il avait épousé JEANNE GANSELLETTE, qui meurt le 20 avril 1572, laissant deux enfants :

1° Charles qui suit;
2° JEANNE DE FABRI, mariée le 3 mars 1586 à LOUIS DE FABRI, gouverneur et lieutenant pour le roi de Portcros, l'une des îles d'Hyères, deuxième fils de Melchior de Fabri, seigneur de Riès.

XV. CHARLES DE FABRI, 2e du nom, né le 12 avril 1571, meurt le 4 septembre 1573.

VI. SEIGNEURS DE ROMEVILLE et DE CHAMPAUZÉ.

ARMES : *D'or, au lion de sable, armé et lampassé de gueules,* qui est de Fabri ; puis *d'azur, à la fasce d'argent, accompagnée de 3 roses de même,* qui est de Portanier.

XII. GUILLAUME DE FABRI, auteur de la branche des seigneurs de Romeville et de Champauzé et frère puiné de Foulquet de Fabri, seigneur de Fontverne, conseiller au parlement d'Aix, est le second fils d'Amiel ou Amédée de Fabri, chef de la branche des barons, puis marquis de Rians, et de Louise de Gaubert (voir p. 28).

Le 16 juin 1494, Guillaume de Fabri partage quelques droits de Yolande Portanier, sa grand'mère paternelle, épouse de Raymond de Fabri, seigneur en partie de Saint-Julien et de Riès. Gassendi prétend que ce Guillaume se marie en Auvergne et qu'il était savant dans le droit (¹).

Cette filiation est confirmée par Gassendi, dans le passage suivant relatif aux enfants d'Amédée de Fabri :

> « La famille fut de nouveau divisée en deux rameaux. Deux fils naquirent, l'un nommé Foulquet, l'autre Guillaume, tous les deux se distinguèrent dans l'art militaire et la science du droit. Ils combattirent d'abord dans l'expédition de Piémont, et à leur rentrée ils s'adonnèrent entièrement à l'étude du droit. Guillaume, le plus jeune des deux fut adopté par son grand-oncle Elzéar Portanier, de Brignolles, homme lettré..... sa sœur étant mariée en Auvergne, il dirige ses pas vers cette région, et par reconnaissance il adopte les armes de Portanier : *l'écu d'azur, chargé d'une fasce et de roses d'argent* » (²). (*Ouvrage cité*, p. 4.)

XIII. JEAN I DE FABRI, fils de Guillaume qui précède, épouse ANNE ou JEANNE ASCAROLLE. Il donne en 1535 quelques héritages à son beau-frère Charles Ascarolle, chanoine de Notre-Dame de Saint-Flour et meurt en 1567, laissant de son mariage :

1º Jean qui suit;
2º HUGUES DE FABRI, docteur en droit, régent de l'université d'Orléans. Il donne quelques héritages à Georges de Fabri, son neveu, docteur de la même université.

XIV. JEAN DE FABRI, 2e du nom, docteur et avocat à Orléans,

(¹) Une généalogie manuscrite existant aux archives de la famille contient la note suivante :

Après la mort de Guillaume, ses enfants ne prirent pour armoiries que deux roses d'argent en champ d'azur; ils en ajoutèrent une troisième, et mirent la bande d'argent en fasce. Ce sont sans doute les armes de Portanier, qu'ils avaient prises au lieu des leurs, quoique ce ne soit pas dans la généalogie. Ces armoiries étaient donc : *d'azur, à la fasce d'argent, accompagnée de trois roses de même.*

(²) ...Autem familia rursus in duos ramos divisa est, si quidem ipsi fuere duo filii alter Fulco, alter Guillelmus. Ambo et peritia armorum et prudentia juris instructi. Quippe primum in expeditione Pedemontana militassent, sese ab ipso reditu, excolendo juri totos addixerunt. Nam Guillelmus quidem natu minor a magno avunculo Elziario Portanerio Brinoniensi, viro litterato adoptus concessit juris dicendi causa Aureliam et Avaril... ductaque sorore Arvernate, in ea regione pedem fecit, et gratitudinis ergo insignias dicti Portanerii assumsit, *in scuto nempe ceruleo fasciam que et rosas argenteas.* (Gassendi, cité, p. 4.)

« traite du droit successif » d'Anne ou Jeanne Ascarolle, sa mère, le
13 mai 1561. Il avait épousé MARIE D'ARGERY, dont il laisse trois
fils :

>   1° Jean III, qui suit;
>   2° ANTOINE DE FABRI, conseiller au présidial d'Orléans;
>   3° GEORGES DE FABRI, docteur de l'université d'Orléans. Il reçoit un
>   legs de son oncle paternel Hugues de Fabri, docteur en droit, régent
>   de l'université d'Orléans. Le même Georges fait son testament le
>   23 mai 1553.

XV. JEAN DE FABRI, 3e du nom, seigneur de Romeville, Villeneuve,
Champauzé, et trésorier général de l'extraordinaire des guerres, fils
aîné de Jean II et de Marie d'Argery, épouse MARIE BUATIER, dont
il a un fils et deux filles :

>   1° Jean IV, qui suit;
>   2° MAGDELEINE DE FABRI, née le 22 novembre 1597, mariée à PIERRE
>   SÉGUIER, chevalier, comte de Gien, duc de Villemor, successivement
>   conseiller, puis président à mortier au parlement de Paris, garde
>   des sceaux le dernier février 1633, chancelier de France, dignité
>   pour laquelle il prête serment le 19 décembre 1635. Le chancelier
>   Séguier, né le 28 mai 1588, mort à Saint-Germain-en-Laye le 28 jan-
>   vier 1672, âgé de 84 ans, était le fils de Jean Séguier, seigneur
>   d'Autry, lieutenant civil au Châtelet de Paris, et de Marie Tudert,
>   et le petit-fils d'autre Pierre Séguier, seigneur de Sorel, Autry, etc.,
>   président à mortier au parlement de Paris. Antoine Séguier, seigneur
>   de Villiers et de Fourqueux, oncle paternel du chancelier, fut
>   successivement maître des Requêtes, conseiller d'État, avocat géné-
>   ral, président à mortier au parlement de Paris, ambassadeur à
>   Venise l'an 1598.
>   Le chancelier Séguier, déjà comte de Gien, obtint l'érection de la
>   baronnie de Villemor et de la seigneurie de Saint-Liébault en duché
>   de Villemor, par lettres-patentes du mois de janvier 1650, lettres
>   qui ne furent point enregistrées. Il portait pour armes : *d'azur, au
>   chevron d'or, accompagné en chef de deux étoiles du même, et en
>   pointe d'un mouton d'argent*. Il a laissé de son mariage avec Magde-
>   leine de Fabri :
>
>   >   A. Magdeleine Séguier, née le 10 août 1618, mariée; 1° le 5 fé-
>   >   vrier 1634 à César du Cambout, marquis de Coislin, colonel
>   >   général des Suisses; 2° à Gui, marquis de Laval et de Sablé;
>   >   B. Charlotte Séguier, née le 5 avril 1623, mariée; 1° le 3 fé-
>   >   vrier 1639 avec Maximilien de Béthune, duc de Sully, pair de
>   >   France, fils de l'ami d'Henri IV; 2° le 29 octobre 1668 avec
>   >   Henri de Bourbon, duc de Verneuil, pair de France, fils naturel
>   >   du roi Henri IV, et de Catherine-Henriette de Balzac d'Entragues.

·3° MARIE DE FABRI, alliée à PHILIBERT, vicomte de POMPADOUR, lieutenant général en Limousin.

XVI. JEAN DE FABRI, 4e du nom, seigneur de Romeville, Villeneuve, Champauzé, et conseiller d'État, premier conseiller de Monsieur,
frère du roi, est le fils de Jean III et le beau-frère du chancelier Séguier
et du vicomte de Pompadour.

La filiation de toute cette branche se trouve dans le passage cité à
l'article de Guillaume et dans le suivant placé au bas de la page (¹).

VII. SEIGNEURS DE FABRÈGUES.

ARMES : *Écartelé, aux 1 et 4 d'or, ou lion de sable, armé et lampassé de gueules ;*
aux 2 et 3 d'argent, au pal d'azur, au chef de gueules chargé de 3 écussons d'or,
d'après une concession du bon roi René, comte de Provence et roi de Sicile,
qui en 1459 confirme Jacques de Fabry dans sa noblesse.

X. BARTHÉLEMY DE FABRI ou DE FABRY, coseigneur d'Espinouse, auteur des seigneurs de Fabrègues, est le troisième fils d'Antoine I de Fabri, chevalier, et de Huguette de Claritys. Il a deux frères
aînés : Raymond de Fabri, seigneur en partie de Saint-Julien et de Riès,
né en 1403, et Monet de Fabri, né en 1408, élevés au château d'Angers,
enfants d'honneur avec le bon roi René, qualifiés en 1416 sergents
d'armes de Louis II de France, duc d'Anjou, comte de Provence, roi
titulaire de Naples (voir p. 19 et 20).

Le 6 juillet 1429, Barthélemy de Fabry est substitué (comme son
frère Monet et leur père Antoine Ier) au droit de patronage de l'hôpital
d'Hyères, par Pierre Moissoni, chevalier, qui possède ce droit de patronage parce que sa bisaïeule (mariée avec Geoffroy Moissoni) était la
sœur de Guillaume Fabri de Solliès, fondateur dudit hôpital en 1304.

Barthélemi de Fabri est, comme ses frères, légataire de Huguette de
Claritys, sa mère, en vertu du testament de cette dernière, daté du
30 juin 1436. Il épouse N..., dame d'ESPINOUSE en partie. On ignore
le nom de famille de cette dame ; on connaît seulement le nom de
son fief.

(¹) Præter hugonem jurisconsultum celebrem, filium alium nomine Joannem, patrem
Joannis alterius, a quo procreatus Joannis alius parens fuit Joannis illius, qui jam libello-
rum suppli... magister, heroinas habet germanas : tum Magdalenam Petro Seguierio, per
illustri Franciæ cancellario ; tum Mariam, viro generoso Philiberto Pompadorio Lemovicum
pro regi nuptam. (*Idem*, p. 4.)

XI. JEAN DE FABRY, fils de Barthélemy de Fabry et de la dame d'Espinouse, est nommé *Pierre* par l'auteur de l'*État de la Provence dans sa noblesse,* cité. Il se marie, par contrat du 6 avril 1441, avec PAULETTE DE CHAUSSEGROS, fille de Pierre de Chaussegros, seigneur de Mimet. La même Paulette fait son testament le 13 mai 1457 et laisse Jacques de son mariage.

XII. JACQUES DE FABRY, seigneur de Fabrègues, confirmé dans sa noblesse par lettres-patentes du 7 janvier 1459, enregistrées aux archives de Sa Majesté en Provence le 22 octobre 1472. (*Registre P. D. V. O. Armorial 4,* n° 15, fol. 152.) René d'Anjou, le bon comte de Provence et roi de Sicile, lui permet de bâtir une maison à Aulps, en fief noble, franche et immune de toutes tailles, mais sujette aux ban et arrière-ban de la noblesse.

Le même Jacques de Fabry fait échange d'un four banal qu'il avait à Aulps, pour la moitié de la juridiction de Fabrègues, avec Olivier de Panard, archevêque d'Aix. Le roi René lui en donne l'investiture par lettres du 5 mai 1477. Il fait hommage au roi de France le 20 juin 1481.

Il avait épousé, par contrat du 4 juin 1459, LOUISE DE VINTIMILLE DE MONTPEZAT, fille de noble Emmanuel de Vintimille, des comtes de ce nom, et d'Urbaine Aguelle, dame de Riex. La même Louise de Vintimille est dite mariée avec Jacques de Fabry, seigneur de Fabrègues, dans un acte de l'an 1504.

Ce dernier fait son testament dans lequel il nomme ses enfants :

1° Jean, qui a continué la postérité;
2° LOUIS DE FABRY, mort sans enfants;
3° PIERRE DE FABRY, coseigneur de Fabrègues, fils de Jacques de Fabry et de Louise de Vintimille. Il nous est connu par un acte de famille important au point de vue de la communauté d'origine, prouvée d'ailleurs par des testaments. Foulquet de Fabri, seigneur de Fontverne, et seigneur patron de l'hôpital d'Hyères, était le cousin issu de germains de Jacques de Fabry, seigneur de Fabrègues (père de Pierre et de Raphaël). Ils étaient les uns et les autres de la même souche que Guillaume Fabri de Solliès, fondateur en 1304 de l'hôpital d'Hyères. Foulquet de Fabri avait, en sa qualité de seigneur patron, le droit de présenter le recteur dudit hôpital. Pierre de Fabry « le 17 octobre 1508 fit intervenir Raphaël, son frère, en la « nomination de Foulquet, son cousin, pour la Rectorie de l'hôpital ». (*Généalogie manuscrite aux archives de la famille de Fabry, au château d'Augé, commune et canton de La Plume, Lot-et-Garonne*). Cette phrase, que j'ai voulu citer textuellement est mal rédigée,

puisque Foulquet de Fabri est le seigneur patron qui présente on nomme le recteur, et que Raphaël concourt à cette nomination, ou bien est le recteur nommé par Foulquet.

Pierre de Fabry épouse LOUISE D'ARCUSSIA, dont il a :

ANTOINE DE FABRY, seigneur en partie de Fabrègues, marié avec LOUISE, *aliàs* FRANÇOISE DE COURET, d'où est né :

LOUIS DE FABRY, coseigneur en Fabrègues, assesseur de la ville d'Aix, et plusieurs fois député pour les affaires importantes de la province. Il laisse de son mariage avec LOUISE DE JOANNIS :

ANTOINETTE DE FABRY, dame en partie de Fabrègues, mariée l'an 1600 avec PIERRE DE CORNIS, seigneur de Beaurecueil, avocat général au parlement d'Aix.

4° RAPHAEL DE FABRY, nommé recteur de l'hôpital d'Hyères le 10 octobre 1508, par Foulquet de Fabri, de la branche de Rians, et plus tard conseiller au parlement d'Aix. Cette nomination au rectorat de l'hôpital d'Hyères est une nouvelle preuve de la communauté d'origine des branches de Rians et de Fabrègues avec le fondateur de cet hôpital.

XIII. JEAN DE FABRY, seigneur de Fabrègues, fils aîné de Jacques de Fabry et de Louise de Vintimille, épouse HONORADE TENQUE, par contrat du 9 janvier 1501, passé devant Séguirani, notaire.

XIV. ALEXIS DE FABRY, seigneur de Fabrègues, fils des précédents, épouse le 6 décembre 1558, JEANNE DE ROUX, des seigneurs de Lamanon. Il fait hommage au roi pour sa terre de Fabrègues en 1559 et laisse de son mariage :

XV. MELCHIOR DE FABRY, seigneur de Fabrègues, fait hommage au roi le 28 février 1598. Il épouse, par contrat du 21 juillet 1591, CAMILLE D'ESPATTON, des seigneurs de Tourtout. Il a de cette union :

XVI. GASPARD I DE FABRY, seigneur de Fabrègues, épouse le 18 juin 1622 FRANÇOISE DE GRASSE, de la branche des seigneurs de Saint-Césaire et de La Male. Il a de ce mariage vingt-deux enfants, dont seize garçons et six filles, entre lesquels :

1° François, qui suit;
2° JEAN DE FABRY;

3° MELCHIOR
4° ANTOINE ⎬ DE FABRY, chevaliers de Malte, reçus en 1646;
5° GASPARD
6° MARGUERITE DE FABRY, mariée à FRANÇOIS D'ARBAUD, seigneur de Brésé.

XVII. FRANÇOIS DE FABRY, seigneur de Fabrègues, fils aîné de Gaspard et de Françoise de Grasse, épouse le 1ᵉʳ octobre 1652 ANNE DE VINTIMILLE, fille de Roland de Vintimille, seigneur de Montpezat. Il laisse entre autres enfants :

1° Gaspard, qui suit;
2° FRANÇOIS DE FABRY, chevalier de Malte, page du Grand-Maître de son Ordre l'an 1672.

XVIII. GASPARD II DE FABRY, seigneur de Fabrègues, marié avec ANNE DE CLAPIERS.

XIX. N... DE FABRY, seigneur de Fabrègues, fils de Gaspard II et d'Anne de Clapiers, laisse de son mariage :

1° Joseph Alexandre, qui suit;
2° JACQUES BE FABRY, capitaine de vaisseau, chevalier de Saint-Louis;
3° LOUIS DE FABRY, dit *le Chevalier de Fabri,* lieutenant des armées navales en 1782, commandeur de l'ordre royal et militaire de Saint-Louis, ci-devant commandant de la marine à Toulon.
  Je citerai deux de ses lettres au chapitre des seigneurs d'Augé;
4° MARIE-ANNE DE FABRY, veuve de CHARLES DE CLAPIERS, ancien capitaine au régiment de Marine;
5° ANNE-THÉRÈSE DE FABRY;
6° N... DE FABRY, ⎱ religieuses.
7° N... DE FABRY, ⎰

XX. JOSEPH-ALEXANDRE DE FABRY, seigneur de Fabrègues au diocèse de Fréjus, marié en 1750 à JULIE DE RAPHELIS DE ROQUE SAUTE, existe encore le 4 novembre 1789. Il a de ce mariage :

1° N... de Fabry, qui suit;
2° N... DE FABRI DE FABRÈGUES, lieutenant de vaisseau, chevalier de Malte de minorité en 1789;
3° N... DE FABRY;
4° N... DE FABRY, religieuse.

XXI. N... DE FABRY, lieutenant de vaisseau (1789).

L'*État présent de la noblesse française*, publié à Paris en 1866, par la librairie Bachelin-Deflorenne, mentionne quatre représentants de la même famille de Fabry originaire de Toscane, dont deux branches se sont établies en France, l'une en Provence, l'autre en Languedoc :

1º Henri-Paul de Fabry, domicilié à Tain (Drôme);

2º M. de Fabry, inspecteur des Douanes à Montbéliard (Doubs);

3º M. de Fabry, au château de Fabrègues, par Aups (Var);

4º M. de Fabry, cours Napoléon, 15, à Lyon (Rhône).

VIII. Branche formée par JEAN, second fils D'AICARD FABRI DE SOLLIÈS, CHEVALIER.

VI. JEAN FABRI ou DE FABRI, second fils d'Aicard Fabri de Solliès, chevalier, et de Hugone de Fos de La Garde, est le petit-fils de Hugues Fabri, 1er du nom, chevalier, et de Marie de Fos de Solliès (voir p. 17). Il assiste le 17 avril 1281 au mariage de son frère aîné Hugues II Fabri ou de Fabri, chevalier, avec Paulette de Versello, fille de feu Jean de Versello et sœur aînée de Bartholomine.

Il épouse ladite BARTHOLOMINE DE VERSELLO.

On voit que les deux frères Hugues II et Jean ont épousé les deux sœurs Paulette et Bartholomine.

Jean est exécuteur testamentaire, le 7 octobre 1304, de Guillaume Fabri de Solliès, son cousin germain, fondateur de l'hôpital d'Hyères.

Il fait une donation, le 20 janvier 1336, en faveur des enfants de son neveu Bertrand de Fabri, fils de feu Jacques II.

Le même Jean Fabri ou de Fabri nomme plusieurs membres de sa famille dans son testament, daté du 1er novembre 1340, et fait un legs à Bartholomine de Versello, son épouse. Il institue pour son héritière universelle Cécile de Fabri, sa petite-fille, la met sous la tutelle de Bartholomine de Versello, grand'mère de ladite Cécile, ou de Bertrand Fabri de Solliès et de Bertrand de La Garde (fils de Raymond). Il substitue pour la moitié de sa succession, à ladite Cécile, trois cousins issus de germains de cette dernière, nommés Guillaume, Bertranet et Jeannet de Fabri, fils de Bertrand, damoiseau, neveu du testateur. Il substitue à ladite Cécile, pour l'autre moitié de la succession, trois cousines issues de germains de la même Cécile, nommées Fillette, Marguerite et Alariette de Fabri, filles de feu Antoine, autre neveu du testateur.

Le tableau suivant permettra de bien comprendre cette parenté :

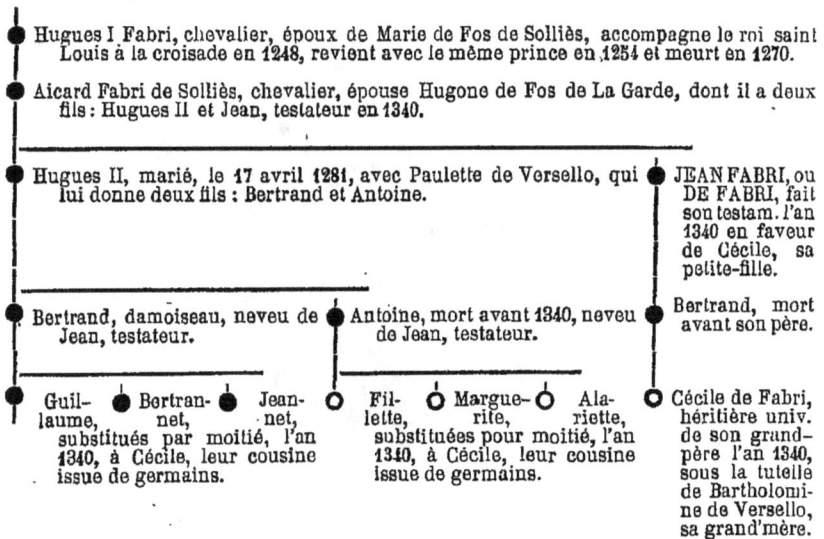

Hugues I Fabri, chevalier, époux de Marie de Fos de Solliès, accompagne le roi saint Louis à la croisade en 1248, revient avec le même prince en 1254 et meurt en 1270.

Aicard Fabri de Solliès, chevalier, épouse Hugone de Fos de La Garde, dont il a deux fils : Hugues II et Jean, testateur en 1340.

Hugues II, marié, le 17 avril 1281, avec Paulette de Versello, qui lui donne deux fils : Bertrand et Antoine.

JEAN FABRI, ou DE FABRI, fait son testam. l'an 1340 en faveur de Cécile, sa petite-fille.

Bertrand, damoiseau, neveu de Jean, testateur.

Antoine, mort avant 1340, neveu de Jean, testateur.

Bertrand, mort avant son père.

Guillaume, Bertranet, Jeannet, substitués par moitié, l'an 1340, à Cécile, leur cousine issue de germains.

Fillette, Marguerite, Alariette, substituées pour moitié, l'an 1340, à Cécile, leur cousine issue de germains.

Cécile de Fabri, héritière univ. de son grand-père l'an 1340, sous la tutelle de Bartholomine de Versello, sa grand'mère.

VII. BERTRAND DE FABRI, fils de Jean et de Bartholomine de Versello, qui précèdent, ne vivait plus le 1er novembre 1340, date du testament de son père. Il laisse Cécile, de son mariage avec BERTRANDE ORULIONE ou ORUBOUE, laquelle étant devenue veuve, paraît avoir épousé en secondes noces Jean Moissoni, fils d'autre Jean, et en avoir eu Pierre Moissoni, chevalier, Bertrand et Louis.

VIII. CÉCILE DE FABRI, héritière universelle, le 1er novembre 1340, de Jean son aïeul paternel, est placée sous la tutelle de Bartholomine de Versello, sa grand'mère, et en cas de décès de cette dernière, sous la tutelle de Bertrand Fabri de Solliès, damoiseau, et de Bertrand de La Garde, ses proches parents.

Elle fait son testament, le 6 avril 1348, en faveur de Guillaume de Fabri, son cousin issu de germains, et de Fillette, Marguerite et Alariette de Fabri, ses cousines issues de germains. Elle lègue 100 livres à sa mère, Bertrande Orulione.

IX. Branche du FONDATEUR DE L'HÔPITAL D'HYÈRES en 1304.

V. BERTRAND I FABRI DE SOLLIÈS est le second fils de Hugues Fabri, 1ᵉʳ du nom, chevalier (qui suivit du 25 août 1248 au 3 ou 11 juillet 1254, le roi saint Louis à la septième croisade), et de Marie de Fos de Solliès. Il est le frère puîné d'Aicard Fabri de Solliès, présent à la même croisade avec son père Hugues et le roi Louis IX (voir p. 17).

Il laisse de son mariage deux fils et au moins une fille :

1º Guillaume, qui suit;
2º Bertrand II, dont l'article suivra celui de son frère;
3º N... Fabri de Solliès, rapportée après ses deux frères.

VI. GUILLAUME FABRI DE SOLLIÈS s'adonne à la médecine, fait divers voyages, et à son retour fonde dans la ville d'Hyères, le 7 octobre 1304, un hôpital où les pèlerins qui vont en Palestine ou en reviennent, doivent être soignés. Il est le premier recteur de cet établissement. Il règle le droit de patronage de cet hôpital et de présentation du recteur. Après lui, ce droit de patronage doit appartenir à son frère Bertrand II Fabri de Solliès, auquel il substitue le mari de sa sœur, nommé Geoffroy Moissoni.

Cette fondation était très importante. Le droit de patronage de l'hôpital d'Hyères conférait des avantages auxquels la maison de Fabri attachait un vif intérêt; aussi fut-il le sujet de fréquents procès entre diverses branches. L'obligation de prouver, devant des cours de justice, le degré de parenté de chaque compétiteur avec le fondateur de l'hôpital, a jeté beaucoup de lumière sur la filiation de toute la race.

VI. BERTRAND II FABRI DE SOLLIÈS, second fils de Bertrand Ier et frère de Guillaume, hérite de ce dernier et devient le deuxième recteur de l'hôpital d'Hyères, après le décès du fondateur.

VI. N... FABRI DE SOLLIÈS, fille de Bertrand I et sœur de Guillaume, fondateur de l'hôpital, et de Bertrand II, épouse GEOFFROY MOISSONI.

Ce Geoffroy Moissoni est nommé à l'acte de fondation dudit hôpital du 7 octobre 1304 et qualifié beau-frère du fondateur. Il est en outre substitué à Bertrand II pour le patronage. Je crois devoir donner ici les noms de son fils, de son petit-fils et de son arrière-petit-fils, pour montrer comment, à la quatrième génération, le droit de patronage de l'hôpital d'Hyères revient au chef de la maison de Fabri.

Jean I Moissoni, fils des précédents et neveu du fondateur, succède au droit de patronage, lors de la mort de son père ;

Jean II Moissoni, fils de Jean I, et petit-fils de Geoffroy Moissoni et de N... Fabri de Solliès, exerce à son tour le droit de patronage. On croit qu'il épouse Bertrande (dont je ne sais pas lire le nom patronymique, peut-être Orulione ou Oruboue), veuve d'un Bertrand de Fabri, et mère de Cécile de Fabri. On pense également qu'il laisse trois fils de ce mariage. En sorte que Cécile de Fabri, héritière universelle le 1er novembre 1340 de Jean son aïeul paternel, serait la sœur utérine (demi-sœur) des trois Moissoni, qui suivent.

a. Pierre Moissoni, chevalier (fils de Jean II, petit-fils d'autre Jean, et arrière-petit-fils de Geoffroy Moissoni, et de N... Fabri de Solliès), exerce le 16 février 1404 le droit de patronage de l'hôpital d'Hyères, comme descendant direct de la sœur du fondateur, droit qui lui avait été contesté par Antoine I de Fabri, chevalier, chef de la branche aînée de la maison de Fabri.

Enfin le 6 juillet 1429, le même Pierre Moissoni, chevalier, dispose par son testament de ce droit de patronage et de ses armes, en faveur dudit Antoine I de Fabri et des enfants de ce dernier, parents collatéraux du fondateur (voir p. 19 et 20) ;

b. Bertrand Moissoni, } frères de Pierre Moissoni, chevalier.
c. Louis Moissoni,

X. Branche fondée par le 3ᵐᵉ fils de HUGUES I FABRI, Chevalier,
et de Marie de FOS DE SOLLIÈS.

V. PAUL FABRI DE SOLLIÈS, frère d'Aicard et de Bertrand I,
est créé grand viguier de Marseille en 1301, par Charles II de France,
dit le Boiteux, comte d'Anjou et du Maine, et roi de Naples de 1285 à
1309 du chef de Charles Iᵉʳ, son père, et comte de Provence du chef
de Béatrix, sa mère.

Il est le troisième fils de Hugues Fabri, 1ᵉʳ du nom, chevalier, et de
Marie de Fos de Solliès, mariés vers 1220-1230 (voir p. 17). Il est
nommé, en 1292, juge-mage du palais du roi à Marseille, par ledit
Charles II d'Anjou, roi de Naples et comte de Provence, neveu de
saint Louis, roi de France.

Paul Fabri de Solliès laisse de son épouse, dont le nom n'est pas
connu, un fils nommé Bertrand.

VI. BERTRAND FABRI DE SOLLIÈS est témoin, le 7 octobre 1304,
à l'acte par lequel Guillaume Fabri de Solliès, son cousin germain,
fonde l'hôpital d'Hyères.

Le prénom de Bertrand a été porté, de 1280 à 1340, par six membres
de la maison de Fabri; en sorte qu'il est difficile d'affirmer si le Bertrand dont je m'occupe, présent à la fondation de l'hôpital d'Hyères
en 1304, est le même que Bertrand Fabri de Solliès, mentionné à la
page 47 comme étant tuteur en 1340 avec Bertrand de La Garde, de
Cécile de Fabri. Nous avons vu que cette dernière était héritière de
Jean de Fabri, son grand-père, et qu'elle avait pour tutrice Bartholomine de Versello, sa grand'mère paternelle.

VII. RAYMOND FABRI DE SOLLIÈS, fils de Bertrand qui précède,
est, le 7 janvier 1336, le premier des connétables à la défense de la
ville d'Hyères contre Charles, l'un des nombreux princes de la branche
d'Anjou-Sicile.

VIII. ROSTAING FABRI DE SOLLIÈS, fils de Raymond, est juge
royal d'Hyères; il fait en cette qualité, le 14 mars 1401, publier les
immunités du Conseil, de la part du prince de Tarente, vice-roi.

XI. Gentilhommes consuls de Pise, Gonfaloniers de Florence,
puis Seigneurs de SAINT-GERVAIS, de MONCAUT, etc.,
Comtes d'AUTREY.

Armes : *D'or, au lion de sable, armé et lampassé de gueules.*

IV. PIERRE FABRI, 2ᵉ du nom, gentilhomme et consul de la ville
de Pise en Toscane, est le frère de Hugues I Fabri, chevalier, et de
Jean, qui, avec autre Jean Fabri, leur oncle paternel, suivirent saint
Louis à la septième croisade, de 1248 à 1254. Il est fils de Geoffroy
Fabri, chevalier, petit-fils de Pierre Fabri, 1ᵉʳ du nom, chevalier, et
par conséquent arrière-petit-fils de Jean Fabri, chevalier, originaire de
la ville de Pise, mentionnés aux pages 9, 10 et 11.

Il épouse à Gênes MARIE CAMPI le 4 mars 1256. Sa descendance
continue de résider en Toscane pendant huit générations. Nous verrons
cette huitième génération représentée par Ludovic Fabri, chevalier,
dont Pierre II est le sixième aïeul paternel, aider puissamment
Charles VIII, roi de France, durant les guerres d'Italie, puis suivre ce
prince en France et s'établir dans la province de Languedoc l'an 1496.

Ainsi, Pierre II Fabri, gentilhomme et consul de la ville de Pise, est l'auteur des branches de la maison de Fabri qui ont habité le Languedoc, comme son frère Hugues I Fabri, chevalier, est l'auteur des branches de la même maison qui ont existé ou existent en Provence.

V. JEAN FABRI, l'un des fils de Pierre II et de Marie Campi, était podestat de la république de Florence ou chef de la justice en 1284. Il avait épousé à Gênes, le 25 août 1280, CATHERINE CHIAVARO, dont il eut, entre autres enfants, François, qui a continué la postérité.

VI. FRANÇOIS FABRI, consul de la ville de Pise, comme Pierre II, son grand-père, se marie, le 28 novembre 1315, avec ANTOINETTE CAVALIERI, dont il laisse Antoine qui suit.

VII. ANTOINE FABRI, gonfalonier de Florence, exerce cette charge importante avec une grande distinction et se marie à Rome, le 5 avril 1345, avec Jeanne PERLEONY ou PERLIONY. Il laisse de cette union, entre autres enfants, Paul-Émile, qui a continué la postérité.

VIII. PAUL-ÉMILE FABRI se dévoue au service de la marine; il devient généralissime des galères de la république de Florence et l'un des plus grands hommes de son siècle. Il épouse à Florence, le 18 mars 1372, ÉLÉONORE BAGNI, qui lui donne entre autres enfants Mathieu, qui suit.

IX. MATHIEU FABRI, gonfalonier de Florence, comme Antoine, son aïeul paternel, épouse dans cette ville, le 24 juin 1416, CATHERINE BAGLIONI, appartenant à une famille illustre (1).

X. LAURENT FABRI, fils de Mathieu et de Catherine Baglioni, devient gonfalonier de la république de Florence, comme son père et son bisaïeul. Il épouse dans la même ville, le 10 avril 1451, LOUISE ALBERTI, de l'une des plus anciennes familles de Florence, qui disputa longtemps le pouvoir aux Médicis et aux Albizzi. Benoît Alberti, le

(1) Bouillet dit dans son *Dictionnaire universel d'histoire et de géographie* :
J. Paul Baglioni, d'une famille illustre de Pérouse, s'empara de la souveraine autorité dans sa patrie vers 1500, et se rendit indépendant du Saint-Siège. Il eut à combattre les papes Alexandre VI, Jules II et Léon X, fut plusieurs fois chassé et autant de fois rétabli. Pour mettre un terme à sa tyrannie, Léon X, qui avait réussi à l'amener à Rome, lui fit trancher la tête (1520). Quelques années après sa mort, son cousin Rodolphe Baglioni recouvra la souveraine autorité dans Pérouse (1534-1540).

plus célèbre personnage de cette maison, renversa Pierre Albizzi, exerça le pouvoir suprême de 1378 à 1382, et mourut en exil après avoir à son tour été renversé par Thomas ou Mazo Albizzi, qui ramena sa famille au pouvoir, gouverna sa patrie avec gloire de 1382 à 1417, et vengea la mort de son oncle Pierre Albizzi. J'ignore si les Alberti ou d'Albert, ducs de Luynes et de Chevreuse en France, et venus de Florence, sont de la même maison que Louise Alberti.

Cette dernière laissa de son mariage avec Laurent Fabri, gonfalonier de Florence, entre autres enfants :

1° Ludovic, dont l'article suit ;

2° LANCIE FABRI, mariée en Italie le 22 octobre 1483, avec noble et puissant seigneur ROBERT DE BALZAC, seigneur d'Entragues et de Saint-Amand, ès montagnes d'Auvergne, conseiller et chambellan de Charles VIII, roi de France, sénéchal du pays d'Agenais et Gascogne, fils de Jean de Balzac, sénéchal d'Agenais et Gascogne, et d'Agnès d'Entragues.

Robert de Balzac avait en 1471 et 1472 servi le roi Louis XI avec 25 hommes d'armes contre Jean V, comte d'Armagnac. Il était veuf d'Antoinette de Castelnau, dame de Bretenoux, lorsqu'il épousa Lancie Fabri.

Il fut fait gouverneur de Pise, lorsque son beau-frère Ludovic Fabri eut fait mettre cette ville sous la puissance du roi Charles VIII.

Il composa deux ouvrages, l'un ayant pour titre : *la Nef des batailles ;* l'autre *le Droit chemin de l'hôpital et les gens qui le trouvent par leurs œuvres et leurs manières de vivre.* Il portait pour armes : *d'azur, à 3 flanquis ou sautoirs d'argent, posés 2 et 1 ; au chef d'or, chargé de 3 flanquis du champ, posés en fasce* ([1]).

XI. LUDOVIC FABRI, chevalier, fils de Laurent Fabri et de Louise Alberti, et beau-frère de Robert de Balzac, seigneur d'Entragues,

---

([1]) Une branche de la maison de Balzac s'était fixée en Lyonnais, où elle a possédé les châteaux de Bagnols et de Châtillon d'Azergues, par le mariage de Roffec de Balzac, 2e du nom, avec Jeanne d'Albon, en 1433. Ce Roffec mourut en 1473 ; son fils Geoffroy, seigneur de Montmorillon et de Saint-Clément (Bourbonnais), mourut en 1509. On lit l'inscription suivante sur la pierre qui recouvrait sa tombe, et qui est actuellement dans la chapelle de Notre-Dame, autrefois chapelle du château de Châtillon :

« Cy-git
noble et puissant seigneur messire Geoffroy de Balsac,
seigneur de Châtillon
et grand varlet de chambre du roi Charles VIII,
qui trespassa le IXe jour de janvier l'an 1509.
Priez pour son âme. »

« L'épitaphe est en lettres gothiques. Au milieu est la représentation d'un chevalier armé de toutes pièces. » (*Étude biographique et bibliographique sur Symphorien Champier*, par M. P. Allut, Lyon, 1859, p. 116 et 117.)

épouse à Florence, le 22 octobre 1483, ANNE CAPPONI, appartenant à une grande maison :

> « Capponi, famille illustre de Florence, balança quelque temps le crédit des Médicis. Le chef et le personnage le plus connu de cette famille est Gino Capponi, décemvir de la guerre en 1405, qui contribua puissamment à la prise de Pise, et fut nommé gouverneur de cette ville. (Bouillet, *Dictionnaire universel d'histoire et de géographie.*)

Le même Ludovic Fabri est le chef du parti qui remet, en 1494, la ville de Pise sous l'obéissance de Charles VIII, roi de France. Il est d'un grand secours à ce prince, tant par ses lumières et sa fermeté, que par l'autorité que son nom et les membres de sa famille ont dans toute la Toscane. Il entre dès lors au service du roi Charles VIII, est investi d'une charge de capitaine dans l'armée, suit en France son beau-frère Robert de Balzac, comte d'Entragues, gouverneur de Beaucaire, et s'établit en Languedoc en 1496.

Il laisse d'Anne Capponi, son épouse, entre autres enfants, qu'il nomme dans son testament :

1º Guillaume, qui a continué la postérité;

2º PIERRE DE FABRI, nommé avec Guillaume son frère, dans le testament de Ludovic, leur père. Il a été éloigné par les troubles, est-il dit dans une généalogie manuscrite.

XII. GUILLAUME DE FABRI ou DE FABRY, capitaine dans les Bandes Noires, nommé au testament de son père Ludovic, épouse au Puy-en-Velay, le 2 janvier 1513, MARGUERITE DE GRIMOARD DE BEAUVOIR DU ROURE.

Sa tante Lancie de Fabri, devenue par son mariage dame de Balzac d'Entragues, et Guillaume de Fabry sont les premiers de leur branche qui s'allient à des maisons françaises. Laîné parle en ces termes des Grimoard de Beauvoir du Roure :

> « Une des plus anciennes et des plus illustres maisons du Midi, originaire du Viennois, où elle florissait dès l'an 1000, établie dans le Gévaudan et le Vivarais, où elle possède la terre, le nom et les armes du Roure depuis le XIIᵉ siècle; revêtue en Dauphiné, de la *mistralie des comtes de Vienne* dès l'an 1038, suivant Chorier, Valbonnais, etc., et dont un des auteurs, Raoul du Roure, fut nommé par le roi saint Louis, en 1250, haut bailli du Gévaudan, après Béraud de Mercœur, au rapport de dom Vaissette.

» Guillaume de Beauvoir, 6ᵉ du nom, chevalier, seigneur du Roure, de Bannes, etc., épousa Urbaine de Grimoard, arrière-petite-fille de Guillaume de Grimoard, seigneur de Grizac, et d'Amphélise de Sabran, sœur de Saint-Elzéar, père et mère d'Urbain V. Urbaine était fille et héritière d'Antoine de Grimoard, seigneur de Verteuil, Grizac, Bellegarde, Randon, etc., qui testa en 1494. Depuis cette époque, et non avant, les Beauvoir du Roure ont fait précéder leur nom de celui de Grimoard, et les deux maisons se sont confondues... » (*Dictionnaire véridique des Origines des maisons nobles ou anoblies du royaume de France,* t. II, p. 123.)

Ainsi, Guillaume de Grimoard, pape sous le nom d'Urbain V, de 1362 à 1370, était le fils d'autre Guillaume de Grimoard et d'Amphélise de Sabran, et le grand-oncle d'Urbaine de Grimoard, épouse de Guillaume VI de Beauvoir, chevalier, seigneur du Roure, etc., comme on le voit dans le tableau suivant :

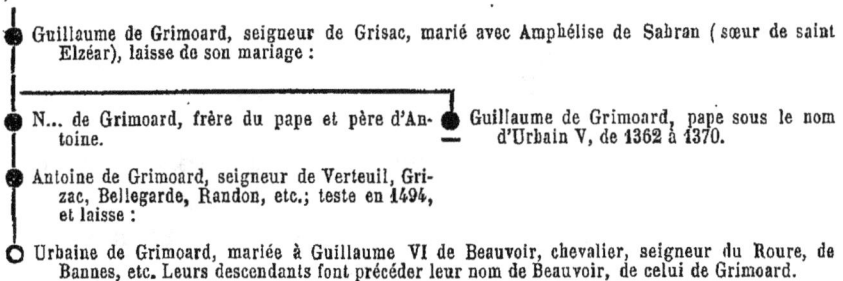

Guillaume de Grimoard, seigneur de Grisac, marié avec Amphélise de Sabran (sœur de saint Elzéar), laisse de son mariage :

N... de Grimoard, frère du pape et père d'Antoine.   Guillaume de Grimoard, pape sous le nom d'Urbain V, de 1362 à 1370.

Antoine de Grimoard, seigneur de Verteuil, Grizac, Bellegarde, Randon, etc.; teste en 1494, et laisse :

Urbaine de Grimoard, mariée à Guillaume VI de Beauvoir, chevalier, seigneur du Roure, de Bannes, etc. Leurs descendants font précéder leur nom de Beauvoir, de celui de Grimoard.

On voit que Guillaume de Fabry, fils de Ludovic Fabri, chevalier, et d'Anne Capponi, est marié avec Marguerite de Grimoard de Beauvoir du Roure, fille ou petite-fille d'Urbaine de Grimoard.

En 1517 et 1527, Guillaume de Fabry donne devant Salis, notaire de Bagnols, des possessions à inféodation situées dans le terroir de Sabran, possessions pour lesquelles Pierre III Fabry, seigneur de Saint-Gervais et capitaine, petit-fils dudit Guillaume, et autre Pierre Fabry, écuyer, fils de Claude et petit-fils du même Guillaume, reçoivent de différents emphitéotes, des reconnaissances féodales durant le mois d'août 1604, inscrites sur un registre de Girossel, notaire dudit Bagnols. (*Extrait des minutes d'Alexis Gabriel Rousset, notaire à Bagnols, 1762. Archives du château d'Augé,* citées.)

En 1521, Guillaume de Fabry est à l'assaut de la ville de Hesdin, au comté d'Artois. En 1528, Odet de Foix, vicomte de Lautrec, maréchal de France, commandant l'armée d'Italie, envoie le même Guillaume avec son corps devant Melfi, pendant qu'on fait le siège de Naples. Guillaume de Fabry sert encore dans les Bandes Noires en 1540. Il est nommé, dans diverses productions généalogiques, comme étant fils dudit Ludovic et père de Jean. Il est nommé en outre dans le testament dudit Jean, son fils, daté du 12 juillet 1603.

Le testament de Guillaume de Fabry ne se trouve pas; mais il est rappelé dans un arrêt de la Chambre de l'Édit de Castres du 27 février 1617, sous la date du 20 mars 1533, avec l'institution d'héritier au profit de Claude et de Jean ses fils. *(Idem, Idem).*

Il résulte du même extrait des minutes du notaire de Bagnols que Guillaume de Fabry laisse de son second mariage avec ANNE DE MARTIN :

> 1° Jean, qui a continué la postérité;
> 2° CLAUDE DE FABRY, nommé au testament de Guillaume, son père. Il épouse MARIE VILLELONGUE avant l'année 1537, suivant un acte faisant partie des minutes dudit Roussel, notaire de Bagnols :
>
>> PIERRE DE FABRY, écuyer, fils de Claude qui précède, reçoit au mois d'août 1604 des reconnaissances féodales pour des possessions inféodées en 1517 et 1527 par Guillaume, son aïeul paternel. Il est le père de Simon qui suit :
>>
>>> SIMON DE FABRY, seigneur de la Ramière, ne laisse que deux filles.
>>>
>>>> *a.* MARIE DE FABRY, épouse de N... de Bouquier;
>>>> *b.* CATHERINE DE FABRY, mariée à SIMON DE MAGNIN DE GASTE.

XIII. JEAN DE FABRY, lieutenant de régent de la ville de Bagnols, qualifié noble et écuyer dans des actes publics, et nommé avec son frère Claude au testament de leur père Guillaume daté du 20 mars 1533, épouse le 3 octobre 1535 damoiselle FRANÇOISE PETIT, qui fait son testament le 18 septembre 1593. Celle-ci institue son époux pour héritier universel, à la charge de rendre à son décès les biens de la testatrice à noble Pierre Fabry, seigneur de Saint-Gervais, leur fils. Elle fait des legs à Jean et Jeanne, enfants du feu capitaine Guillaume Fabry, son fils. Elle rappelle avoir donné la moitié de ses biens à son fils noble Pierre Fabry, seigneur de Saint-Gervais, en le mariant. Elle fait aussi des legs à Jean et Jean-Honoré, enfants et héritiers de feu Louis, son troisième fils. *(Testament produit pour les preuves de noblesse)* (¹).

(¹) La ville de Bagnols dont il est ici question, située sur la rive droite du Rhône, peu éloignée du fleuve, et presqu'à égale distance de trois chefs-lieux d'arrondissement (Uzès,

Arrivé à un âge très avancé, le même Jean Fabry, lieutenant de régent de la ville de Bagnols, fait son testament le 12 juillet 1603. Il rappelle Jean, fils de feu Louis son fils, confirme la donation par lui faite à feu le capitaine Guillaume Fabry, son fils, en le mariant; il confirme la donation faite à Pierre Fabry, seigneur de Saint-Gervais, son fils, qu'il institue son héritier universel en tous ses biens et héritages, tant de lui que de son père Guillaume et de Françoise Petit, épouse du testateur. Il ne peut signer à cause de sa vieillesse et de la débilité de ses mains. *(Idem.)* Il meurt le 13 décembre 1603.

Les trois fils nommés aux testaments de Jean Fabry et de Françoise Petit sont :

1° Pierre, auteur des seigneurs de Saint-Gervais;

2° Guillaume II de Fabry, capitaine, auteur des seigneurs DE GAYANS, rapporté après la descendance de Pierre;

3° Louis de Fabry. rapporté après la descendance de ses deux frères aînés.

XIV. PIERRE DE FABRY, 3ᵉ du nom, écuyer, seigneur de Saint-Gervais, dit le capitaine Fabry, frère aîné de Guillaume, aussi capitaine, et de Louis, est le fils et l'héritier universel de Jean, lieutenant de régent de Bagnols, et de damoiselle Françoise Petit. Il est le petit-fils de Guillaume, et l'arrière-petit-fils de Ludovic Fabri, chevalier, originaire de Pise, qui le premier de sa branche, s'établit en Languedoc l'an 1496, près de son beau-frère Robert de Balzac, seigneur d'Entragues, etc., chambellan du roi, sénéchal des pays d'Agenais et Gascogne.

Né à Bagnols, diocèse d'Uzès, le 8 décembre 1538, Pierre III est qualifié noble dans son extrait de naissance, et dit fils de noble Jean Fabry. Il a pour parrain noble Jean de Blisson (1).

Le 16 avril 1570, les princes, à la tête de l'armée protestante et commandés par Gaspard de Coligny, s'avancent, et ne pouvant s'étendre

Orange et Avignon), était le chef-lieu d'une viguerie et d'une baronnie. Elle a une population de 5,000 âmes, est chef-lieu de canton de l'arrondissement d'Uzès (Gard). Elle ne doit pas être confondue avec les cinq villages, bourgs ou communes de Bagnols dans le Puy-de-Dôme, le Rhône, le Var, les Pyrénées-Orientales et la Lozère, ni avec la paroisse de Bagnols dans la Drôme.

· (1) Anno Domini millesimo quingentesimo trigesimo octavo et die octava mensis decembris, fuit baptisatus nobilis Petrus Fabry, filius nobilis Joannis Fabry, patrinus nobilis Joannes Blissonis et materna Auberte, (*Registres de l'État civil de Bagnols*. — *Expédition en forme authentique délivrée le 25 mars 1670 par Carron, curé de Bagnols, dont la signature est légalisée par les officiers royaux de la ville et viguerie de Bagnols en Languedoc le 26 mars 1670, signés Corme juge, contresigné Chabert. — 2ᵐᵉ Expédition en forme authentique délivrée le 31 août 1788. — Arch. du ch. d'Augé, La Plume, Lot-et-Garonne*).

sur leur droite du côté du Rhône, parce que Honorat II de Savoie, comte de Tende et de Sommerive, gouverneur de Provence, a très bien pourvu Beaucaire, Tarascon, Fourques et Boulbon, prennent leur route par le diocèse d'Uzès. Dans cette circonstance, le baron d'Ambres écrit à Pierre III de Fabry, capitaine d'une compagnie de gens de pied dans le régiment d'Ambres, l'ordre d'aller incontinent à Avignon avec sa compagnie, le capitaine Verdelin, ceux de Caderousse, Mornas, etc. *(Original.)* Il est évident que les compagnies appelées en toute hâte, sont réunies pour combattre l'armée protestante.

Le 5 août 1574, Jacques de Crussol, duc d'Uzès (qui a succédé dans le duché d'Uzès à son frère Antoine, mort le 15 août 1573), avait embrassé le parti des catholiques sans cesser d'être religionnaire. Il est nommé, le 10 juillet 1574, commandant des diocèses de Béziers, Agde, Montpellier, Nimes, Uzès et Viviers, et commandant le reste du Languedoc par d'autres lettres du 7 août. La reine Catherine de Médicis, régente du royaume depuis le 30 mai, date de la mort du roi Charles IX, avait voulu opposer le duc d'Uzès au maréchal Henri de Montmorency de Damville, jusqu'alors gouverneur du Languedoc. En conséquence le 5 août 1574, le duc d'Uzès étant à Pont-Saint-Esprit adresse un ordre au capitaine Fabry, commandant une compagnie de gens de pied à Villeneufve-lès-Avignon. *(Original.)*

Lorsqu'en 1575, Henri de Valois, duc d'Anjou, roi de Pologne, rentré en France, est reconnu sous le nom d'Henri III comme successeur de son frère le roi Charles IX, on peut remarquer des contrastes singuliers : Henri de Montmorency, plus connu sous le nom de maréchal de Damville, gouverneur du Languedoc sous Charles IX, gouverneur de la même province en 1575, malgré la volonté du roi Henri III, se dit descendant du premier baron chrétien de France et catholique ; il n'en est pas moins à la tête des religionnaires ou protestants du Languedoc, en haine de la maison de Guise. Jacques de Crussol, duc d'Uzès, protestant, est dans le parti des catholiques en haine de Damville, et gouverneur du bas Languedoc pour le roi Henri III. Jean de Saint-Chaumont, seigneur de Saint-Romain, après avoir été dix ans archevêque d'Aix et avoir abjuré la foi catholique, commande les religionnaires du bas Languedoc. Guillaume, vicomte de Joyeuse, après avoir été pendant dix ans évêque d'Alet sans avoir été sacré, renonce à l'épiscopat pour se marier et commande l'armée catholique du haut Languedoc. Tous ces personnages commandent précisément les ennemis qu'ils devraient combattre.

Les ordres de service donnés, de 1570 à 1587, à Pierre de Fabry, 3e du nom, écuyer, seigneur de Saint-Gervais, dit le capitaine Fabry, sont au nombre de 24, savoir : par le baron d'Ambres, 1; d'Ornano, 1; Roger de Saint-Lary de Bellegarde, 2; Jacques de Crussol, duc d'Uzès, 3; Henri de Montmorency, maréchal de Damville, 13; etc. Ces vingt-quatre originaux sont sous mes yeux et font partie des archives du château d'Augé.

Ce Pierre III de Fabry, capitaine, fils de noble Jean, s'était marié trois fois : 1° le 24 juillet 1557, avec damoiselle MARGUERITE BROCHE. *(Acte signé par Me Jean de Balma, notaire de Bagnols, et produit pour la maintenue de noblesse du 4 janvier 1671);* 2° le 16 septembre 1571, devant Bédarridos, notaire d'Avignon, avec damoiselle ANDRIVETTE DE VASSOL, acte par lequel noble Jean Fabry donne à son fils futur époux la tierce partie de ses biens, et Françoise Petit la moitié. Ladite Andrivette de Vassol décédée au mois d'août 1580; 3° le 13 août 1585, avec damoiselle DAUPHINE DE LA GORCE, dame de Saint-Gervais. *(Acte signé par Me Pugnière, notaire royal à Bagnols, produit pour la maintenue de noblesse du 4 janvier 1671.)*

Pierre III de Fabry, seigneur de Saint-Gervais, a laissé trois fils légitimes :

1° Pierre IV, qui a continué la postérité;
2° JEAN DE FABRI, seigneur de Rocheval, 9 septembre 1602, marié avec CATHERINE DE BARGÉLON, dont il a :
   PIERRE DE FABRI, fils des précédents, émancipé le 19 août 1631.
3° HENRY DE FABRY, seigneur de Gourdan.

XV. PIERRE DE FABRY, 4e du nom, écuyer, seigneur de Saint-Gervais, est qualifié noble et fils d'autre Pierre, dans son contrat de mariage passé le 17 août 1614, devant Me Fumat, notaire du Saint-Esprit, avec damoiselle ALIZON DE REBOUL. *(Acte produit pour la dite maintenue de noblesse de 1671.)*

Il passe une transaction le 1er novembre 1618, devant Montainier, notaire à Bagnols, avec Pierre III, seigneur de Saint-Gervais, son père, et Jean, son cousin germain, fils de feu Louis, pour raison des successions de Jean Fabry, lieutenant de régent, et de Françoise Petit, leurs ascendants directs. Le 27 février 1631, le même noble Pierre IV Fabry, écuyer, seigneur de Saint-Gervais, paye à son cousin germain Jean, fils de Louis, ce qu'il lui doit en vertu de la transaction du 1er novembre 1618. *(Gourdet, notaire à Bagnols.)*

XVI. Noble ANTOINE DE FABRY, écuyer, seigneur de Moncaut, successivement capitaine aux régiments de Vireville, de Montclard et de la Marine du Levant, fils de Pierre IV, seigneur de Saint-Gervais et de Hélix ou Alizon de Reboul, épouse damoiselle MARGUERITE DE GUIBERT, par contrat du 31 janvier 1631, passé devant Germain de Leige, notaire royal à Nîmes *(produit pour la maintenue de noblesse de 1671).* Le 23 avril 1648, étant obligé d'aller à l'armée, il donne sa procuration générale à la dite damoiselle Marguerite de Guibert, sa femme. *(Acte retenu par Jean Richard de Pélissier, notaire à Bagnols.)* Il est tué la même année à l'attaque du fort de Camages, dans le Montferrat, faisant la charge de major audit régiment. *(Neuf pièces et certificats produits pour la maintenue de noblesse de 1671.)*

Le 28 avril 1666, damoiselle Marguerite de Guibert fait son testament dans sa maison, à Bagnols, devant Étienne Brutet, notaire royal, et sept témoins de la même ville. Elle se dit veuve de noble Antoine de Fabre (ou de Fabry), seigneur de Moncaut, veut être ensevelie dans le couvent des religieux carmes de Bagnols. Elle lègue à damoiselle Dauphine de Fabre de Moncaut, sa fille, cinq mille livres et le tiers de ses meubles; à noble Louis de Fabre, son fils, trois mille livres payables lorsqu'il aura vingt-cinq ans; elle institue pour son héritier universel noble Annibal de Fabre, son fils aîné. *(Acte collationné sur l'original et expédié par Honoré Baumel, gradué notaire royal de la ville de Bagnols, garde-notes, le 30 août 1788, signé Baumel, dont la signature est certifiée par le lieutenant de viguier de la cour royale et ordinaire dudit Bagnols, avec sceau.)*

Antoine de Fabry, seigneur de Moncaut, avait eu quatre fils et une fille de son mariage avec Marguerite de Guibert.

1° Noble ANNIBAL DE FABRY DE MONCAUT, seigneur de Cabrières, né le 24 novembre 1635, héritier universel de sa mère le 28 avril 1666. Il est maintenu dans sa noblesse avec son frère Louis, le 14 janvier 1671, avec filiation remontée à Paul-Émile Fabri, son huitième aïeul, généralissime des galères de la République de Florence, marié dans cette ville le 18 mars 1372 avec Éléonore Bagni (voir p. 53).

Le même Annibal de Fabry de Moncaut devient ensuite lieutenant général des armées du roi.

2° Louis, qui suit;

3° N... DE FABRY DE MONCAUT, } mentionnés comme frères dudit Louis
4° N... DE FABRY DE MONCAUT, } dans les Mémoires de ce dernier
 } *(Arch. d'Augé.)*

5° DAUPHINE DE FABRY de Moncaut, légataire de sa mère, damoiselle Marguerite de Guibert, le 28 avril 1666.

XVII. Noble LOUIS DE FABRY, seigneur de Moncaut, puis 1er comte d'Autrey, lieutenant général des armées du roi, né le 9 octobre 1642, est le frère puîné d'Annibal, aussi lieutenant général, et le fils d'Antoine de Fabry, seigneur de Moncaut, capitaine, tué en 1648 à l'attaque du fort de Camage, faisant la charge de major dudit régiment, et de damoiselle Marguerite de Guibert. Il est nommé, le 28 avril 1666, au testament de cette dernière, avec Annibal et Dauphine.

Le lieutenant général Louis de Fabry, comte d'Autrey, dit au commencement de ses *Mémoires,* datés du 10 octobre 1716, et conservés en manuscrit au château d'Augé :

« ..... S'ils veulent faire quelque attention aux grâces que Dieu m'a faites, et aux divers évènements de ma vie, qui a commencé le 9e d'octobre 1642, mon père estoit pour lors maistre de camp de la Marine du Levant. Je ne me souviens pas de l'avoir veu qu'une fois au retour d'une campagne d'Italie, à l'aage de quatre ans, où ma mère luy disoit qu'il me faloit destiner à l'esglise.

» Je suis le troisiesme des quatre garçons que nous estions. « Celuy-là, » luy respondit mon père, est celuy qui me donne le plus d'espérance ; » mon cousin de La Roque faict un régiment, je luy ay faict donner une » compagnie ; » mon frère aisné en avoit une dans le sien. Il fut tué au siège de Camage la campagne d'après. » *(Archives du château d'Augé.)*

Il est maintenu dans sa noblesse, ainsi qu'Annibal son frère, avec filiation remontée à Paul-Émile Fabri, généralissime des galères de Florence, leur huitième aïeul paternel, par jugement souverain rendu à Montpellier le 4 janvier 1671, par Claude Bazin, chevalier, seigneur de Bezons, conseiller du roi en tous ses conseils, intendant de justice, police et finances en la province de Languedoc, commissaire député par Sa Majesté pour la vérification des titres de noblesse. *(Arch. du ch. d'Augé. —* Voir les *Pièces justificatives.)*

Le 18 janvier 1681, « illustre seigneur messire Louis de Fabry, chevalier, seigneur de Moncaut, » épouse CATHERINE D'AUBARÈDE, fille de noble Paul d'Aubarède.

Il est gouverneur de la citadelle de Besançon, capitaine d'une compagnie de 500 gentilshommes, lieutenant général des armées du roi. C'est en sa faveur que la baronnie d'Autrey, située en Franche-Comté, fut érigée en comté, par lettres-patentes du mois de février 1692, en considération de ses services.

« L'exemple, est-il dit, de ses prédécesseurs qui n'ont point discontinué de servir dans des emplois considérables, depuis que

Ludovic Fabry entra au service de Charles huitième, d'heureuse mémoire. »

Un arrêt de la Chambre des Comptes de Dôle porte enregistrement du brevet d'érection de la baronnie d'Autrey en titre de comté, en faveur de messire Louis de Fabry, seigneur de Moncault, gouverneur de la citadelle de Besançon, du 22 mai 1692. (*Expédition auth. faisant partie des arch. du ch. d'Augé, commune de La Plume, Lot-et-Garonne.*)

Le lieutenant général Louis de Fabry, comte d'Autrey, a laissé de Catherine d'Aubarède :

1º N... DE FABRY, colonel d'un régiment, et tué à la bataille de Malplaquet, 1709;

2º Henri, qui suit :

3º MARIE-THÉRÈSE DE FABRY DE MONCAULT, mariée en 1715 à FRANÇOIS-FÉLIX-BALBE BERTHON, duc DE CRILLON, fils de Philippe-Marie et de Françoise de Saporta, et de la même branche que Louis de Balbe Berthon Crillon, chevalier de Malte en 1560, chevalier des ordres du roi en 1585, ensuite mestre de camp du régiment des gardes Françaises, lieutenant-colonel de l'infanterie française, gouverneur de Boulogne et du Boulonnois, de Toulon et de Tours, mort le 11 décembre 1615, appelé le *Brave Crillon* par le roi Henri IV.

Marie-Thérèse de Fabry de Moncault, duchesse de Crillon, a eu de son mariage :

A. Louis, marquis de Crillon, puis duc de Crillon Mahon, lieutenant général des armées du roi;

B. Pons de Crillon, ecclésiastique;

C. Louis-Sébastien de Crillon, chevalier de Malte, abbé de Saint-Thierry, colonel d'un régiment de dragons;

D. Louis-Athanase de Crillon, agent général du clergé de France;

E. Virginie de Crillon, mariée: 1º a N... Thomas, seigneur de Millau; 2º en 1742, avec Henri-César-Raymond-Hyacinthe, comte de Brancas, dit le baron de Lascours, né le 31 mai 1694, colonel du régiment d'infanterie d'Aunis le 3 juin 1734, fils d'Henri de Brancas, baron de Villeneuve, et de Louise des Porcellets d'Ubaye, dame de Laudun (de la même famille que les comtes de Forcalquier, marquis de Céreste et de Brancas, puis ducs de Céreste, et que les ducs de Villars Brancas);

F. Émilie de Crillon, carmélite au couvent d'Avignon.

XVIII. HENRI DE FABRY, 2ᵐᵉ comte d'Autrey, colonel du régiment de La Sarre, fils du lieutenant général comte d'Autrey et de Catherine d'Aubarède, qui précèdent, épouse, le 22 septembre 1717,

MARIE-LOUISE ou THÉRÈSE FLEURIAU D'ARMENONVILLE, fille
de Joseph-Jean-Baptiste Fleuriau d'Armenonville, secrétaire d'État, le
5 février 1716, du département de la marine, des galères, du commerce
maritime et des colonies étrangères en octobre 1718; garde des sceaux
de France du 1er mars 1722 au 15 juin 1727, grand'croix et secrétaire
de l'ordre de Saint-Louis, mort au mois d'octobre 1728.

La même Thérèse était sœur de M. Fleuriau d'Armenonville, comte
de Morville, secrétaire d'État du département de la marine en survi-
vance, le 19 avril 1722, puis ministre des affaires étrangères après la
mort du cardinal Dubois, et grand'croix de l'ordre de Saint-Louis.

Le colonel comte d'Autrey habitait l'hôtel de son beau-père le
garde des sceaux, comme le prouve la pièce suivante, dont j'ai l'original sous les yeux, et que je copie textuellement :

« Nº 4.

1. OFFICE
de Major.

GÉNÉRALITÉ
de Bourgogne.

VILLE
de Gray.

Je soussigné messire Henry de Fabry, comte d'Autrey, colonel du régiment de La Sarre, demeurant
à Paris, chez M.gneur le Garde des Sceaux, faisant
élection de domicile à Paris, audit hostel, offre
au Roy la somme de six mil livres pour l'office de
major de la ville de Gray, généralité de Franche-
Comté, créé et rétably par Édit du mois d'août mil
sept cent vingt-deux...

« A Paris ce vingt-quatre septembre mil sept cent
vingt-deux.

» D'AUTREY.

» PELSAIRE. »

(Original en papier faisant partie des archives du château d'Augé.)

XIX. HENRI-JEAN-BAPTISTE DE FABRY, 3e comte d'Autrey, fils
d'Henri de Fabry, comte d'Autrey, colonel du régiment de La Sarre,
et de Thérèse Fleuriau d'Armenonville, qui précèdent, fut lieutenant
de gendarmerie. Il laisse une fille de son mariage avec damoiselle
N... DE SAINT-SULPICE. Nous verrons cette dame signer ses lettres
en 1786 : Saint-Suplix d'Autrey.

XX. N... DE FABRY, 4e comtesse d'Autrey, mariée en 1787 avec le
comte DE MÉRINVILLE, en Languedoc.

XII. Seigneurs de GAYANS.

XIV. GUILLAUME FABRY, écuyer, capitaine, est ainsi nommé et qualifié aux testaments de damoiselle Françoise Petit, sa mère, daté du 18 septembre 1593, et de noble Jean Fabry, son père, lieutenant de régent de la ville de Bagnols, daté du 12 juillet 1603. Il est le frère puîné de Pierre III de Fabry, seigneur de Saint-Gervais, capitaine, et le frère aîné de Louis de Fabry. Ces trois frères, nés du mariage de Jean Fabry, écuyer, lieutenant de régent, et de Françoise Petit, ont formé trois branches, aujourd'hui éteintes. (Voir p. 58.)

Le 2 août 1563, ledit Guillaume Fabry, écuyer, assisté de son père et de sa mère, épouse devant Vincent Monier, notaire à Bagnols, damoiselle MARGUERITE D'ISNARD; Jean Fabry donne la tierce partie de ses biens à son fils, futur époux, qui reçoit de sa mère une terre. (Acte produit devant les Comissaires généraux du Conseil tenu à Paris, le 5 mars 1716, voir aux Pièces justificatives.)

De ce mariage sont nés deux enfants mentionnés au testament de damoiselle Françoise Petit, leur grand'mère paternelle, daté du 18 septembre 1593 :

1º Jean, qui suit;
2º Jeanne de Fabry (1593).

XV. JEAN DE FABRY, seigneur de Gayans, capitaine d'une compagnie de gens de pied dans le régiment d'Annibal de Montmorency, et lieutenant de régent à Bagnols, épouse le 11 mai 1606, devant Perrier, notaire de ladite ville, damoiselle ANNE DE PUGNIÈRE. Il

est dit fils de défunts Guillaume Fabry, écuyer, et damoiselle Marguerite d'Isnard. *(Contrat produit devant les mêmes Commissaires généraux
du Conseil, le 5 mars 1716).*

Le 5 août 1622, Jean de Fabry, seigneur de Gayans, capitaine d'une
compagnie de gens de pied au régiment d'Annibal de Montmorency,
étant au lieu de Maclhargues, fait son testament militaire en présence
de témoins, par lequel il lègue trois mille livres à chacun de ses
enfants, Henri, Jeanne et Marguerite, pareille somme à damoiselle
Anne de Pugnière, sa femme, et nomme pour son héritier universel,
François, son fils aîné. *(Idem, Idem.)*

Il laisse quatre enfants légitimes :

1º François, qui continue la postérité;

2º HENRI DE FABRY,   ⎞ reçoivent trois mille livres chacun par le
3º JEANNE DE FABRY,   ⎬ testament de leur père (5 août 1622,
4º MARGUERITE DE FABRY   ⎠ publié par sentence du 20 février 1636).

XVI. Noble FRANÇOIS DE FABRY, seigneur de Gayans, premier
consul de la ville de Bagnols, fils de feu Jean, et de damoiselle Anne
de Pugnière, épouse damoiselle CATHERINE DE REDOND, par contrat du 31 octobre 1637, passé à Bagnols devant Pélissier, notaire.
(Idem, Idem.)

Il avait obtenu, le 20 février 1636, une sentence de la juridiction de
Bagnols, en publication de testament militaire de son père, fait le
5 août 1622. Dans cette sentence judiciaire, qui autorise et entérine
ledit testament, François, fils aîné, docteur en droit, et sa mère,
damoiselle Anne de Prugnière, en qualité de mère et de tutrice de ses
autres enfants, agissent de concert. *(Idem, Idem.)*

XVII. Noble HENRI DE FABRY, seigneur de Gayans, fils de noble
François et de défunte damoiselle Catherine de Redond, épouse, le
13 juillet 1674, damoiselle ANTOINETTE DE CASSAIGNES, par
contrat passé devant d'Aleyrac, notaire à Bagnols. *(Idem, Idem.)*

Le 5 mars 1716, Henri de Fabry, seigneur de Gayans, écuyer, agissant pour lui et pour ses deux fils, nobles Henri-Honoré et Joseph-
Simon, aussi écuyers, capitaines au régiment de l'Isle de France et
chevaliers de Saint-Louis, d'une part; Théophile de Fabry, écuyer,
agissant pour lui et pour son fils noble Henri François, aussi écuyer,
major du même régiment et chevalier de Saint-Louis, d'autre part;
justifient devant les *Commissaires généraux du Conseil députés par le roi*

pour l'exécution de ses déclarations contre les usurpateurs du titre de noblesse, qu'ils descendent de Paul-Émile Fabry, généralissime des galères de l'État de Florence, marié en 1372, leur auteur paternel. En conséquence, les Commissaires généraux susdits, sans avoir égard au jugement du seigneur de Lamoignon de Courson, intendant de Languedoc, du 10 octobre 1698, ordonnent que le jugement et ordonnance de Claude Bazin, chevalier, seigneur de Bezons, intendant de la province de Languedoc (par lequel Annibal et Louis Fabry de Moncault sont maintenus dans leur noblesse), sera commun aux dits Henri et Théophile Fabry et à leurs enfants. *(Archives du château d'Augé, commune de La Plume, Lot-et-Garonne, résidence de Mme d'Ayrenx, fille d'Aminthe de Fabry d'Augé.)*

Henri de Fabry avait épousé en secondes noces damoiselle SUZANNE DE FABRY, au plus tard en 1689, et fait son testament le 23 décembre 1706, devant Guire, notaire à Bagnols. Il donne à noble Henri-Honoré de Fabry, né de son premier mariage avec Antoinette de Cassaignes, son droit de légitime, et fait noble Joseph-Simon de Fabry, lieutenant au régiment de l'Isle de France, fils aîné de son second mariage avec Suzanne de Fabry, son héritier universel. Il donne à dame Suzanne de Fabry, son épouse bien-aimée, l'usufruit de ses biens. *(Maintenue de noblesse du 5 mars 1716.)*

Henri de Fabry avait eu de son premier lit :

1° Henri-Honoré, qui suit;

Il avait du deuxième lit avec Suzanne de Fabri :

2° Noble JOSEPH-SIMON DE FABRY, écuyer, né le 2 décembre 1689, lieutenant au régiment de l'Isle de France l'an 1706, capitaine et chevalier de Saint-Louis avant 1715; maintenu dans sa noblesse le 5 mars 1716 avec son frère, son père et ses cousins, comme il vient d'être dit. Il laisse de son mariage avec THÉRÈSE DE FOUQUET :

BONAVENTURE DE FABRY, lieutenant au régiment de Médoc.

XVIII. Noble HENRI-HONORÉ DE FABRY, seigneur de Gayans, écuyer, né le 9 juillet 1681, était capitaine au régiment de l'Isle de France en 1706, et chevalier de Saint-Louis avant 1715. Il est maintenu dans sa noblesse le 5 mars 1716, comme son père, son frère, etc., et devient major de la ville d'Arras.

XIX. N... DE FABRY DE GAYANS, fils du précédent, sert quelque

temps au régiment royal, puis épouse N... DE SIBERT DE COR-
NILLON, et habite Bagnols. Il a deux enfants :

1º N... DE FABRY DE GAYANS, qui est en bas âge en 1785 (correspondance
qui se trouve au château d'Augé) ; mort sans postérité ;

2º N... DE GABRY DE FAYANS, née en 1775.

XIII. Branche formée par noble LOUIS DE FABRY,
frère de PIERRE III, SEIGNEUR DE SAINT-GERVAIS, et de GUILLAUME FABRY,
Capitaines.

XIV. Noble LOUIS DE FABRY, marié avec damoiselle JEANNE
DUBOIS, est nommé comme ne vivant plus dans le testament de sa
mère, damoiselle Françoise Petit, daté du 18 septembre 1593, et dans
celui de son père, Jean Fabry, lieutenant de régent de Bagnols, daté du
12 juillet 1603. (Voir p. 57 et 58.) Il laisse de son mariage :

1º Jean, qui suit ;

2º HONORÉ DE FABRY, nommé avec son frère Jean, comme fils de feu
Louis, dans le testament de damoiselle Françoise Petit, leur grand'
mère paternelle.

XV. Noble JEAN DE FABRY, nommé au testament de sa grand'mère
paternelle (1593), épouse le 7 mars 1610, devant Monier et Brutel,
notaires, damoiselle ISABELLE DE GIRY. Il est dit' fils de feu Louis,
de la ville de Bagnols, et agit en présence de Pierre III Fabry, seigneur
de Saint-Gervais, son oncle, et de Jean Fabry, lieutenant de régent, son
cousin germain. *(Acte produit pour la maintenue du 5 mars 1716.)* Il
avait fait une transaction, le 11 juillet 1602, avec les seigneurs de Saint-
Gervais, ses oncle et cousin germain, où il est dit fils de feu Louis.
(Idem, Idem.)

Un arrêt du parlement de Toulouse est rendu en sa faveur, le
4 avril 1617, contre Pierre Fabry, seigneur de Saint-Gervais, relativement à la succession de Jean, lieutenant de régent à Bagnols, leur
grand-père paternel. *(Idem, Idem.)*

XVI. THÉOPHILE FABRY, écuyer, fils des précédents, épouse le
24 novembre 1652, devant Meynier, notaire à Bagnols, damoiselle
CLAUDINE D'AUGIER. *(Idem, Idem.)* Il est secrétaire ordinaire de
la reine-mère Marie-Thérèse, par brevet du 3 novembre 1661. *(Idem,*

Idem.) Il est élu premier consul de la ville de Bagnols, et Louis Fabry, second consul. *(Acte du 10 avril 1661, tiré des délibérations de la ville de Bagnols, idem, idem.)* Il est encore premier consul en 1666. Sa mère, damoiselle Isabeau de Giry, lui remet, par acte du 1er septembre 1663, les héritages de Jean Fabry, écuyer, père dudit Théophile. *(Acte produit pour la maintenue du 5 mars 1716.)*

XVII. HENRI-FRANÇOIS FABRY, écuyer, fils des précédents, major au régiment de l'Isle de France, lieutenant de roi de Bouchain, chevalier de Saint-Louis, est maintenu dans sa noblesse, le 5 mars 1716, avec son père Théophile et les MM. de Gayans, père et fils.

Il est nommé capitaine au régiment de l'Isle de France le 9 avril 1694, sous le nom de Fabry de La Grange. *(Idem, Idem.)* Le 20 avril 1697, le duc de Vendôme et le seigneur de La Maissais, brigadier des armées du roi, certifient que le seigneur de Fabry, capitaine au régiment de l'Isle de France, sert dans ce régiment depuis neuf ans, les quatre premières années comme lieutenant, les cinq dernières comme capitaine, et qu'en cette qualité il a été blessé au siège de Barcelone. *(Idem, Idem.)*

Le seigneur d'Ayron, lieutenant-colonel du régiment de l'Isle de France, constate le 21 avril 1706, dans un certificat visé par le duc de Vendôme, que le même Fabry, capitaine audit régiment, y sert depuis vingt ans; qu'il fut fait capitaine après la bataille de La Marsaille; qu'il fut blessé au siège de Barcelone, à la bataille de Luzarra, aux sièges de Verceil, d'Yvrée et de Verrue, et en dernier lieu au Paradis, au pont que l'ennemi y fit sur la rivière de l'Adda, le 14 mars 1705, où il commandait, ayant donné le temps par sa vigoureuse résistance au duc de Vendôme de venir le secourir, et d'empêcher l'ennemi de passer. *(Idem, Idem.)*

Un dernier certificat du sieur Lourdié, lieutenant colonel au régiment de l'Isle de France du 7 juillet 1715, constate que le même Fabry de Gayans, capitaine au dit régiment, a perdu le bras droit à la bataille de Calcinarto en Italie, sous les ordres du duc de Vendôme. *(Idem, Idem).*

Il laisse deux fils :

1° Joseph-Alexis, qui suit;
2° JOSEPH-HONORÉ DE FABRY, abbé.

XVIII. JOSEPH-ALEXIS DE FABRY, officier à Bareith.

XIV. Seigneurs d'Augé.

Armes : *D'or, au lion de sable, armé et lampassé de gueules,* couronne de comte.

XVII. Noble **GUILLAUME DE FABRY**, né ou résidant à Saint-Émilion (Entre-deux-Mers), Guyenne, l'an 1648, épouse le 14 juillet 1673, dans la ville de Castillon-sur-Dordogne, devant Augereau, notaire, damoiselle **FRANÇOISE DUPUY**, fille de sieur Charles Dupuy, et de damoiselle Macée de Navailles, habitant dudit Saint-Émilion.

Des généalogies manuscrites disent Guillaume officier au régiment de Touraine et fils de feu noble Antoine de Fabry, seigneur de Moncaut, capitaine au régiment de la marine du Levant, et de Marguerite de Guibert, damoiselle. Guillaume serait par conséquent le frère germain d'Annibal et de Louis de Fabry, comte d'Autrey, qui ont été maintenus dans leur noblesse le 14 janvier 1671. Mais cette filiation ne me parait pas exacte; d'abord parce que Marguerite de Guibert écrit son testament le 28 avril 1666, devant un notaire de Bagnols, fait des legs aux trois enfants (Annibal, Louis et Dauphine) qu'elle a de son mariage avec Antoine de Fabry, et qu'elle ne mentione pas Guillaume; en second lieu, parce que le même Guillaume n'est pas mentionné dans la maintenue de noblesse obtenue le 14 janvier 1671 par les dits Annibal et Louis de Fabry. Nous ne devons pas oublier cependant que ce dernier, devenu lieutenant général des armées du Roi et comte d'Autrey, dit dans ses *Mémoires*, datés du 10 octobre 1716 : « Je suis le troisiesme des *quatre garçons que nous étions.* » (Voir page 62.)

Nous verrons toutefois que les comtes d'Autrey, descendants par mâles dudit Louis de Fabry, reconnaissent avoir une origine commune avec les seigneurs d'Augé, issus dudit Guillaume; et que le chevalier de Fabry, lieutenant général des armées navales, qui était de la branche de Fabrègues, reconnaît aussi sa communauté d'origine avec les seigneurs d'Augé.

Guillaume de Fabry, auteur des seigneurs d'Augé, pouvait parfaitement avoir la même origine qu'Annibal et Louis de Fabry, auteur des comtes d'Autrey, sans être le frère de ces deux lieutenants généraux. C'est ce qui me paraît le plus probable, puisque les comtes d'Autrey et les seigneurs de Fabrègues reconnaissent avoir un auteur commun avec les seigneurs d'Augé.

Guillaume de Fabry habitait Saint-Émilion en 1728 et se qualifiait écuyer, comme le prouve l'acte d'accord suivant, contrôlé dans la dite ville :

> « Aujourd'huy dixième du mois de juin mil sept cent vingt huit, pardevant moy notaire royal en Guienne, soussigné, présants les tesmoings bas nommés, ont été présents sᵣ Guilhaume de Fabry, écuyer, habitant de cette ville, et Bernard Laborderie, tailleur de pierre, habitant de la paroisse de Saint-Martin, jurisdiction de la dite ville, les quels ont convenu que moyennant la somme de deux cent cinquante livres et deux tierçons de breuvage led. Laborderie sera tenu, comme il promet faire toutes les réparations nécessaires à la maison dud. sᵣ de Fabry située dans la présente ville, en bonnes et belles pierres de taille........ Signés à la minute : DE FABRY. Coste et moy. Controllé au bureau de Saint-Emillion par GUADET.
>
> » COSTE, notaire royal. »

(Grosse en parchemin. Archives du château d'Augé.)

Le 2 janvier 1734, noble Guillaume de Fabry, écuyer, étant à Bordeaux et se disant âgé d'environ quatre-vingt-six ans, fait son testament. Il déclare avoir été marié avec feue Françoise Dupuy, damoiselle, et avoir de cette union cinq enfants, nommés Pierre, Raymond, Paul, Marie et Catherine de Fabry. Ce testament, contrôlé au bureau de La Plume, le 30 avril 1787, fut déposé, le même jour, au rang des minutes de Mᵉ Siméon Dessolliès, notaire audit La Plume, par messire Jean de Fabry, chevalier, seigneur d'Augé et autres places, capitaine au corps royal du génie. Le seigneur d'Augé déclare faire ce dépôt du testament de son grand-père, à la réquisition de messire Raymond de Fabry, vicaire général et chanoine de Saint-Omer, député des États d'Artois à la cour, l'un des membres de l'assemblée des Notables du royaume, son frère; noble dame Thérèse de Fabry, femme de messire Louis-François, comte de Cahors de La Sarladie, seigneur de Roquecave en Quercy, sa sœur, et de noble Jeanne de Fabry, veuve de messire Jean-Louis de Brons, chevalier, seigneur de Laromiguière en Quercy, son autre sœur, à l'occasion de l'hérédité de noble Guillaume de Fabry, écuyer, leur aïeul commun. *(Expédition ou grosse en parchemin signée Dessolliès, notaire royal, mêmes archives du château d'Augé.)*

Les cinq enfants nommés au testament de Guillaume de Fabry, sont :

> 1º PIERRE DE FABRY, prêtre, prieur de Saint-Martin de La Roquette, archiprêtre de Véline en Périgord, présent, le 29 avril 1747, au mariage de son frère Paul; il fait son testament le 13 juillet 1768 et assiste, le 18 mai 1772, au mariage de Jeanne de Fabry, sa nièce, avec messire Jean-Louis de Brons, seigneur de La Romiguière;
>
> 2º RAYMOND DE FABRY, aussi prêtre;
>
> 3º Paul, qui a continué la postérité ;
>
> 4º MARIE DE FABRY;
>
> 5º CATHERINE DE FABRY.

XVIII. Messire PAUL DE FABRY, écuyer, se qualifie l'un des maires de la ville d'Agen, y habitant, natif de la ville de Saint-Émilion en Bordelais, fils légitime de feu noble Guillaume de Fabry et de défunte damoiselle Françoise Dupuy, dans son contrat de mariage passé le 29 avril 1747, devant Mᵉ Jean Fabe, notaire royal, dans la maison de Jean de Laigue, ancien officier d'infanterie au régiment de Boissière, avec CATHERINE DE LAIGUE, native et habitante d'Agen, fille de Jean de Laigue et de Françoise de Vergnes. Le futur époux est assisté de ses deux frères, Pierre de Fabry, prêtre prieur de Saint-Martin de La Roquette, archiprêtre de Véline en Périgord, et Raymond de Fabry, écuyer, et de noble Claude de Rangouse de Beauregard, écuyer, son ami. La future épouse est assistée de son père et de sa mère, de Jean de Laigue, prêtre, son frère, de noble Bertrand de Buard, ancien garde du corps, pensionnaire du roi, son ami, etc., et se constitue 44,000 livres. *(Archives du château d'Augé.)*

Paul de Fabry devient, en 1766, seigneur d'Augé et de Martet, dont il doit dès lors l'hommage au roi de France, ce dernier en sa qualité de vicomte de Bruilhois. Nous avons vu aux pages 3 à 8 les divers hommages, rendus pour les châteaux d'Augé et de Martet, depuis le règne de Charles VII.

Son prédécesseur noble Joseph de Courtade de Quissac, résidant à Condom, avait obtenu, le 20 juillet 1748, des Lettres de foi et hommage pour le château d'Augé. (*Expédition en parchemin, mêmes arch.*)

Le 15 décembre 1766, Paul de Fabry, se qualifiant avocat au parlement, ancien maire d'Agen et seigneur direct d'Augé en la paroisse de Cazeaux, commune de La Plume, rend son hommage en la cour de Parlement, Comptes, Aides et Finances de Navarre, séant à Pau. (*Expédition en parchemin, mêmes archives du ch. d'Augé.*)

Il meurt le 6 novembre 1774, âgé de quatre-vingt-un ans, laissant de son mariage quatre enfants qu'il nomme dans son testament olographe, écrit le 10 mars au château d'Augé, dont il se qualifie seigneur. Ce testament est expédié par Dessolliès, notaire royal, dont la signature est légalisée par Jean Gabriel de Pellicier, conseiller du roi, bailli, juge d'appeaux du bailliage et vicomté de Bruilhois, siège de la ville de La Plume. (*Idem.*)

Paul de Fabry, seigneur d'Augé, Martet, etc., et Catherine de Laigue avaient eu de leur mariage :

1° Jean, qui suit;

2° Messire RAYMOND DE FABRY, prêtre du diocèse d'Agen, vicaire général de Saint-Omer, nommé par le roi, le 2 janvier 1780, à la première chanoinie ou prébende qui sera vacante à l'église cathédrale de Saint-Omer. (*Original en parchemin, signé* LOUIS, *et plus bas* AMELOT. — *Archives d'Augé.*)

Louis de Fabry de Fabrègues, lieutenant général des armées navales, commandant de la Marine à Toulon, commandeur de l'ordre de Saint-Louis, connu sous le nom de chevalier de Fabry, écrit le 30 mai 1786, à l'évêque d'Autun (Yves-Alexandre de Marbeuf, comte de Lyon), la lettre suivante, dans l'intérêt de Raymond de Fabry:

« Monseigneur,

» M. l'abbé de Fabry, mon cousin, vient d'acquérir une nouvelle gloire dans la harangue qu'il a eu l'honneur d'adresser au roy, et il ne m'a point laissé ignorer les choses flatteuses que vous avez eu la bonté de lui dire à cette occasion. Voilà, Monseigneur, une circonstance bien favorable pour le mettre sous les yeux du roy. Sa Majesté, qui n'a point perdu le souvenir de mes services, ne peut que voir avec satisfaction mon nom honoré dans l'Église comme il l'est dans ses armées. J'ay, Monseigneur, la plus grande confiance dans votre justice et vos bontés..... » (*Idem.*)

Au commencement de l'année 1787, Raymond de Fabry reçut du roi la lettre suivante :

« Mons. l'abbé de Fabry,

» Ayant estimé que le bien de mes affaires et de mon service exigeoit que les vues que je me propose pour le soulagement de mes peuples, l'ordre de mes finances et la réformation de plusieurs abus fussent communiquées à une assemblée de personnes de diverses conditions de mon État, j'ai pensé, attendu l'estime dont vous jouissez, ne pouvoir faire un meilleur choix que de votre personne et je suis assuré qu'en cette occasion vous me donnerez de nouvelles preuves de votre fidélité et de votre attachement. J'indique l'ouverture de cette assemblée au 29 de ce mois à Versailles où vous vous rendrez pour cet effet, afin d'assister à lad. ouverture et entendre ce qui sera proposé de ma part: et m'assurant que vous ne manquerez pas de vous y rendre conformément à ma volonté, je prie Dieu qu'il vous ait, Mons. l'abbé de Fabry, en sa sainte garde.

» Écrit à Versailles le 19 janvier 1787.

» LOUIS.

» Le M^{al} DE SÉGUR. »

Suscription :

« A Mons. l'abbé de Fabry, vicaire général du diocèse de Saint-Omer, chanoine de l'église cathédrale de la même ville et député des États d'Artois à ma cour pour l'ordre du Clergé. »

La lettre d'envoi était ainsi conçue :

« J'ai l'honneur de vous envoyer, Monsieur, une Lettre que le roy m'a ordonné de vous expédier. Je vous prie de m'en accuser la réception.

» Je suis très parfaitement, Monsieur, votre très humble et très obéissant serviteur.

» Le M^{al} DE SÉGUR. »

(Mêmes Archives.)

Après la réouverture des églises, Raymond de Fabry fut vicaire général d'Agen, puis chanoine.

3° THÉRÈSE DE FABRY, mariée en février 1774, à messire PIERRE DE LAURIÈRE DE RÉVIGNAN, chevalier DE MONCAUT, né en 1731, fils de noble Louis, et de Marie Besse de Beauséjour, et arrière-petit-fils de messire Blaise III de Laurière, seigneur baron de Moncaut en Bruilhois, et de Marguerite de Sarrau.

4° JEANNE DE FABRY, mariée le 18 mai 1772, avec messire JEAN-LOUIS DE BRONS, seigneur de La Romiguière et autres lieux, fils légitime de défunt messire Pierre-Victor de Brons, seigneur de La Romiguière, et de dame Boquet, habitant son château de La Romiguière, paroisse de Marmignac en Quercy. Le futur époux agit du consentement de la dame sa mère, représentée par messire Jean de Belcastel, seigneur de Montraillant, et de Jean-Louis de La Cassagne de Saint-Laurent, écuyer, son cousin, et de dame Marguerite de Rey du Peyrat, sa cousine. La future épouse est dite fille de messire Paul de Fabry, seigneur d'Augé, et de défunte dame Catherine de Laigue. Elle est native d'Agen, assistée de son père, de messire Raymond de Fabry, bachelier de Sorbonne, son frère; de noble demoiselle Thérèse de Fabry, sa sœur; de messire Pierre de Fabry, ci-devant archiprêtre de Véline en Périgord, son oncle; messire Jean de Laigue, aussi son oncle; noble Jules-César de Vergnes, écuyer, son cousin; noble Elisabeth de Vergnes, sa cousine; Jean Villatte, écuyer, baron de Frégimont, son oncle; noble Jean de Villatte d'User de Cabanac, sa tante; messire Frix de Bazignan de Peyrusca, écuyer, chevalier commandeur de l'ordre de Saint-Lazare, seigneur de Tauzia Bertin, coseigneur de Ligardes, et autres ses parents et amis. L'acte est retenu par Roulliès, notaire royal. (*Archives du château d'Augé.*)

La somme de 25,000 livres, constituée en dot à Jeanne de Fabry, le 18 mai 1772, est entièrement payée le 7 juillet 1773, par messire Paul de Fabry, seigneur d'Augé. (*Acte reçu par Roulliès, notaire royal, mêmes archives.*)

Mme de Brons, née de Fabry d'Augé, reçut la lettre suivante écrite de Toulon, le 8 août 1789, par le chevalier de Fabry (de la branche de Fabrègues), lieutenant général des armées navales :

« Je repons, Madame ma chère cousine, à la lettre que vous m'avez fait l'honneur de m'écrire le 26 du mois dernier, en vous aprenant que M. votre fils est à la mer et sur les côtes d'Italie, depuis environ trois semaines, et qu'on n'atend guere le retour de cette corvette que dans le courant de ce mois, cette navigation étant bien plus instructive pour ces jeunes gens, que de les laisser languir dans cette rade, et j'étois beaucoup plus content de lui et du proffit qu'il avoit fait de mes sermons. Ils doivent l'ennuyer, je n'en doute pas, ils lui prouveront un jour, l'interest que je prends a lui et a tout ce qui vous regarde. J'espère aussi........

» Je vous prie de ne pas douter de mes soins et de ma vigilence pour tout ce qui peut intéresser M. votre fils, c'est la moindre preuve que je puisse vous donner, ainsy qu'à M. votre frère, de l'attachement respectueux avec lequel, j'ai l'honneur d'être, Madame ma chère cousine, votre très humble et très obéissant serviteur.

» LE CH^er DE FABRY. »

(*Original. Archives du château d'Augé.*)

5° Autre THÉRÈSE DE FABRY, mariée le 7 avril 1787 à messire LOUIS-FRANÇOIS, comte DE CAHORS DE LA SARLADIE, seigneur de Roquecave, en Quercy, petit-fils de Raymond de Cahors de La Sarladie, coseigneur de Montamel et par échange de Roquecave, et de Claude de Durfort Léobard.

XIX. Messire JEAN DE FABRY, chevalier, seigneur d'Augé et de Martet dans la commune de La Plume, au bailliage d'appel et vicomté de Bruilhois, chevalier de la Légion d'honneur et de Saint-Louis, major du corps royal du génie, sous-directeur des fortifications, né dans la ville d'Agen le 7 octobre 1749, est le fils aîné de messire Paul de Fabry, seigneur d'Augé et de Martet, et de dame Catherine de Laigue.

Il épouse MARIE-JOSÈPHE-AUGUSTINE DE MONTAUT SAINT-SIVIÉ, fille de Pierre-Joseph, marquis de Montaut, vicomte du Saumont en Bruilhois, et de Marie-Thérèse du Barbier, dame de Lisse, et petite-nièce du comte de Montaut, brigadier des armées du roi, gentilhomme de la Manche des enfants de France sous Louis XV, chevalier commandeur des ordres royaux et militaires de Saint-Lazare et Montcarmel, premier veneur en 1775 de Monsieur, frère du roi. Elle était de la même famille que Philippe de Montaut, duc de Navailles, pair et maréchal de France, né en 1619, mort en 1684; et que dame Joséphine de Montaut-Navailles, ancienne gouvernante des enfants de France, mariée en 1792 à Charles-Michel, vicomte de Gontaut-Biron, marquis de Saint-Blancard, duchesse de Gontaut-Biron en 1827, qui a laissé deux filles : mariées, l'aînée, le 19 mai 1817, à Fernand de Rohan Chabot, duc de Rohan, prince de Léon, pair de France, maréchal de camp; la seconde, le 14 juin 1818, à François-Louis-Joseph de Bourbon, comte de Busset, pair de France, lieutenant général des armées du roi.

Madame de Fabry, comtesse d'Autrey, née de Saint-Sulpice, mentionnée à la page 64, écrit, le 11 juin 1786, à M. de Fabry, capitaine au corps royal du génie, et termine ainsi sa lettre :

« .... Adieu, cher cousin, je finis pour cette fois en cérémonie, mais n'y comptez pas à l'avenir, j'ai l'honneur d'être, Monsieur et cher cousin, votre très humble et très obéissante servante.

» SAINT-SUPLIX D'AUTREY. »

(Original, aux archives du château d'Augé.)

Jean de Fabry meurt à Augé le 29 juin 1814, laissant à sa veuve, Augustine de Montaut, deux filles :

1º Aminthe, qui suit;
2º ELIZABETH DE FABRY D'AUGÉ, née au château du Saumont, le 19 thermidor an VII (6 août 1798), décédée sans avoir contracté d'alliance.

XX. AMINTHE DE FABRY D'AUGÉ *(Marie-Magdeleine-Augustine),*

mariée le 8 décembre 1814, à messire ZACHARIE-CASIMIR DE
BERNARD DE LAGRANGE DU TUQUO, né en 1791, fils de messire
Jean-Chrisostôme de Bernard, écuyer, sieur de Lagrange, seigneur du
Tuquo en la commune de La Plume, lieutenant au régiment de Forès
en 1783, chevalier de Saint-Louis le 6 mars 1817, et de dame Adélaïde
Martin.

Devenue veuve le 10 décembre 1850, Aminthe de Fabry d'Augé,
dernière de sa branche, est décédée le 7 août 1863, laissant de son
mariage :

    1° Gabriel de Bernard de Lagrange du Tuquo, né le 15 août 1826, qui
    a continué la postérité de sa famille. (Voir *Nobiliaire de Guienne et
    de Gascogne,* t. III, p. 196 à 202.)

    2° Angélina de Bernard de Lagrange du Tuquo, résidant au château
    d'Augé, mariée : 1° avec Henri de Seovaud; 2° avec André-Maximin
    d'Ayrenx, fils de noble Jacques-Rémy d'Ayrenx, seigneur de Bautian,
    et de noble dame Rose-Françoise-Scholastique de Souville, comme
    on le voit plus loin.

*J'ai dressé la présente généalogie sur les titres qui sont aux archives du
château d'Augé, commune et canton de La Plume, Lot-et-Garonne.*

    Agen, septembre 1883.

Jules DE BOURROUSSE DE LAFFORE.

PIÈCES JUSTIFICATIVES

NOBLESSE

LANGUEDOC; BAGNOLS, DIOCÈSE D'UZÈS.

4 Janvier 1671.

CLAUDE BAZIN, CHEVALIER, SEIGNEUR DE BEZONS, conseiller du Roy en tous ses conseils, intendant de justice, police et finances en la province de Languedoc, commissaire député par Sa Majesté pour la vérification des titres de noblesse et recherche des usurpateurs d'icelle, en ladite province.

ENTRE le Procureur du Roy en la commission diligence de Me Alexandre Beleguize, chargé par Sa Majesté de la poursuite de la vérification des titres de noblesse en Languedoc, demandeur en exécution de la déclaration du 8e février 1664, et Arrest de Conseil du 24 may 1667, d'une part;

Et nobles Annibal Fabry de Moncault, Sr de Cabrières, et Louis Fabry, chevalier, Sr de Moncault, assignés et deffendeurs, d'autre.

VEU la dite déclaration et Arrest du Conseil des dits jours 8 février 1664, et 24 mai 1667. Exploit d'assignation donnée aux deffendeurs en remise des titres en vertu desquels ils ont pris la qualité de nobles. Procuration par eux faite à Me Porte, leur procureur pour soutenir la dite qualité de noble. Généalogie et Armes desd. deffendeurs.

Baptistaire dud. Annibal Fabry, fils d'Antoine et de Marguerite de Guibert, du 24 novembre 1635, signé Racaud, prêtre et vicaire de Saint-Julien.

Autre baptistaire dud. Louis Fabry, fils d'Antoine et de lad. damelle Marguerite de Guibert, du 9 octobre 1642, signé dudit Me Racaud, prêtre.

Mariage de noble Antoine de Fabry, Sr de Moncault, fils de Pierre de Fabry, Sr de Saint-Gervais, avec lad. damelle Marguerite de Guibert, du dernier janvier 1635, receu et signé par Me Germain de Leuze, notaire royal à Nîmes.

Mariage de noble Pierre de Fabry, fils d'autre Pierre, avec damelle Alizon de Reboul, collationné et signé par Me Fumat, notaire du Saint-Esprit, en date du 17 aoust 1614.

Autre contrat de mariage de noble Pierre Fabry, fils de noble Jean, avec damelle Dauphine de La Gorce, du 13 aoust 1585, collationné et signé par Me Pugnière, notaire royal à Bagnols.

Autre contrat de mariage de noble Pierre Fabry, fils de noble Jean, avec damelle Marguerite Broche, du 24 juillet 1557, collationné et signé par Me Jean de Balma, notaire de Bagnols.

Extrait baptistaire dudit noble Pierre de Fabry, fils de noble Jean, du

8 décembre 1538, signé Carron, curé de la ville de Bagnols, avec légalisation au pied, faite par le juge dud. Bagnols, du 26 mars 1670.

Plusieurs pièces justificatives du service rendu par le Sr de Moncault-Cabrières, en qualité de capitaine au régiment de la Rogue, dans celuy de Conty et comme gouverneur du château de Saint-Martin de Bauzelo, que de capitaine au régiment de Monpezat, et depuis dans celuy de Picardie.

Deux commissions et actes de services de charge de capitaine données à noble Louis Fabry, dit le chevalier de Moncault, étant en parchemin, signées LOUIS; et plus bas LE TELLIER, scellées du grand sceau en cire jaune, en datte des 16 juin 1667 et 6° septembre 1669.

Trois commissions du Roy données à noble Antoine de Fabry, Sr de Moncault, de charges de capitaine, avec deux lettres de l'État, l'une au régiment de Vireville, l'autre en celuy de Monclard, dans le service de laquelle il fut tué au régiment de la Marine du Levant, des 6 may 1635, 6 avril 1637, 16 juin 1646, et 16 janvier 1648.

Certificats et pièces justificatives du service rendu par noble Antoine de Fabry, Sr de Moncault, en qualité de capitaine au régiment de Vireville, en celui de Montclard et en celui de la Marine du Levant, jusques en l'année 1648, que fésant la charge de major aud. régiment, il fut tué à l'attaque du fort de Camages, dans le Monferrat, étant lesd. pièces et certificats au nombre de neuf.

Commission du Roy donnée à noble Pierre de Fabry, Sr de Saint-Gervais, pour la levée d'une nouvelle compagnie d'infanterie, au régiment de La Tour La Bastie, en date du 26 juin 1643.

Plusieurs commissions, ordres, commandements et autres actes justificatifs des services de noble Pierre de Fabry, Sr de Saint-Gervais, tant en qualité de capitaine au régiment de M. Dambres, que de 200 hommes par commission de M. le Prince de Bourbon et gouvernement de diverses places que autrement, depuis l'année 1574, jusques au mois de décembre de l'année 1586; étant lesd. commissions et autres actes en nombre de dix-neuf.

Inventaire desd. deffendeurs dans lequel ils soutiennent que Jean de Fabry, leur trisayeul est issu en ligne directe et masculine de Paul-Émile Fabry, généralissime des galères de Florence, par led. Jean fils de Guillaume, led. Guillaume, fils de Ludovic Fabry, chef du parti qui remit la ville de Pise en la puissance du Roy Charles VIII. Ledit Louis, fils de Laurent Fabry, et iceluy de Mathieu, l'un et l'autre desquels eurent des charges considérables dans l'État de Florence et lequel Mathieu était fils de Paul-Émile, généralissime, avec les extraits imprimés de l'histoire de l'État de Florence par Guichardin et Tristant.

Contredits dud. Beleguize.

Conclusions du procureur du Roy.

Ouy le rapport du Sr Bernard, commissaire à ce député et de l'avis des officiers au nombre de l'ordinaire. Tout considéré.

NOUS INTENDANT susdit, par jugement souverain et en dernier ressort, avons déclaré lesd. Annibal et Louis Fabry, frères, Srs de Cabrières et Montcault, avoir justifié de leur qualité de nobles conformément à la déclaration de Sa Majesté et arrest de son Conseil, ordonné et ordonnons que tant eux que leur postérité nés et à naître en légitime mariage jouiront du privilège des nobles, tant et si longtemps qu'ils vivront noblement et ne feront acte dérogeant à noblesse. Auquel effet ils seront mis et inscrits par noms, surnoms, armes et lieux de leurs demeures, dans le Catalogue des nobles de la province de Languedoc.

Fait à Montpellier le quatre janvier mil six cent soixante unse.

Signé : BEZONS. Et plus bas :

Par Monseigneur,

TOURNIER.

Au bas de l'un des trois exemplaires que j'ai trouvés au château d'Augé est écrit : « Je soussigné, messire Jean de Fabry, seigneur d'Augé, capi-
» taine au corps royal du génie, certifie le présent extrait et ladite main-
» tenue de noblesse véritable. Qu'elle existe en original aux archives de
» l'Intendance de Languedoc, qu'elle est aussi au Cabinet du Saint-Esprit à
» Paris. Quenfin je donne ma parole d'honneur d'en produire une copie
» légalle au plus tard dans six mois. Fait à

» DE FABRY D'AUGÉ. »

(Archives du château d'Augé, commune de La Plume, Lot-et-Garonne.)

AUTRE MAINTENUE DE NOBLESSE

Du 5 Mars 1716.

Les COMMISSAIRES GÉNÉRAUX DU CONSEIL députés par le Roy pour l'exécution de ses déclarations des 4 septembre 1676, 30 may 1702, 30 janvier 1703, 16 janvier 1714 et 14 décembre 1715, et arrest du Conseil rendus en conséquence contre les usurpateurs du titre de noblesse.

VEU la requeste à Nous présentée par Henry de Fabry, Sr de Gayans, et Théophile de Fabry, écuyers, faisant tant pour eux que pour nobles Henry-Honoré Fabry, et Joseph-Simon Fabry, écuyers, capitaines au régiment de l'Isle de France, chevaliers de Saint-Louis, et noble Henry-François Fabry, écuyer, major dud. régiment, aussi chevalier de Saint-Louis, leurs enfants, tendante à ce que pour les causes et raisons y contenues, il nous plust, faisant droit sur icelle, les recevoir appelans de l'ordonnance du Sr de Basville, intendant de Languedoc, rendue contre eux le 10 octobre 1698, et icelle infirmant, déclarer commun avec eux, et nobles Henry-Honoré Fabry, Joseph-Simon Fabry et Henry-François Fabry leurs enfants, le jugement du 4 janvier 1671, rendu par le Sr de Bezons, au profit d'Annibal et Louis Fabry, sieurs de Montcault et de Cabrières; Et en conséquence les maintenir et garder dans leur noblesse, et dans le droit qu'ils ont de se qualifier nobles et écuyers; ensemble leurs enfants et postérité, nés et à naître en légitime mariage, tant qu'ils ne feront acte de dérogeance.

Et au cas que nous faisions difficulté de déclarer commun avec eux l'ordonnance du Sr de Bezons du 4 janvier 1671, les maintenir et garder dans leur noblesse, au moyen de la déclaration du Roy du 16 janvier 1714; et ordonner qu'à cet effet ils seront inscrits dans le Catalogue des gentilshommes du royaume; et que les sommes qu'ils auront payées leur seront rendues, à ce faire les dépositaires contraints; la dite requeste signée de La Balme, le jeune, avocat ès Conseils du Roy, au bas de laquelle est l'ordonnance du sieur Fagon, du 10 juillet 1715, de soit communiquée à François Ferrand, et montrée au procureur général de la Commission pour être ensuite ordonné ce qu'il appartiendra; et la signification d'icelle faite le lendemain à Me Le Noir, avocat de François Ferrand, chargé de la recherche des usurpateurs du titre de noblesse.

La copie collationnée de l'ordonnance du Sr Bazin de Bezons, intendant en Languedoc, du 4 janvier 1671, qui déclare Annibal et Louis Fabry, frères, Srs de Chabrières et de Montcault, avoir suffisamment justifié de leur qualité de noble, et ordonné que tant eux que leur postérité nés et à naistre en légitime mariage jouiront des privilèges des nobles, tant et si longuement qu'ils vivront noblement et ne feront acte dérogeant à noblesse; auquel effet ils seront mis et inscrits par noms, surnoms, armes et lieux de leurs demeures, dans le Catalogue des nobles de la province de Languedoc;

L'ordonnance du Sr de La Moignon du 10 octobre 1698, qui déclare Henry Fabry, Sr de Gayans, et Théophile Fabry usurpateurs du titre de noblesse, leur fait deffenses d'en prendre à l'avenir les qualités, à peine de trois mil livres d'amende, et pour l'usurpation les condamne en deux mil livres d'amende chacun et aux deux sous pour livre d'icelle, conformément à la déclaration du roi du 4 septembre 1696; au payement des quelles sommes ils seront contraints par les voies portées par les arrests du Conseil, et en outre les condamne aux dépens liquidez à vingt livres.

Acte d'appel avec protestation contre la dite ordonnance signifié le 1er may 1699, à Me Rouvray, procureur de Charles de La Cour de Beauval, chargé de la recherche, à la requeste de Théophile et Henry de Fabry.

Autre acte d'appel contre la même ordonnance signifié le 29 avril 1712, au Sr Roux, procureur préposé à la recherche de la noblesse du Languedoc, à la requeste de noble Henry-François de Fabry, chevalier de Saint-Louis et major du régiment de L'Isle de France, fils de Théophile Fabry, d'Henry Fabry-Gayans, capitaine aud. régiment, et Joseph-Simon Fabry du Borc Gayans, cornette de dragons au régiment de La Lande, tant pour eux que pour les Srs de Gayans et Théophile Fabry, leurs pères.

L'inventaire des titres produits devant M. de La Moignon, le 23 janvier 1698.

Leur généalogie par laquelle ils justifient descendre de Paul-Émile Fabry, généralissime des galères de l'État de Florence; que ledit Paul-Émile étoit issu d'une ancienne famille noble de la ville de Florence, duquel est issu Mathieu Fabry; de Mathieu Fabry, Laurent Fabry (qui eurent des charges considérables dans l'État de Florence), et de Laurent Fabry est issu Ludovic Fabry, chef du parti qui remit la ville de Pise en la puissance du Roy Charles VIII. Lequel s'est étably en Languedoc, et a eu pour fils Guillaume Fabry, qui eut pour fils Jean Fabry, lieutenant de régent, 1er du nom, qui fait la souche commune des trois branches d'aujourd'huy, qui a épousé Françoise Petite et ont eu trois enfans, qui ont formé trois branches, savoir :

Pierre,   ⎫
Guillaume   ⎬ que Annibal et Louis Fabry, au profit desquels a été rendue
et Louis;   ⎭

l'ordonnance du 4 janvier 1671, descendent de Pierre, qui a formé la première branche; qu'Henry Fabry l'un des appelans descend de Guillaume qui a fait la seconde branche; et Théophile Fabry, aussi appelant descend de Louis qui a composé la troisième branche.

Les titres de noblesse rapportés sur la première branche et mentionnés dans l'ordonnance du Sr de Bezons, du 4 janvier 1671, sont un extrait baptistaire de noble Pierre Fabry, fils de noble Jean Fabry, du 8 décembre 1538, délivré le 22 septembre 1697 par le Sr Bertier, curé de la paroisse de Bagnols, et certifié le même jour par les officiers de lad. ville.

Un acte d'insinuation du 27 octobre 1571, du contrat de mariage de noble Pierre Fabry, fils de noble Jean Fabre, lieutenant de régent à Bagnols, et de damoiselle Françoise Petite, avec damlle Andriette Vassolle, à cause de la donation faite en faveur dud. mariage, savoir par Jean Fabre de la tierce partie de ses biens, et lad. Petite la moitié. Led. acte extrait des registres de la cour royale de Bagnols, où est incéré la teneur de la dite donation.

Transaction du 1er novembre 1618, passée entre Pierre Fabre, Sr de Saint-Gervais, et autre Pierre Fabre, écuyer, père et fils, habitans de la ville de Bagnols, d'une part, et Jean Fabre, fils de Louis, d'autre, par laquelle la somme de six mil deux cent soixante livres pour les causes spécifiées et suplément de légitime prétendue par led. Jean Fabre, fils de Louis, en la succession de Jean Fabre, lieutenant de régent, a été réduite à quatre mil six cent cinq livres et luy a été cédé les terres y mentionnées provenant des biens dud. Jean Fabre, lieutenant de régent. La dite transaction passée devant Jean Girossel, notaire royal à Bagnols.

Acte du 27 février 1621 contenant cession d'une somme de deux cent quarante livres, faite par noble Pierre Fabre, écuyer, le plus jeune, seigneur de Saint-Gervais, à Jean Fabre, fils de Louis, passé devant Gardet, notaire royal à Bagnols.

Copie collationnée sur la minute du contrat de mariage passé le 31 janvier 1635, entre noble Antoine de Fabre, Sr de Montcault, fils légitime et naturel de noble Pierre de Fabre, Sr de Saint-Gervais, et de damoiselle Hélix de Reboul, avec damelle Marguerite de Guibert, ledit contrat passé devant Firmin Deleine, notaire royal à Nîmes.

Copie collationnée sur la minute d'une procuration donnée par noble Antoine de Fabre, Sr de Montcault, à damelle Marguerite de Guibert, sa femme, passée le 23 avril 1648; devant Richard Pelissier, notaire à Bagnols;

Lesquelles pièces ont été produites par les appelans pour faire connaître qu'Annibal et Louis Fabry, qui ont été maintenus, descendent de noble Jean Fabre, lieutenant de régent, et de dam^{elle} Prançoise Petite, sa femme, et pour justifier que l'origine desd. Annibal et Louis Fabry est commune aux appelans :

L'extrait du testament nuncupatif de dam^{elle} Françoise Petite, femme de Me Jean Fabre, lieutenant de régent de la ville de Bagnols, receu par François Gardet, notaire en ladite ville, en présence des témoins y dénommés, le 18 septembre 1593; par lequel lad. testatrice donne, par droit d'institution héréditaire, à capitaine Jean Fabre et dam^{elle} Jeanne Fabre, enfants de feu capitaine Guillaume Fabre, son fils, et dud. Jean Fabre, son mary, une vigne et un clos y énoncé; à noble Pierre Fabre, son fils, seigneur de Saint-Gervais, outre et par dessus la donation faite de la moitié de ses biens, la somme de cinq sols; et à Jean et Honoré Fabre, frères, enfans et héritiers de feu Louis Fabre, son fils, et dudit Jean Fabre, son mary, une vigne.

Testament de Me Jean Fabre, lieutenant de régent de la ville de Bagnols, receu par Brutel, notaire en lad. ville, le 12 juillet 1603, par lequel il donne à Jean Fabre fils à feu Sr Louis Fabre, son fils, la somme de cinq sols; confirme la donation par luy faite à feu capitaine Guillaume Fabre, son fils, par le contrat de son mariage avec damoiselle Marguerite Disnard, de la troisième partie de ses biens, comme aussi la donation faite à Pierre Fabre, Sr de Saint-Gervais, son fils, par son contrat de mariage avec dam^{elle} Drinette de Vassol. (Le testateur nomme aussi Guillaume Fabry, son père.)

Copie collationnée de l'extrait mortuaire du 13 novembre 1603, de Jean Fabry, lieutenant de régent, deuxième degré de ladite seconde branche.

Production particulière d'Henry Fabry, Sr de Gayans.

Copie collationnée sur la minute du contrat de mariage, passé devant Meynier, notaire à Bagnols, le 2 aoust 1563, entre Guillaume Fabre, écuyer, fils de Jean Fabre, de la ville de Bagnols, d'une part, et dam^{elle} Marguerite Disnard, d'autre; par lequel contrat il paroist que led. Jean Fabre et dam^{elle} Françoise Petite, mariés, père et mère dud. Guillaume Fabre, luy donnent les choses y énoncées.

Troisième degré de la seconde branche: Contrat de mariage passé devant Perrier, notaire à Bagnols, le 11 may 1606, entre Me Jean de Fabre de la ville de Bagnols, fils à feus Guillaume Fabre, écuyer, et dam^{elle} Marguerite Disnard, mariés, d'une part, et dam^{elle} Anne de Pugnière, d'autre.

Testament militaire dud. Jean de Fabre, Sr de Gayans, capitaine d'une compagnie de gens de pied au régiment du Sr Annibal de Montmorency, fait au lieu de Maclhargues, le 5 aoust 1622, en présence de témoins, par lequel il lègue à Henry, Jeanne et Marguerite, ses enfants, et de dam^{elle} Anne de Pugnière, sa femme, à chacun trois mil livres, et nomme son héritier universel François Fabre, son fils aisné.

Sentence de la jurisdiction de Bagnols, du 20 février 1636, rendue entre Me François Fabre, docteur en droits, Sr de Gayans, demandeur en publica-

tion du testament militaire fait le 5 aoust 1622, par feu Jean de Fabre, S^r de
Gayans, son père, capitaine d'une compagnie de gens de pied au régiment
d'Annibal de Montmorency, d'une part; et dam^{lle} Anne de Pugnière, sa
mère, veuve dud. feû Sr de Gayans, tant en son nom que comme mère et
tutrice des personnes et biens [de ses autres enfants, deffenderesse, d'autre.
Laquelle dite sentence autorise et enthérine led. testament.

Quatrième degré de la seconde branche : Copie collationnée sur la minute
originale du contrat de mariage de noble François de Fabre, Sr de Gayans,
premier consul de la ville de Bagnols, fils à feu Jean et de damoiselle Anne
de Pugnière, avec damoiselle Catherine de Redond, passé à Bagnols devant
Pelissier, notaire, le 31 octobre 1637.

Cinq et sixièmes degrés de la seconde branche : Copie collationnée du
contrat de mariage de noble Henry de Fabre, Sr de Gayans, fils de noble
François de Fabre, Sr de Gayans, et de feue damoiselle Catherine de Redond,
avec damoiselle Antoinette de Cassaignes, passé devant d'Aleyrac, notaire
à Bagnols, le 13 juillet 1674.

Extrait baptistaire d'Henry-Honoré, fils légitime d'Henry de Fabry, S^r de
Gayans et de dame Antoinette de Cassaignes, du 11 juillet 1681.

Extrait baptistaire de Joseph-Simon de Fabry, fils de noble Henry de
Fabry, Sr de Gayans, et de damoiselle Suzanne de Fabry, du 22 décembre 1689.

Testament de noble Henry de Fabry, Sr de Bort et de Gayans, receu par
Estienne Guire, notaire royal à Bagnols, le 23 décembre 1706, par lequel il
donne à noble Henry-Honoré de Fabry, son fils, capitaine dans le régiment
de l'Isle de France, du premier mariage avec feue dame Antoinette de
Cassaignes, son droit de légitime, et fait son héritier universel noble
Joseph-Simon de Fabry, son fils aisné, lieutenant dans le régiment de l'Isle
de France, et de lad. dame Suzanne de Fabry, sa chère et bien-aimée épouse,
à laquelle il laisse l'usufruit de ses biens, sa vie durant, à la charge de
rendre le tout à son fils.

Pour justifier des degrés de la troisième branche, emploie sur les premier et second degrés d'icelle, les pièces cy-dessous rapportées :

Pour faire connaître que Louis de Fabry, qui avoit épousé Jeanne
Dubois, étoit issu de noble Jean Fabry, lieutenant de régent à Bagnols,
père commun des trois branches; sur le troisième degré de la troisième
branche : Transaction du 11 juillet 1602, sous signature privée, entre Pierre
Fabre, seigneur de Saint-Gervais, et Jean de Fabre, écuyers, oncle et
neveu, par laquelle led. Jean Fabre, neveu, promet à son oncle se contenter
de vingt-quatre saulmées de bled pour les choses y contenues.

Contrat de mariage passé devant Vincens Brutel, notaire à Bagnols, le
7 mars 1610, entre Jean de Fabre, écuyer, fils à feu Louis, de la ville de
Bagnols, d'une part, et damoiselle Isabeau de Giry, d'autre; de l'avis et bon
plaisir de Pierre Fabre, seigneur de Saint-Gervais, son oncle, et de Jean de
Fabre, lieutenant de régent, son cousin germain.

Arrest du parlement de Toulouse du 4 avril 1617, entre Pierre Fabre, Sʳ de Saint-Gervais, et Jean Fabre, fils de Louis, au sujet de la succession de Jean Fabre, lieutenant de régent à Bagnols, rendu au profit dudit Jean Fabre, fils de Louis.

Quatrième degré de la troisième branche : Contrat de mariage passé devant Meynier, notaire à Bagnols, le 24 novembre 1652, entre le Sʳ Théophile Fabre, écuyer, fils naturel et légitime de Sʳ Jean Fabre, écuyer, et de damoiselle Isabeau de Giry, mariés, de la ville de Bagnols, ses père et mère d'une part, et damoiselle Claudine Daugier, d'autre.

Brevet accordé le 3 novembre 1661, par la reine-mère Marie-Thérèse, en faveur de Mᵉ Théophile Fabre, par lequel elle le fait son secrétaire ordinaire.

Acte du 10 avril 1661, tiré des délibérations de la ville de Bagnols, par lequel il paroist que Théophile Fabre, écuyer, a été élu premier consul de la ville de Bagnols, et Louis Fabre second consul.

Acte passé le 1ᵉʳ septembre 1663, devant Pugnière, notaire à Bagnols, par lequel damoiselle Isabeau de Giry, veuve du Sʳ Jean Fabre, écuyer, remet et cède au Sʳ Théophile Fabre, aussi écuyer, leur fils, les héritages y mentionnés.

Acte du 13 avril 1666 des délibérations de la ville de Bagnols, par lequel il paroist que le Sʳ Théophlie Fabre, écuier, a été élu premier consul de lad. cité.

Cinquième degré de la troisième branche: Extrait d'Henry-François Fabry, né de légitime mariage de Théophile Fabry et de damoiselle Claudine Augier, ses père et mère, du 19 avril 1671.

Copie collationnée d'une commission de capitaine dans le régiment de l'Isle de France, accordée par le Roy, le 9 avril 1694, au capitaine Fabry de Lagrange.

Autre copie collationnée de deux certificats de service donnés le 20 avril 1697, l'un par le sieur duc de Vendosme, et l'autre du Sʳ de La Massais, brigadier des armées du Roy, portant que le Sʳ de Fabry, capitaine au régiment de l'Isle de France, servait actuellement dans led. régiment depuis neuf ans; les quatre premières en qualité de lieutenant, et les cinq dernières de capitaine; et, qu'en cette qualité, il a été blessé au siège de Barcelonne.

Certificat en original du Sʳ d'Ayron, lieutenant-colonel du régiment de l'Islé de France, du 21 avril 1706; eertifié véritable par le duc de Vendosme, par lequel apert que le Sʳ Fabry, capitaine aud. régiment y sert actuellement depuis vingt ans; qu'il fut fait capitaine après la bataille de la Marsaille; qu'il fut blessé au siège de Barcelonne, à la bataille de Luzarra, aux sièges de Verceil, d'Ivrée et de Verrüe, et, en dernier lieu, au Paradis, au pont que l'ennemy y fit sur la rivière de l'Adda, le 14 mars 1705, où il commandait, ayant donné le temps, par sa vigoureuse résistance, au sieur duc de Vendosme de le venir secourir, et d'empescher l'ennemy de passer.

Autre certificat du Sʳ Lourdié, lieutenant-colonel au régiment de l'Isle de France, du 7 juillet 1715, par lequel il certifie que le Sʳ Fabry de Gayans, capitaine audit régiment, a perdu le bras droit à la bataille de Calcinarto, en Italie, sous les ordres du S^r duc de Vendosme.

Dire du Sr Ferrand (étant au bas de la requeste des appellans) par lequel après avoir pris communication de la production des appelans, et des titres y énoncés, il a trouvé par l'examen d'iceux, que les trois branches, étant issues d'une même souche et commune, il se raporte à notre justice d'ordonner tant sur la réception de leur appel que sur leur demande, à ce que l'ordonnance du Sr de Bezons, du 4 janvier 1671, rendue au profit de Louis et Annibal Fabry, soit déclarée commune avec eux; et sur leur demande en maintenue ce que nous estimons juste et raisonnable.

Conclusions du sieur procureur général du Roy en la commission.

Ouy le rapport dud. sieur Fagon, conseiller d'État, et au conseil des finances, l'un de nous, et tout considéré:

NOUS, COMMISSAIRES GÉNÉRAUX SUSDITS, en vertu du pouvoir à nous donné par le Roy, avons receu et recevons les dits Henry et Théophile Fabry appelans du jugement dudit sieur de La Moignon de Courson, intendant de Languedoc, du dix octobre mil six cent quatre vingt dix huit, et sans y avoir égard, ordonnons que le jugement et ordonnance dudit sieur Bazin de Bezons, du quatre janvier mil six cent soixante unze .(par lequel Annibal et Louis Fabry, frères, ont été maintenus en leur noblesse), sera commun avec les dits Henry et Théophile Fabry, et en conséquence maintenons et gardons iceux Henry et Théophile Fabry dans le droit de prendre la qualité de noble et d'écuier, comme aussi Henry-Honoré et Joseph-Simon Fabry, enfans dudit Henry-François Fabry, fils dudit Théophile Fabry et leurs enfans et postérité, nez et à naistre en légitime mariage; Ordonnons qu'ils jouiront de tous les honneurs, privilèges, droits et exemptions dont jouissent les nobles et gentilshommes du royaume, tant qu'ils ne feront point d'acte de dérogeance, et qu'ils seront inscrits dans le Catalogùe des nobles, qui sera arresté au Conseil et envoyé dans les bailllages et sénéchaussées et élections du royaume.

Fait en l'assemblée des dits sieurs Commissaires généraux, tenue à Paris le cinquième jour de mars mil sept cent seize.

'Collationné.

Signé GAUDION.

(Archives du château d'Augé, commune de La Plume (Lot-et-Garonne). Copié textuellement par moi le 22 octobre 1862. J. DE BOURROUSSE DE LAFFORE.)

ARRÊT de la Chambre des Comptes de Dôle portant enregistrement du brevet d'érection de la *Baronnie* d'Autrey, en titre de *Comté*, en faveur de messire Louis de FABRY, seigneur de Moncault, gouverneur de la citadelle de Besançon. — 22 mai 1692.

LOUIS par la grace de Dieu, Roy de France et de Navarre, à tous presens et à venir salut. Etant satisfait des services que nous rend depuis plus de trente cinq ans Louis de Fabry, seigneur de Moncault et autres lieux, gouverneur de notre citadelle de Besançon, et capitaine d'une de nos compagnies de gentilshommes, à l'exemple de ses prédécesseurs, qui n'ont point discontinué de servir dans des emplois considérables, depuis que Ludovic Fabry entra au service de Charles huitième, d'heureuse mémoire, nous avons estimé être de notre bienveillance et de notre soin de donner au sieur de Moncault, quelque marque d'honneur qui témoigne à la postérité l'estime que nous faisons de sa personne, vertu, et affection pour nous.

Et étant informé que sa terre et baronnie d'Autrey, de notre comté de Bourgogne, est une des plus anciennes baronnies dudit pays ; qu'elle est d'un revenu considérable et décorée de plusieurs mouvances et autres droits et devoirs seigneuriaux, le tout en justice haute, moyenne et basse, relevant de nous à cause de notre comté de Bourgogne.

A ces causes, de notre grace spéciale, pleine puissance et autorité royale, nous avons créé, érigé, créons, érigeons par ces présentes signées de notre main, lad. terre et baronnie d'Autrey, appartenances et dependances d'icelles telles que led. sieur de Moncault la possède à présent, en titre, qualité, dignité et prééminence de comté d'Autrey, relevant de nous à cause de notre comté de Bourgogne, sans aucun autre changement, ni augmentation de charges que celle de foy et hommage, aveux et dénombrement, déclararations, droits et devoirs qui nous sont deus d'encienneté. ·

Et afin de rendre lad. comté d'Autrey plus considérable, nous avons réuni et réunissons par ces présentes au comté d'Autrey, la justice haute, moyenne et basse de Poyans et de Levilley, qui sont des seigneuries particulières de ladite baronnie d'Autrey, lesquelles sont présentement unies et appartiennent aud. sieur de Moncault, pour n'y avoir doresnavant qu'une seule justice haute, moyenne et basse pour tout ledit comté d'Autrey et dépendances, dans lesquelles seront comprises lesdites terres de Poyans et de Levilley.

Voulons et nous plait que tous les vassaux, tenanciers et relevans dud. comté d'Autrey fassent à l'avenir leurs hommages et baillent leurs aveux, dénombrements et déclarations aud. Sr de Moncault et à ses successeurs, aud. titre de comte, sans pouvoir être tenus à plus grandes charges, redevances, et devoirs que ceux qu'ils doivent à présent ; comme aussi que les juges, lieutenants, greffiers et officiers de la justice dudit comté d'Autrey intitulent leurs actes, sentences et jugemens de la qualité de comté en toutes causes civiles et criminelles, tant en demandant qu'en défendant, sans néanmoins que les appellations puissent ressortir ni être relevées ailleurs, ni en autre forme et manière que comme elles ont accoutumé par le passé; ni rien innover aux droits de justice, foys et hommages qui pourroient appartenir à autres qu'à nous; ny préjudicier aux cas royaux dont la connaissance appartient à nos ·baillis sénéchaux.

Pour du nom et titre de comte jouir et user paisiblement et perpétuellement par ledit sieur de Moncault, ses hoirs successeurs et ayant cause, nés en légitime mariage, iceux tenus, censés, nommés et qualifiés tant en jugement que dehors, comtes dudit Autrey, aux mêmes droits, privilèges, honneurs, prérogatives, prééminences, en fait de guerre, assemblées de noblesse et partout ailleurs, ainsi qu'en jouissent et usent de présent les autres comtes de notre royaume, selon la coutume de notre comté de Bourgogne, sans déroger par ces présentes aux prerrogatives, prééminences attribuées à lad. baronnie d'Autrey, comme étant une des anciennes de notre comté, lesquelles nous confirmons en tant que besoin seroit en faveur dudit Sr de Moncault, et sans que lad. comté d'Autrey soit sujette à réunion à notre Domaine, sous prétexte de nos édits et déclarations et ordonnances du mois de juillet mil cinq cent soixante six, et autres à ce contraires, auxquelles nous avons dérogé et dérogeons par ces présentes.

Sy donnons en mandement à nos amés et féaux les gens tenant notre cour de Parlement de Besançon, chambre de nos comptes à Dole que ces présentes nos lettres d'érection ils aient à faire lire, publier et régistrer, et du contenu en icelle jouir et user le sieur de Moncault, ses descendants et ayant cause en légitime mariage, pleinement, paisiblement et perpétuellement; cessant et faisant cesser tous troubles et empêchemens quelconques, nonobstant tous édits, déclarations, règlemens, ordonnances et lettres au contraire, auxquelles nous avons dérogé et dérogeons pour ce regard seulement par lesd. présentes. Car tel est notre plaisir et afin que ce soit chose ferme et stable à toujours, nous avons fait mettre notre scel à ces présentes.

Donné à Versailles au mois de février l'an de grâce mil six cens quatre-vingt et douze, et de notre règne le quarante neuvième,

Signé : LOUIS,

Et sur le reply : Par le Roy,

Le Tellier.

A côté est écrit : Visa Bouchera, et scellées d'un sceau en cire verte.

 · Vu par la Chambre des Comptes du Roy à Dole, le placet présenté par messire Louis de Fabry, seigneur de Moncault, baron d'Autrey, gouverneur de la citadelle de Besançon, capitaine d'une compagnie de cinq cents gentilshommes pour le service de Sa Majesté, à ce qu'il plut à la cour voir les lettres patentes données à Versailles au mois de février dernier, portant érection de la baronnie d'Autrey en titre de comté, luy donner acte de la présentation dicelle, et en ordonner l'enregistrement pour qu'en conséquence il jouisse de l'effet du contenu auxd. lettres, et puisse au besoin avoir recours aud. enregistrement.

Vu lesdites lettres, par lesquelles le Roy en considération des services dud. Sr de Moncault, et de ceux rendus par ses prédécesseurs, a érigé et créé ladite terre et baronnie d'Autrey et ses dépendances, telles que le Sr de Moncault les possède à présent, en titre, qualité, dignité et prééminence de comté d'Autrey relevant de Sa Majesté à cause de son comté de Bourgogne, sans aucun autre changement, ni augmentation de charges que celles de foy et hommage, avec le dénombrement, déclarations, droits et devoirs dus au Roy d'ancienneté, et pour rendre ladite comté plus considérable, Sa Majesté a uni les justices hautes, moyennes et basses des terres et seigneuries de Poyans et de Levilley, possédées par le Sr de Moncault, en sorte qu'à l'avenir il n'y auroit qu'une seule justice pour ledit comté, haute, moyenne et basse et ses dépendances, dans lesquelles seront comprises lesd. terres de Poyans et de Levilley, avec déclaration que les juges, lieutenant, et autres officiers de la justice pourront, tant en demandant qu'en défendant en toutes causes civiles et criminelles, intituler leurs actes, jugemens et sentences de la qualité de comté.

Que led. sieur de Moncault, ses hoirs, successeurs et ayant cause, nés en légitime mariage jouiront et useront dud. nom et titre de comte; qu'ils seront tenus, nommés et qualifiés tant en jugement que dehors, comtes d'Autrey, aux droits et honneurs, prérogatives, prééminences, en fait de guerre, assemblée de noblesse, et partout ailleurs, ainsi qu'en jouissent et usent les autres comtes du royaume, selon la coutume du comté de Bourgogne, sans déroger par lesdites lettres patentes aux prérogatives, prééminences attribuées à ladite baronnie d'Autrey, comme étant une des anciennes du comté de Bourgogne, lesquelles Sa Majesté a confirmé en tant que de besoin, en faveur dud. sieur de Moncault, sans que ladite comté d'Autrey soit sujette à réunion au Domaine royal, sous pretexte des édits, ordonnances et déclarations du mois de juillet mil cinq cent soixante six et autres à ce contraires, auxquelles Sa Majesté a dérogé par lesdites lettres patentes.

Ouy le rapport de messire Alexandre-Ignace de Sautans, seigneur de Montaguez. conseiller du Roy et maître ordinaire en ladite Chambre, et tout considéré.

LA CHAMBRE a donné et donne acte audit messire Louis de Fabry, seigneur de Moncault, de la présentation desd. lettres, déclare qu'elles seront enregistrées aux registres dicelle pour la conservation des droits et (illisible) de Sa Majesté, et y avoir recours au besoin, et qu'en conséquence led. sieur de Fabry, ses hoirs, successeurs et ayant cause, nés en légitime mariage, seront tenus, censés et qualifiés tant en jugement que dehors comtes dud. Autrey, sans dérogations aucune aux prérogatives, prééminences attribuées à lad. baronnie d'Autrey, et qu'ils jouiront pleinement et paisiblement du fruit et effet contenu auxd. lettres patentes, selon leur forme et teneur.

Fait à Dole en la Chambre des Comptes du Roy, le vingt deuxième may mil six cent quatre vingt douze.

Vu par la cour la requête que luy a été présentée de la part de messire Jean de Fabry, seigneur d'Augé, capitaine au corps royal du génie, contenant qu'il est informé qu'il repose au trésor des Chartes de la cour, le brevet d'érection de la terre et baronnie d'Autrey en titre, qualité et prééminence de comté d'Autrey, en faveur de Louis de Fabry, seigneur de Moncault et autres lieux, gouverneur de la citadelle de Besançon, led. brevet en date à Versailles du mois de février mil six cent quatre vingt douze, duement enrégistré en la Chambre des Comptes, cy devant séante à Dole, le vingt deux mai suivant. Le suppliant a un besoin indispensable dudit brevet, ainsi que de son enregistrement; mais comme il ne peut s'en procurer une expédition sans l'autorité de la cour, il requeroit à ce qu'il plut à lad. cour ordonner au greffier garde des archives de la cour, moyennant salaires compétans luy délivrer une expédition en bonne forme du brevet et enregistrement dont il s'agit; ladite requête signée du procureur Poulet.

L'arrêt mis en marge d'icelle le cinq de ce mois, qui permet la recherche requise. Autre arrêt du même jour portant : soit montré au procureur général du Roy; ses conclusions données en conséquence.

Ouy le rapport de messire Charles-Marie-François-Joseph, marquis de Franchet, seigneur de Raus, conseiller doyen commissaire répartiteur, et tout considéré :

LA COUR a ordonné et ordonne au greffier de la Cour de délivrer au suppliant, moyennant salaire compétant, une expédition en forme du brevet d'érection de la terre et baronnie d'Autrey en titre et qualité de comté d'Autrey. Fait en parlement à Besançon, le six février mil sept cent quatre vingt neuf.

CATTON.

Au greffe, cinq livres quatre sols. — Epices, dix-huit livres.

Collationné Cupillet.

Quarante-trois sols.

...... livre cinquante neuf sols. — Droit de recherche, trois livres.

(Copie authentique faisant partie des archives du château d'Augé, transcrite littéralement par moi au château du Grand-Rogés, commune de La Plume, le 22 octobre 1862. J. DE BOURROUSSE DE LAFFORE).

HOMMAGE POUR AUGÉ

1766.

LOUIS, par la grace de Dieu, Roy de France et de Navarre, seigneur souverain de Béarn, comte de Foix, d'Armagnac, de Bigorre, de Marsan, Tursan et Gabardan, des Quatre Vallées et autres pays dépendant de l'ancien et nouveau domaine de Navarre, salut.

Sçavoir faisons que cejourd'huy, date des présentes, s'est présenté en notre Cour de parlement, Comptes, Aydes et Finances de Navarre, séant à Pau, le Sr Paul de Fabry, avocat en parlement, ancien maire d'Agen et seigneur directe d'Augé, paroisse de Casaux, habitant à Agen, par le ministère de Me de Cazaubon aîné, procureur dans notre parlement de Navarre, fondé de procuration spéciale du 2e du présent mois, retenue par Me Descoture, notaire royal, controllé à La Plume le meme jour, en vertu des Lettres de la Chancellerie, du 9e dud. mois; lequel, pour obéir aux arrêts de la Cour sur ce rendus, nous a fait et prêté ez mains de notred. Cour, les foy, hommage et serment de fidélité qu'il nous doit pour raison du château d'Augé et Martel, offices, maisons, granges, moulins, jardins, garennes, padouans, bois, prés, vignes, terres labourables, directes d'Augé, Flamarens et Menleiche, fiefs et droits en dépendant, connues sous le nom de directe d'Augé, le tout noble et situé dans la jurisdiction de La Plume, mouvant de nous à cause de notre comté de Bruillois, et ce en forme ordinaire et accoutumée, étant tête nue, genoux à terre, sans chapeau, épée, ceinture, éperons, manteaux ny gans, tenant les mains jointes sur les saints évangiles. . . . .
Fait à Pau en notre Cour de parlement, Comptes, Aydes et Finances de Navarre, le quinze décembre mil sept cens soixante six et de notre règne le cinquante deuxième.

Par le Roy en sa Chambre des Comptes de Navarre,

PUYON.

(Expédition en parchemin, Archives du château d'Augé.)

CONTRAT DE MARIAGE

1772.

Par devant le notaire royal de la ville d'Agen, soussigné, en présence des témoins, furent présents messire Jean-Louis de Brons, seigneur de La Romiguière et autres lieux, fils légitime de deffunt messire Pierre-Victor de Brons, seigneur de La Romiguière, et de dame Jeanne de Bouquet, habitant de son château de La Romiguière, paroisse de Marmignac en

Quercy, procédant du consentement de la dite dame de Bouquet, sa mère, d'icy absente, mais représentée par messire Jean de Belcastel, sieur de Montvaillant, chevalier, habitant de cette ville, suivant sa procuration du quatre de ce mois, passée par devant Amouroux, notaire royal de Villefranche en Périgord, que ledit sieur de Belcastel a remise et annexée aux présentes après l'avoir contresignée *ne varietur,* et encore de l'assistance de messire Jean-Louis de La Cassaigne de Saint-Laurent, son cousin; de dame Marguerite de Rey du Peyrat, sa cousine, et autres, d'une part;

Et demoiselle Jeanne de Fabry, fille légitime de messire Paul de Fabry, seigneur d'Augé, et de défuncte dame Catherine de Leigue, native et habitante de cette ville, paroisse Saint-Hilaire, faisant ces présentes du consentement, autorité et assistance dudit sieur de Fabry, son père, de messire Raymond de Fabry, bachelier de Sorbonne, son frère, de demoiselle Thérèze de Fabry, sa sœur, de messire Pierre de Fabry, prêtre docteur en théologie, prieur et ancien curé de la Rouquète en Périgord, son oncle, de messire Jean-Baptiste de Leygue, docteur en théologie, curé de Floirac, aussi son oncle, de noble Jules-César de Vergnes, écuyer, son cousin, de demoiselle Elizabeth de Vergnes, sa cousine, de messire Jean de Vilatte, seigneur baron de Frégimon, de dame Jeanne de Vilatte de Cabanac d'Uzer, de messire Frix de Basignan, écuyer, chevalier, commandeur de l'ordre de Saint-Lazare, seigneur du Tauzia Bertin, coseigneur de Ligarde et autres lieux, et autres ses parents et amis, d'autre;

Les quelles parties ont fait et arretté les articles de mariage suivants.....

Fait et passé dans la ville d'Agen le dix huit may mil sept cent soixante douze. . . . .

ROUILLÈS, notaire royal.

(Expédition authentique. Archives du château d'Augé.)

CHATEAU DE CLAVIÈRES-AYRENS

D'AYRENX

ORIGINAIRES D'AUVERGNE,

FONDATEURS DE LA CHAPELLE D'AYRENX EN L'ÉGLISE DE BEZOLLES,
en 1513;

SEIGNEURS DE BAUTIAN, SIEURS DE RINCAULET,
Existants
en Armagnac, Condomois, Bruilhois, Pays de Labour, Champagne et Paris.

La famille d'Ayrenx tire son nom d'Ayrenx ou Ayrens, dans la haute Auvergne, aujourd'hui l'une des communes du canton de La Roquebrou, arrondissement d'Aurillac, département du Cantal.

Elle paraît être une branche puînée des seigneurs d'Albars, seigneurs barons de Clavières-Ayrens, comptors de Saint-Christophe, seigneurs de Barriac, etc., d'origine chevaleresque, et que je crois éteints.

Elle s'est éloignée de la province d'Auvergne par suite de rivalités féodales, d'événements tragiques, de luttes sanglantes et acharnées,

7

particulièrement avec les garnisons du puissant abbé d'Aurillac, de haines et de torts réciproques, de procès, d'excommunications, de difficultés ecclésiastiques et judiciaires de toutes sortes, amenant comme conséquences inévitables les tortures morales et la ruine.

Après une longue période de près d'un siècle dans cet état de tourmente, de combats et d'épuisement, l'un des membres de la famille d'Ayrenx, accablé de tous les maux, mais encore fier de son épée, s'est réfugié en Gascogne, à la cour de Jean V, comte d'Armagnac. Il y a été bien accueilli, a prêté son bras et son énergie à ce prince menacé par l'armée royale et la froide résolution de Louis XI; il a contracté dans son pays d'adoption une alliance directe avec une maison d'origine chevaleresque; a été de nouveau écrasé avec le comte d'Armagnac, en 1473.

Ses descendants ont néanmoins fait des fondations en 1513, et fait graver leurs armes et leur nom sur la chapelle qu'ils fondaient; ils se sont peu à peu relevés dans une certaine mesure, ont possédé des châteaux et des fiefs, rendu des hommages au roi de France et contracté des alliances avec un grand nombre de maisons nobles.

Malgré les événements tragiques et sanglants qui ont pendant des siècles, au moyen âge, occupé toute la vie, absorbé tous les instants et toutes les énergies de ses ancêtres paternels, malgré ses ruines et ses expatriations forcées, la maison d'Ayrenx a conservé intacte la tradition de son origine chevaleresque, de la possession de ses grands fiefs en Auvergne; de son arrivée, de son établissement et de ses fondations en Armagnac. Et lorsqu'elle s'est adressée à la justice, à quatre dates différentes, devant divers tribunaux de première instance, pour obtenir la rectification de l'orthographe de son nom dans les actes de l'état civil, chacun des quatre MM. d'Ayrenx a successivement rappelé dans sa requête que :

> « Selon certains documents domestiques de vieille date, le nom patronymique de l'exposant ne serait autre que celui d'Ayrenx, département du Cantal, arrondissement d'Aurillac, canton de La Roquebrou, que ses aïeux auraient jadis possédé en titre de fief. La lettre *D* placée devant le nom de cette petite localité, devenu celui de la famille de l'exposant, ne serait, dès lors, que l'initiale de la particule, parfois, mal à propos confondue avec le nom, quand elle n'était qu'une indication d'extraction, d'origine ou de seigneurie. »

Quatre jugements ont été rendus conformes aux prétentions des exposants par les tribunaux de Condom, Auch et Dax.

Les armes : *d'or, à une corneille de sable, becquée et membrée de gueules,* adoptées par M. d'Ayrenx à la suite de son mariage contracté en Gascogne, vers la fin du règne de Charles VII ou le commencement de celui de Louis XI, ont toujours été portées depuis sans aucun changement par tous ses descendants. Son fils Antoine d'Ayrenx fonde, en 1513, la chapelle d'Ayrenx dans l'église Sainte-Marie de Bezolles, et fait sculpter lesdites armes à la clef de voûte de l'ogive de l'entrée de la chapelle, ainsi que le nom de sa famille dans une autre point de la construction.

Pendant trois siècles, cette chapelle d'Ayrenx a été légalement et de fait le lieu de sépulture des membres de la famille dont elle porte le nom.

En 1699, conformément aux édits et ordonnances du roi Louis XIV, les mêmes armes de la famille d'Ayrenx : *d'or, à une corneille de sable, becquée et membrée de gueules,* ont été enregistrées et décrites pour l'*Armorial général de France.* Et celui des membres de la famille qui a rédigé, vers l'année 1750, la *Relation* ou *Tradition de famille,* textuellement reproduite aux pages 113 et 114, après avoir rappelé le départ de son auteur de la province d'Auvergne, et son arrivée vers 1450 ou 1455 à la cour du comte Jean V d'Armagnac, constate également qu'Antoine d'Ayrenx a fondé la chapelle de son nom dans l'église de Bezolles, et qu'il y a fait sculpter les armoiries de la famille que l'on y voit.

Je vais dire quelques mots des seigneurs d'Albars, seigneurs barons de Clavières-Ayrens, etc. (branche aînée), et des seigneurs d'Albars Barriac d'Ayrens (branche cadette); en d'autres termes, je vais parler succinctement des *auteurs probables,* avant de donner l'histoire plus complète des *auteurs certains* de la famille d'Ayrenx.

Le lecteur appréciera l'ensemble de circonstances et de motifs qui fait regarder les d'Ayrenx comme issus des anciens seigneurs d'Albars, barons de Clavières-Ayrens, etc., et des d'Albars Barriac d'Ayrens.

I. D'ALBARS, Seigneurs dudit lieu;
Seigneurs barons de CLAVIÈRES-AYRENS, comptors de SAINT-CHRISTOPHE,
Seigneurs de SAINT-CIRGUES DE MALBERT,

en Haute Auvergne.

Armes : *D'argent, à 3 jumelles de gueules, mises en bande; à la bordure de sable.*

Albars était un village et un fief faisant partie de la commune de Saint-Illide, qui est aujourd'hui du canton de Saint-Cernin, arrondissement d'Aurillac. L'ancien château d'Albars est situé à sept kilomètres du village d'Ayrens et du château de Clavières-Ayrens, dont il sera question plus loin.

. I. GUY I D'ALBARS épouse, vers 1195-1220, SYBILLE DE PLÉAUX, fille de Bernard de Pléaux, chevalier, et nièce de Raoul II, Pierre et Hugues de Pléaux, tous chevaliers. Ces quatre frères sont fils d'autre Raoul I de Pléaux, chevalier, encore vivant l'an 1230. Ils transigent avec l'abbé de Charrou, en Poitou, au sujet du prieuré de Pléaux, situé en Auvergne. Pléaux est de nos jours un chef-lieu de canton de l'arrondissement de Mauriac (Cantal).

Sybille de Pléaux, fille de l'aîné des quatre frères chevaliers, devient veuve de Guy Ier d'Albars, et se marie en secondes noces avec Hugues Robert de Lignerac, ancêtre paternel de la maison des ducs actuels de . Caylus, pairs de France et grands d'Espagne. Raoul II de Pléaux, l'un des frères de Bernard, a continué la postérité masculine. Et nous verrons trois siècles plus tard, Guy III d'Albars, baron de Clavières et comptor de Saint-Christophe, épouser en 1540, une autre noble

Sybille, marquise de Pléaux. (*Histoire généal. et hist. des pairs de France, des grands dignitaires de la Couronne, etc.*, par M. de Courcelles, tom. II, art. *de Sartiges*, p. 20.)

II. Noble RAYMOND, seigneur D'ALBARS, 1er du nom, chevalier, étant le sixième jour des Ides de décembre (8 novembre) 1259, au château du puissant sire comptor de Scorailles, scelle du sceau de ses armes un acte par lequel il reconnaît tenir en fief de M. le doyen du monastère de Mauriac, présent et acceptant, toutes les terres qu'il possède dans la mouvance dudit monastère.

(*L'original de l'aveu, muni du sceau, est aux archives du château de Scorailles.*)

Raymond Ier, seigneur d'Albars, chevalier, meurt peu après cette date, laissant deux fils :

    1º Maurin, qui suit :
    2º RAYMOND II D'ALBARS, chevalier, coseigneur d'Albars, mort sans postérité.

III. Noble MAURIN, seigneur D'ALBARS, chevalier, et son frère Raymond II, paraissent avoir joui en commun de cette seigneurie. En effet, ils renouvellent ensemble, le 3 novembre 1270, l'acte d'aveu que leur père, Raymond Ier, avait consenti en faveur du monastère de Mauriac. Ils le scellent de leur grand scel sur cire rouge. (*Archives du comptorat d'Apchon*, aujourd'hui commune du canton de Riom-ès-Montagne, arrondissement de Mauriac (Cantal). Ces archives sont inventoriées par le savant Deluguet.)

Maurin meurt en 1271, laissant de son mariage avec ERMENGARDE, deux fils.

    1º Guillaume, dont l'article suit :
    2º RAYMOND III D'ALBARS, qui ne paraît pas avoir laissé de descendance.

IV. GUILLAUME I, seigneur D'ALBARS, fils de Maurin et d'Ermengarde, qui précèdent, succède à son père en 1271. Il fait la même année, sous la caution de nobles et puissants seigneurs, son aveu au monastère de Mauriac, dépendant lui-même de celui de Saint-Pierre-le-Vif de Sens, dont la terre et le fief d'Albars sont mouvants.

Bouillet s'exprime en ces termes dans son *Nobiliaire d'Auvergne :*

    « Mr de Ribier du Chatelet s'est trompé en avançant que les d'Albars avaient possédé Clavières, paroisse de Moussages; il n'est

pas douteux, d'après les titres authentiques que les d'Albars tirent leur origine du lieu d'Albars, paroisse de Saint-Illide; et on verra à la généalogie de l'antique maison de Claviers, comment Claviers ou Clavières-Ayrens et Claviers-les-Aulniers, dépendant de cette maison, passèrent le premier aux d'Albars et le second, plusieurs siècles après, à la maison de Scorailles.

V. PIERRE I, damoiseau, puis chevalier, seigneur D'ALBARS du chef de son père Guillaume I, devient seigneur baron de Clavières-Ayrens du chef de N. DE CLAVIÈRES-AYRENS, qu'il épouse vers l'année 1280. Ayrens ou Ayrenx est, comme je l'ai dit, l'une des communes du canton de La Roquebrou, arrondissement d'Aurillac, département du Cantal.

Que l'on me permette maintenant de dire quelques mots sur l'église et le village d'Ayrens ou Ayrenx, pour jeter un peu de lumière sur les causes des luttes et des prétentions séculaires qui ont existé entre le puissant abbé d'Aurillac et les d'Albars, seigneurs de Clavières-Ayrens.

Géraud III, comte d'Aurillac, plus souvent nommé Saint-Géraud, est né en 855; il fonde l'abbaye d'Aurillac en 894, la fait héritière de la presque totalité de ses immenses possessions, qui s'étendent sur une longueur de trente-deux lieues, du Puy-du-Griou à Pousthomy, près Saint-Affrique (Aveyron), et sur une largeur de trente-cinq lieues, comprenant une partie du Limousin et du Périgord jusques à Sarlat. Propriétaire souverain, le comte veut soumettre au Saint-Siège toutes ses terres, pour que le monastère d'Aurillac qui va les posséder, ne relève que du Pape, tant au temporel qu'au spirituel. Il meurt l'an 900.

Il est fils de Gérard, ou Géraud II, comte de Limousin en 847, et d'Aldetrude. Il est en outre petit-fils de Gérard, ou Géraud Ier, comte d'Auvergne en 839, et de sa seconde femme, Mathilde, fille de Pépin I, roi d'Aquitaine, mort en 841. Saint-Géraud est donc, par son grand-père paternel, de la famille de Saint-Guillaume, duc de Toulouse ou d'Aquitaine; et, par sa grand'mère paternelle, il descend de l'empereur Charlemagne. En d'autres termes, le fondateur de l'abbaye d'Aurillac est de la plus haute naissance (voir dans l'*Histoire générale de Languedoc*, par dom Vaissette, le tableau généalogique de la famille de Saint-Guillaume, duc de Toulouse ou d'Aquitaine).

Les volontés formelles du saint comte Géraud ne purent être exécutées. Au milieu des querelles sans fin, des batailles perpétuelles de ce x⁰ siècle, appelé le *siècle de fer,* le bras désarmé de l'abbé d'Aurillac fut bien vite impuissant à protéger ses trop nombreux vassaux. L'abbé dut, comme tous les grands feudataires, inféoder à des seigneurs laïques de vastes possessions, sous les conditions de la foi et de l'hommage usités, avec toutes les obligations qu'elles comportaient de la part du vassal au suzerain. Aussi voyons-nous Astorg, neveu de Saint-Géraud, et tige supposée de la maison de Montal, recevoir à ce titre de l'abbé d'Aurillac, le château de Conros et les terres relevant de sa juridiction.

Ayrens ou Ayrenx était compris dans la donation de Saint-Géraud. C'était une petite chapellenie desservie par un moine du monastère de Saint-Géraud d'Aurillac, qui en fit un lieu de repos pour ses moines convalescents. Une portion très restreinte autour du bourg, dont la dîme appartenait au monastère, servait à l'entretien du chapelain. Par suite sans doute de l'omnipotence que la fameuse donation du comte Saint-Géraud lui avait créée, l'abbaye d'Aurillac ne voulut jamais inféoder cette possession à un seigneur laïque. Certains abbés, plus entreprenants que les autres, avaient même voulu élever des prétentions sur la seigneurie et baronnie de Clavières, située dans la paroisse d'Ayrens, prétentions que les d'Albars et leurs successeurs ont toujours repoussées.

Il y avait donc entre le baron de Clavières et l'abbé d'Aurillac une hostilité ouverte et permanente, se traduisant aux siècles féodaux par des combats entre les gens d'armes de l'abbé et du baron. Les troupes abbatiales allaient occuper la petite chapellenie aux cris de : *Ourlhac! Ourlhac! san Guiral!* (Aurillac! Aurillac! Saint-Géraud!) Les hommes du seigneur de Clavières se portaient à leur rencontre et la rixe commençait.

Nicolas IV *(Jérôme d'Ascoli),* pape de 1288 à 1294, ancien général des Frères Mineurs, ne doit pas être confondu avec Nicolas III *(Jean Gaëtan Orsini),* pape de 1277 à 1281, qui fit rendre à l'État ecclésiastique Imola, Bologne, Faenza, etc., par Rodolphe de Hapsbourg, et obligea Charles d'Anjou de renoncer au vicariat de l'empire en Toscane et au titre de patrice de Rome. Ce pape Nicolas IV donne, dans une bulle de l'an 1289, le dénombrement des fiefs relevant de l'abbaye d'Aurillac. On y voit figurer :

Le château d'Ayrens;

L'église d'Ayrens.

Chaque possession, église ou fief, y est rigoureusement mentionnée. Clavières n'y est pas. On se demande naturellement pourquoi. Le château d'Ayrens et le château de Clavières sont-ils une seule et même chose désignée sous deux noms différents? C'est-il, suivant l'affirmation d'un document du xve siècle, parce que Clavières fut toujours vrai franc-aleu? C'est-il seulement parce que Clavières était un fief ne relevant pas de l'abbé d'Aurillac? Cette dernière supposition me paraît la plus vraisemblable; puisque l'hommage de Clavières-Ayrens était rendu au roi de France.

Ce château d'Ayrens, mentionné dans la bulle du pape Nicolas IV en 1289, et qui eut l'honneur d'abriter un prince de l'Église, Guillaume de La Jugie, cardinal en 1374, avait-il quelque importance? L'auteur du *Dictionnaire historique du Cantal* le désigne en ces termes : « Au lieu attenant du bourg, appelé de Rosiers, on remarque quelque ruine de l'ancien château ou tour d'Ayrens. »

Un autre document nous apprend que le cardinal de La Jugie fit restaurer la tour d'Ayrens et l'habita quelque temps.

Pierre Ier, seigneur d'Albars, chevalier, et l'héritière de Clavières-Ayrens ont laissé trois fils de leur mariage :

1º Pierre II, qui suit;
2º GUY D'ALBARS, damoiseau, coseigneur de Clavières, présent à l'aveu et dénombrement de 1297, mort sans postérité;
3º Rigaud d'Albars, chevalier, coseigneur de Clavières-Ayrens, regardé comme l'auteur de la branche nommée D'ALBARS BARRIAC D'AYRENS, dont il sera question plus loin.

VI. PIERRE II D'ALBARS, seigneur baron DE CLAVIÈRES-AYRENS, et ses deux très jeunes frères, Guy et Rigaud d'Albars, coseigneurs du même fief, font aveu et dénombrement de ladite seigneurie de Clavières-Ayrens, l'an 1297.

Pierre II avait en outre le fief de Saint-Cirgues de Màlbert, lui venant des Clavières par la maison de Tournemire.

VII. GUY ou GUIDO d'ALBARS, 2e du nom, toujours dénommé DE CLAVIÈRES, est le fils et l'héritier de Pierre II, qui précède. Il fait, en 1313, hommage au roi pour la terre et baronnie de Clavières; il ne nomme pas le fief d'Albars, ce qui porte à penser que la branche aînée (représentée par ledit Guido), qui était certainement apanagée de la seigneurie de Clavières, avait laissé la seigneurie d'Albars, moins importante, à la branche cadette, dite d'Albars de Barriac. On sait d'ailleurs que depuis cette époque, les barons de Clavières, aînés de leur maison, n'ont pas été seigneurs d'Albars.

Les moines d'Aurillac ont tenté, comme nous l'avons vu, d'être seigneurs de Clavières et n'ont pas réussi. Alors ils établissent sur un mamelon, une succursale ou réunion de moines, appelée Cels (peut-être de *Cella,* cellule ou chapelle). En 1350, Cels était encore une petite abbaye relevant d'Aurillac. Le sire de Brézons s'en empare pendant qu'Aymeric de Montal est abbé d'Aurillac; il la cède ensuite, par vente ou par échange, à Durand de Montal, baron de La Roquebrou. Celui-ci transige plus facilement avec l'abbé Aymeric, son parent, qui reçoit l'hommage le 31 octobre 1355.

Guido II de Clavières était mort en 1335, laissant deux fils jeunes :

1º Jean qui a continué la descendance;
2º GUILLAUME II D'ALBARS, coseigneur de Clavières, prend part en 1367 aux querelles sanglantes de son frère contre certains seigneurs leurs voisins, puis se fait religieux à l'abbaye d'Aurillac.

VIII. JEAN D'ALBARS et Guillaume, son frère, deviennent très jeunes seigneurs DE CLAVIÈRES-AYRENS, en 1335, après la mort de leur père Guido. Ils sont querelleurs et ont de sanglants démêlés avec leurs voisins, particulièrement avec Jacques, seigneur de Biorc, châtelain de Pouls, resté victorieux dans toutes leurs rencontres. La rage des deux frères n'en est que plus grande. Telle est la source des malheurs de leur race.

En 1367, le puissant baron de Montal, que l'on croit issu d'Astorg, neveu du comte Saint-Géraud, fondateur de l'abbaye d'Aurillac, marie l'un de ses fils, et réunit à cette occasion, dans son château de La Roquébrou, tous les seigneurs du voisinage, entre autres Jacques de Biorc, châtelain de Pouls. Les seigneurs de Clavières-Ayrens ne sont pas de la fête, bien que Jean l'un d'eux soit marié avec BRUNETTE DE MONTAL, fille dudit baron de La Roquebrou. Sont-ils exclus par suite de précédents démêlés? Ont-ils refusé l'invitation du châtelain de La Roquebrou, leur proche parent? On l'ignore. Toujours est-il que les deux frères ne sont pas de la fête de toute la noblesse des alentours.

Restés derrière les épaisses murailles du château de Clavières, Jean (*aliàs* Géraud) et Guillaume II d'Albars prennent leurs armes de guerre, les font prendre par les défenseurs de Clavières, et descendent sans bruit vers le château de Pouls commandé, en l'absence de Jacques de Biorc, par Géraud de Bec, beau-père de ce dernier. Le vieux Géraud de Bec, sachant tous les seigneurs voisins chez le baron de La Roque-brou et ne redoutant aucune attaque, fait baisser les ponts-levis et laisse les hommes d'armes et archers courir en paix le village. La petite troupe de Clavières arrive à l'improviste, s'empare du château de Pouls avant qu'on ait pu organiser la résistance, jette le vieux sire de Bec dans le fossé, pille et incendie le château.

Les seigneurs de Clavières, satisfaits du succès de leur entreprise, trouvent s'être terriblement vengés.

Le baron de Montal La Roquebrou vient-il prêter main-forte à son ami Jacques de Biorc spolié? Ou bien les barons de Clavières, si fiers derrière les hautes murailles et les cinq tours féodales de leur château de Clavières-Ayrenx, et qui ne reconnaissent guère relever que d'eux-mêmes, sont-ils obligés de subir la médiation de quelques puissants barons? Je ne saurais le dire. Ce qu'il y a de certain, d'après les chroniqueurs, c'est que les deux frères seigneurs de Clavières sont forcés de rendre Pouls enlevé par eux, et condamnés à des frais ruineux. Guillaume d'Albars-Clavières se fait religieux à l'abbaye d'Aurillac, et Jean, son frère aîné, défend son honneur en champ clos.

Cette aggression à main armée souleva des haines, des animosités, des difficultés ecclésiastiques et judiciaires de toute nature, occasionna des pertes de fortune qui pesèrent pendant trois ou quatre générations sur toute la race de la maison d'Albars, prenant parti pour sa branche aînée. La tradition conservée dans le pays, sans donner une date précise, porte qu'à la suite, ou par suite, ou comme conséquence immédiate ou ultérieure de ces luttes sanglantes, de ces vengeances, de ces haines héréditaires, de ces anathèmes de l'abbé d'Aurillac, de ces difficultés judiciaires, quelque membre de la branche aînée ou de la branche cadette de la maison d'Albars; en un mot un puîné des seigneurs de Clavières-Ayrenx ou des d'Albars Barriac *aliàs* d'Ayrenx, s'enfuit de la province patrimoniale d'Auvergne et se retira dans un pays plus clément pour lui. Nous retrouverons dans le pays d'arrivée de ce réfugié, la tradition et la relation écrite des malheurs qui avaient forcé un d'Ayrenx à quitter l'Auvergne, et de sa réception à la cour ou dans les armées du comte Jean V d'Armagnac, le plus puissant des vassaux du roi de France.

Brunette de Montal, femme dudit Jean d'Albars, seigneur de Clavières-Ayrens, portait : *de gueules, à trois léopards d'or, l'un au-dessus de l'autre,* comme on le voit dans l'*Histoire généal. et hist. des pairs de France,* etc., par M. de Courcelles, t. VII, art. *des pairs de France,* p. 154.

IX. JACQUES I D'ALBARS, baron DE CLAVIÈRES, né du mariage de Jean, qui précède, et de Brunette de Montal, fille du baron de La Roquebrou, figure dans la coalition de la noblesse d'Auvergne contre les envahissements du clergé.

X. JACQUES II D'ALBARS, seigneur baron de CLAVIÈRES, fils de Jacques I, se fait inscrire en 1450 à l'*Armorial manuscrit de la province d'Auvergne,* dressé par ordre du roi et encore conservé. Il meurt en 1460 laissant un fils, qui suit.

XI. CHRISTOPHE D'ALBARS, seigneur baron DE CLAVIÈRES, fait en 1469 « sa montre et dénombrement pour le franc fief qu'il tient en la baronnie à Clavières. » Il épouse haute et puissante dame CATHE-RINE, dame comptoresse DE SAINT-CHRISTOPHE.

Le comptorat de Saint-Christophe, situé sur les limites du Limousin et de l'Auvergne, fait aujourd'hui partie du canton de Pléaux, arrondissement de Mauriac (Cantal). La terre patrimoniale ou baronnie de Clavières-Ayrens, et l'immense terre matrimoniale ou comptorat de Saint-Christophe constituaient à Christophe d'Albars une espèce de principauté, qui fut plus tard divisée entre les marquis de Scorailles, les comtes de La Salle (comme barons de Chaussenac), les barons de Solers, etc. (1).

_____

(1) Le titre de comptor et comptoresse (ou comtor et comtoresse) est inférieur à celui de vicomte et supérieur à celui de baron. Ce titre inusité aujourd'hui, et par suite très peu connu, était porté au moyen âge. On trouve les comptors et comptoresses de Villemur, d'Hauterive et de Marquefave (voir l'*Histoire générale de Languedoc,* livre XVI, LXV). M. de Barrau, dans les *Documents historiques et généalogiques du Rouergue,* t. I, p. 678 à 688, cite Arnaud I de Roquefeuil, *comptor de Nant,* marié en 1227 avec Béatrix d'Anduse, fille de Pierre Bermond d'Anduse, seigneur de Sauve, et de Constance de Toulouse, et douze ou treize de ses descendants, qualifiés *comptors de Nant* jusqu'au XVIIe siècle. Le même auteur, s'appuyant sur l'*Histoire générale de Languedoc,* dit dans une note : « Parmi les sei-
» gneurs, quelques-uns se qualifiaient comtors (*comtores* ou *comitores*) au XIe siècle. Ce titre,
» qui subsistait encore avant la Révolution à l'égard de quelques fiefs du Rouergue et du
» Gévaudan, signifiait un vassal immédiat du comte, inférieur au vicomte, mais supérieur
» à tous les autres seigneurs; en sorte qu'on doit mettre le comptorat au rang des fiefs de
» dignité » (p. 680).

XII. GUY D'ALBARS, 3e du nom, baron DE CLAVIÈRES et comptor de Saint-Christophe, fils des précédents, fait en 1502 hommage au roi Louis XII de ses possessions féodales, et en 1543 au roi François Ier. Il avait épousé, vers l'an 1540, noble dame SYBILLE, marquise DE PLÉAUX, qui doit être la sœur, ou la très proche parente de Claude de Pléaux (fille d'Antoine de Pléaux, coseigneur de la ville du même nom, et de Guine de Saint-Aulaire), mariée par contrat du 19 mai 1539, avec Aymon I de Sartiges, seigneur de Lavandès, de Broc, de Chabrier et de La Chaize (*Histoire généal. et hist. des pairs de France,* etc., par M. de Courcelles, tom. II, art. *de Sartiges,* p. 20).

Le lecteur n'a pas oublié que trois siècles plus tôt, une autre Sybille de Pléaux, fille de Bernard de Pléaux, chevalier, nièce de trois autres chevaliers, et petite-fille de Raoul I de Pléaux, aussi chevalier, vivant encore en 1230, avait épousé en premières noces Guy I d'Albars, et en secondes noces Hugues Robert de Lignerac, auteur des ducs actuels de Caylus, qui ont été pairs de France et grands d'Espagne. *(Idem, Idem.)*

Guy III d'Albars, baron de Clavières, a de son mariage avec Sybille, marquise de Pléaux, une fille unique nommée Antoinette, qui suit.

XIII. ANTOINETTE D'ALBARS, dame baronne DE CLAVIÈRES, comptoresse de Saint-Christophe, épouse l'an 1565, messire MICHEL, baron DE GUIRBAUD, gentilhomme du Quercy, dont la descendance est substituée à tous les titres et dignités de la maison d'Albars.

Gilberte de Guirbaud, fille des précédents, épouse Gilbert de Giscars, baron de Thédirac, et lui apporte la seigneurie et baronnie de Clavières-Ayrens.

Un volumineux in-folio, daté du 20 août 1599, qui est en *original au château de Clavières, dans les archives de M. le comte de La Salle de Rochemaure,* porte à la couverture :

> « Enqueste ordonnée par le lieutenant général du haut pays, à la demande de haut et puissant seigneur Gabriel de Giscars, baron de Thédirac, seigneur baron de Clavières, etc., etc., pour prouver que le château et baronnie de Clavières-Ayrens sont situés dans la paroisse d'Ayrens, et régler les longues contestations survenues entre le dit baron et ses prédécesseurs avec Monseigneur l'abbé d'Aurillac, au sujet de certains droits de haute justice. »

Cet accord fait comprendre que l'abbé d'Aurillac et Gabriel de

Giscars (successeur des Guirbaud et des d'Albars, seigneurs barons de Clavières-Ayrens), ont l'un et l'autre sur Ayrens des droits féodaux, cause ou prétexte des longues et terribles luttes précédentes.

Je citerai une dernière preuve, et celle-là irréfutable, des droits féodaux que les anciens d'Albars avaient sur l'église d'Ayrens, droits transmis à leurs successeurs, seigneurs barons de Clavières-Ayrens.

En 1662, messire Henri, marquis de Cardaillac, baron de Clavières-Ayrens, marquis de Saint-Cernin, etc., colonel-général des mousquetaires, maréchal de camp des armées du roi, etc., meurt en son repaire de Clavières. Sa veuve, Marguerite de Montal-Nozières, lui fait faire de splendides funérailles, et usant de son droit, fait peindre intérieurement et extérieurement, autour de l'église d'Ayrens, une litre ou ceinture funèbre aux armes du défunt, baron de Clavières-Ayrens, témoignage public de son droit féodal sur cette église.

Grand émoi à l'abbaye d'Aurillac. MM. les chanoines s'assemblent capitulairement et accusent la marquise de *renouveler les anciennes discussions des d'Albars et de leurs parents*. Cependant, après discussion, ils reconnaissent ses droits et conviennent que la chapelle dite de Clavières et la moitié de l'église, relèvent de la baronnie en haute, moyenne et basse justice; que le chapelain doit chaque année aller rendre, à genoux, hommage au baron; et que par conséquent la marquise de Cardaillac-Clavières n'a pas outrepassé ses droits.

La preuve est faite, le doute n'est plus possible, les d'Albars, seigneurs de Clavières-Ayrens, avaient des droits féodaux sur Ayrens.

Enfin, il existe un argument d'une autre nature, que l'on pourrait appeler une contre-épreuve :

Lors de toutes les convocations aux États provinciaux, même avant 1580, les seigneurs de Clavières sont convoqués parmi ceux de la *noblesse,* à raison de leurs possessions et *affars* qu'ils *tiennent en franchise.* Le vicaire ou chapelain d'Ayrens au contraire est convoqué avec le *tiers,* d'une façon spéciale, pour les *rentes qu'il tient en roture* avec le bourg d'Ayrens. S'il ne se présente pas, il est condamné à la simple amende de roture (deux sols).

II. D'ALBARS DE BARRIAC et D'AYRENX,
SEIGNEURS D'ALBARS, DE BARRIAC, CARDILLAC, LE CAYLA, LE PERLE, etc.,
en Haute Auvergne.

ARMES : *De gueules, à 5 bandes ondées d'argent ; au chef cousu d'azur,
chargé de 2 étoiles d'or.*

————

« Cette famille, dit M. Bouillet, dans son *Nobiliaire d'Auvergne,* a une
origine commune avec la maison d'Albars de Clavières, bien que
leurs armoiries soient différentes, ce qui n'est pas rare entre les
branches tenant à une même souche. »

Elle a pour auteur probable Rigaud d'Albars et sa filiation est
prouvée depuis Astorg d'Albars de Barriac, marié le jeudi après la
fête de Saint-Cugues, à Hélise de Veillan.

La branche aînée d'une maison avait seule le droit de porter les
armes pleines, les branches cadettes devaient adopter une modification
appelée brisure, qui variait suivant les goûts. Une des formes assez
fréquente était l'interversion des émaux. Ce fut la brisure adoptée par
les d'Albars de Barriac et d'Ayrens, branche cadette des d'Albars,
seigneurs barons de Clavières-Ayrens : les trois bandes ondées rappel-
lent très bien les trois jumelles en bande de leurs aînés. Le champ
d'argent des aînés est devenu celui des bandes des puînés ; et le
gueules des jumelles est devenu le champ des puînés. La bordure a
été remplacée par un chef.

VI. RIGAUD D'ALBARS, chevalier, coseigneur DE CLAVIÈRES
AYRENX, est le frère puîné de Pierre II d'Albars, seigneur baron de
Clavières, et le troisième fils de Pierre I, seigneur d'Albars, et de N...
de Clavières-Ayrenx, baron et baronne de Clavières-Ayrenx, mariés
vers l'an 1280. Étant très jeune, Rigaud fait aveu et dénombrement de
cette dernière seigneurie en 1297, avec ses deux frères aînés, Pierre II
et Guy (voir p. 100).

Il est considéré comme le chef de la branche DE BARRIAC D'AYRENX,
dont je n'ai pas la filiation exacte et complète. Ayrens et Barriac sont
deux communes du département du Cantal, et font partie de deux
cantons limitrophes. Ayrens, comme je l'ai déjà dit à la page 93, est
du canton de La Roquebrou, arrondissement d'Aurillac, et Barriac,
du canton de Pléaux, arrondissement de Mauriac. Ces deux communes

et par conséquent le château de Clavières qui fait partie d'Ayrens, sont à une très petite distance. Nous avons vu, page 96, qu'Albars était un village, un château et un fief de la commune de Saint-Illide, canton de Saint-Cernin, arrondissement d'Aurillac, et à sept kilomètres d'Ayrens. En d'autres termes, Albars est situé entre Ayrens et Barriac.

VII. N... D'ALBARS DE BARRIAC et D'AYRENS est le fils et le successeur de Rigaud d'Albars, chevalier, qui précède. Lorsque les fils de Pierre I, seigneur d'Albars, chevalier, et de N... de Clavières-Ayrenx avaient partagé la succession paternelle et maternelle, Pierre II l'aîné avait eu pour sa part la seigneurie et baronnie de Clavières-Ayrenx; Guy ne sera pas compté puisqu'il est mort sans enfants; et Rigaud eut entre autres choses le fief d'Albars et des droits de haute justice sur Ayrenx. En effet, Guido d'Albars, fils de Pierre II, fit en 1313, comme il est dit aux pages 100 et 101, hommage au roi Philippe IV le Bel de sa terre et baronnie de Clavières-Ayrenx, et non du fief d'Albars, qui était l'apanage principal de la branche cadette. Albars n'est d'ailleurs plus nommé au nombre des domaines des seigneurs barons de Clavières.

VIII. Noble N... D'ALBARS, seigneur ou coseigneur DE BARRIAC et D'AYRENX, prend parti pour les membres de sa famille, lorsque ses cousins issus de germains, Jean et Guillaume d'Albars, seigneurs de Clavières, enlèvent à main armée le château de Pouls, puis sont condamnés à le rendre, anathématisés par l'abbé d'Aurillac, et en butte aux revendications incessantes de Jacques de Biorc ou de ses héritiers. La branche cadette, unie dans l'attaque et dans la défense, eut beaucoup à souffrir des malheurs qui fondaient sur la branche aînée.

IX. Noble N... D'ALBARS, seigneur ou coseigneur DE BARRIAC et D'AYRENX, ayant à revendiquer ou à faire respecter ses droits de justice sur Ayrenx et à défendre ce qu'il croyait être son droit, fut naturellement mêlé aux luttes acharnées de son cousin Jacques I d'Albars, baron de Clavières, lors de la coalition de la noblesse d'Auvergne contre les envahissements du clergé, et contre le puissant abbé d'Aurillac.

D'après des documents authentiques, on ne peut le révoquer en doute, le clergé d'Auvergne était en 1450 extrêmement remuant et

surtout accapareur. Il était par suite en hostilité continuelle avec
Jacques d'Albars, seigneur baron de Clavières; il y avait entre
leurs hommes d'armes des luttes sanglantes. Les traités conclus entre
les parties belligérantes étaient aussitôt rompus que signés. La noblesse
fatiguée, fut obligée de s'adresser directement au roi. C'est à cette date
que Jacques d'Albars, seigneur de Clavières, signa le premier cette
virulente réclamation de la noblesse d'Auvergne contre les empiète-
ments du clergé.

Avec Charles VII et Louis XI, le pouvoir royal domina les grands
feudataires. Il fut interdit aux barons féodaux ou ecclésiastiques
d'avoir des hommes d'armes à leur service et de se faire la guerre les
armes à la main. La guerre ne cessa pas entre eux pour cela; les
armes seules furent changées. Les revendications des uns et des autres
furent portées et soutenues devant le lieutenant du roi, avec la
violence que l'on mettait précédemment sur les champs de bataille.
Les questions en litige nous sont dévoilées par un document authentique, écrit il y a près de trois siècles.

M. le comte de La Salle de Rochemaure (Félix), plus heureux que
ses prédécesseurs des XIVe et XVe siècle, n'a plus à demander aux
épaisses murailles et aux cinq tours féodales du château de Clavières,
dominant la vallée de la commune d'Ayrens, la protection et la
sécurité contre des attaques incessantes d'ennemis héréditaires; aussi
a-t-il remplacé avec avantage les palissades et autres moyens de
défense, par des pelouses verdoyantes, des massifs de fleurs, des
allées larges, sablées et ombragées sous des arbres séculaires. Il a eu
le bon esprit de tourner l'activité de sa jeunesse vers les études historiques; il a dépouillé avec intelligence les immenses archives du
château, et fait revivre les souvenirs du passé. C'est à lui que nous
devons à peu près tous les renseignements historiques précédents sur
la maison d'Albars, dont il a fait ressortir l'origine chevaleresque, et
la destinée si souvent tourmentée.

Il signale, entre autres documents originaux faisant partie de ses
Archives, une enquête (à laquelle j'ai déjà fait un emprunt) ordonnée
en 1599 par le lieutenant général du haut pays d'Auvergne, à la
demande de haut et puissant seigneur Gabriel de Giscars, baron de
Thédirac, seigneur baron de Clavières, successeur des maisons de
Guirbaud et d'Albars, pour prouver que le château et la baronnie de
Clavières-Ayrens sont situés dans la paroisse d'Ayrens, et régler les
contestations séculaires survenues entre ledit baron et ses prédéces-

séurs et monseigneur l'abbé d'Aurillac, au sujet de certains droits de justice.

Lorsqu'en 1565, Antoinette d'Albars (fille unique et héritière de Guy III d'Albars, seigneur baron de Clavières, et de Sybille, marquise de Pléaux) épousa messire Michel de Guirbaud, la branche aînée de la maison d'Albars n'avait plus de représentant mâle. Une branche cadette, nommée de Barriac, ayant pour auteur probable Rigaud d'Albars, chevalier, coseigneur de Clavières-Ayrens, avait, par suite de droits, d'intérêts communs et d'affections de famille, été entraînée ou associée par ses aînés, seigneurs de Clavières, dans les luttes contre l'abbé d'Aurillac, qui avait aussi ses droits sur Ayrens. Des membres de la branche d'Albars de Barriac s'étaient violemment emparés d'Ayrens sur l'abbé d'Aurillac, et se nommaient d'Ayrenx, du nom du fief sur lequel ils avaient ou prétendaient avoir des droits de haute justice ou autres. Cela résulterait d'un document sur lequel on lit : « Les D'ALBARS BARRIAC, *aliàs* D'AYRENX. »

Le clergé d'Auvergne, le plus turbulent du royaume (selon la protestation de la noblesse en 1482), faisait fondre sur les d'Albars les excommunications, les arrêts du Conseil et des ennuis de toute nature. De leur côté, les d'Albars-Barriac ou d'Ayrenx se défendaient à leur manière, par des moyens violents, qui amenaient d'autres dangers et d'autres rigueurs. Enfin un d'Ayrenx, plus compromis que les autres, quitta l'Auvergne et alla offrir ses services militaires au comte Jean V d'Armagnac, qui fut bientôt en guerre avec le roi de France, comme on le verra plus loin.

Un autre d'Albars de Barriac reste en Auvergne, où sa descendance continue de rendre des services au roi et de contracter des alliances directes avec de grandes maisons d'origine chevaleresque.

GUYON I D'ALBARS DE BARRIAC, seigneur d'Albars, de Cardillac, du Cayla et du Perle (tous fiefs situés dans la paroisse de Saint-Illide), reçoit une commission du roi Henri II, pour commander le ban de la noblesse d'Auvergne en 1555.

JEAN D'ALBARS DE BARRIAC, fils dudit Guyon, rend au roi d'importants services, comme le prouve une lettre par laquelle M. de Roquelaure, au nom de Sa Majesté, le mande à Paris, afin de conférer avec lui des affaires du haut pays.

8

GUYON II D'ALBARS DE BARRIAC, fils de Jean, sert sous M. de Noailles, comte d'Ayen; et au ban de 1635 sous M. de Polignac. Il laisse un fils.

ANTOINE JEAN D'ALBARS DE BARRIAC, capitaine au régiment Royal Bourgogne, est maintenu dans sa noblesse en 1666, et rend hommage au roi en 1669 et 1670. Il n'a qu'un fils.

GUYON III D'ALBARS DE BARRIAC, dernier de sa branche et nommé *le chevalier de Barriac*, sert aux Gardes-Françaises, et devient héritier testamentaire du marquis de La Valette Cornusson, petit-fils de Marguerite d'Albars de Barriac, comme il va être dit.

MARGUERITE D'ALBARS DE BARRIAC (que je crois être la sœur de Jean d'Albars de Barriac, mandé à Paris au nom du roi par M. de Roquelaure) épouse FRANÇOIS DE SCORAILLE, seigneur de Favas et de Roumégoux, qui porte : *d'azur, à trois bandes d'or,* et dont les ancêtres paternels possédaient le château de Scoraille sous Pépin le Bref, père de Charlemagne.

Ils marient leur fille Antoinette de Scoraille, par contrat du 12 août 1642, avec François II de La Valette, marquis de La Valette, baron de Cornusson, comte de Monteil, seigneur de L'Étang, Vareyres, La Roquette, Floyrac, Boismenon, etc., maréchal de camp, l'un des seigneurs qui assistèrent avec le plus d'éclat au magnifique carrousel donné par N... de Lévis, duc de Ventadour, à Toulouse pendant l'hiver de 1624. (*Histoire géner., de Languedoc,* citée, t. V, p. 546. — De Courcelles, cité, t. I, art. de *La Valette,* p. 45).

De ce mariage naquirent deux fils :

1º Jean de La Valette, sénéchal de Toulouse et du pays d'Albigeois, mort sans enfants de Magdeleine, *aliàs* Catherine de Riquet de Bonrepos;

2º Jean-Baptiste, dit le marquis de La Valette, héritier de son frère, et de tous les biens de la branche de Cornusson. Il devient, par la démission de Jean de La Valette, du 26 octobre 1677, sénéchal de Toulouse et d'Albigeois, capitaine-châtelain de Buzet, de Puycelly, de Montouze et de Turier. Il vend la charge de sénéchal à Louis de Crussol d'Uzès, comte d'Amboise, dispose de ses biens en faveur du CHEVALIER DE BARRIAC, son parent du côté de sa mère, et meurt sans alliance à Villefranche-de-Rouergue, le 25 avril 1725. (De Courcelles, cité, t. I, art. de *La Valette,* p. 45 et 46.)

Il ne m'a pas été possible de me procurer sur les d'Albars de Barriac, *aliàs* d'Ayrenx, les documents ou les renseignements historiques suffisants pour donner la filiation de leur branche, J'ai été réduit à écrire des Notes au lieu d'une généalogie. Je le regrette vivement. Ces Notes sont exactes, je crois, mais elles sont insuffisantes et par suite perdent beaucoup de leur intérêt.

Ces d'Albars de Barriac et d'Ayrenx sont une branche incontestable des d'Albars, seigneurs barons de Clavières-Ayrens, sur lesquels nous possédons plus de données, grâce aux recherches persévérantes faites par M. le comte de La Salle de Rochemaure dans les vieilles archives de son château. Il nous aurait fallu un autre érudit intrépide pour fouiller avec intelligence et avec soin les archives des châteaux d'Albars et de Barriac, si ces archives existent encore et n'ont pas été, comme tant d'autres, dispersées ou détruites pour toujours, soit par l'incurie ou le défaut de soin des propriétaires, soit par la jalousie inavouable ou la fureur révolutionnaire.

N'ayant pas la filiation des d'Albars de Barriac depuis leur séparation de leurs aînés les seigneurs barons de Clavières-Ayrens, je n'ai pu préciser les motifs qui ont déterminé l'un de leurs membres à fuir l'Auvergne, sa province d'origine, pour se réfugier et s'établir dans la province de Gascogne. Nous savons seulement que cette migration se fit vers les années 1450 à 1455; que ce fut par suite de quelques combats meurtriers; que le fugitif fut bien accueilli à la cour du comte Jean V d'Armagnac, le plus puissant des grands vassaux du roi de France; qu'il servit avec distinction dans les armées de son nouveau protecteur, qui le fit bien marier et voulut assister à ses noces pour témoigner sa gratitude des services rendus.

Ce d'Albars de Barriac, *aliàs* d'Ayrenx, n'a porté que ce dernier nom dans sa nouvelle patrie, comme nous allons le voir.

III. D'AYRENX,

SEIGNEURS DE BAUTIAN, près Vic-Fezensac, SIEURS DE RINCAULET,

FONDATEURS en 1513

DE LA CHAPELLE D'AYRENX EN L'ÉGLISE SAINTE-MARIE DE BEZOLLES,

Existants

en Armagnac, Condomois, Bruilhois, Pays de Labour, Champagne et Paris.

ARMES : *D'or, à une corneille de sable, becquée et membrée de gueules. (Chapelle d'Ayrenx,* fondée en 1513 en l'église de Bezolles, et *Armorial général de France,* manuscrit, vol. XIV, fol. 360, n° 219.)

La famille d'Ayrenx, originaire de la haute Auvergne, tire son nom, comme je l'ai dit aux pages 93 et 94, du village et de la commune Ayrenx ou Ayrens, faisant partie du canton de La Roquebrou, arrondissement d'Aurillac, département du Cantal.

Au xv° siècle, son auteur, par suite de luttes sanglantes (si fréquentes à cette époque, particulièrement dans sa race) et de démêlés ecclésiastiques et judiciaires, est obligé de s'éloigner de sa province d'origine. Il se réfugie chez l'un des plus puissants princes du midi de la France, le comte Jean V d'Armagnac, et n'apporte pour tout patrimoine que sa cape et son épée. Telle est la tradition constante et la relation formulée dans un document écrit sous le règne de Louis XV, et depuis religieusement conservé.

X. Noble N... D'AYRENX, le premier de sa race établi en Gascogne, est l'*auteur certain* des MM. d'Ayrenx, anciens seigneurs de Bautian et sieurs de Rincaulet, qui ont aujourd'hui de nombreux représentants. Il a lui-même pour *auteurs probables* (d'après les traditions soit orales, soit écrites conservées au château de Clavières-Ayrens et en Gascogne) les seigneurs d'Albars de Barriac, nommés dans un titre déjà cité : « D'Albars Barriac, *aliàs* d'Ayrenx, » puînés des seigneurs barons de Clavières-Ayrenx. C'est par ce motif que je l'inscris comme formant le X⁰ degré de la filiation.

Voici textuellement la tradition constante, transmise d'âge en âge dans la famille; puis rédigée avant 1750. Je la fais précéder, comme le manuscrit, d'une Note de quelques alliances directes ou indirectes, écrite de la même main, et cependant postérieure de quelques années, bien que inscrite sur le livre à la page qui précède le fait capital :

« Alliances du sieur d'AYRENX, écuyer.

» MM. de Lescalle, de Descorner, de Borrit, de Labadie, de Prébarthe, de Blanquefort, Dupont, de Vergoignan, de Labadie, de Serres-Poudens, de Navailles, de Pommadère, de Baraillou, de Valette, de Molezun (de Montlézun ?), de Forré, de Ribère de Lagimbrère, de Fourreau, de Ducourneau, Brassenx, de Peich, de Noteiri, de Duclerc de Mauroillan. »

Ces quelques lignes sont écrites au *recto* d'un petit livre manuscrit ; la *Tradition de famille* ou relation suivante commence au *verso* du même feuillet :

« Le sieur d'Ayrenx, écuyer, est originaire de la haute Auvergne, du lieu qui porte son nom, près la ville d'Aurillac. Suivant une ancienne tradition orale et constamment transmise de père en fils, il est d'extraction noble et même très ancienne. Il étoit seigneur de la terre dont il porte le nom et qui actuellement ([1]) appartient au chapitre d'Aurillac. Mais des circonstances malheureuses l'ayant forcé de s'expatrier, il vint se réfugier auprès de Jean V, comte d'Armagnac, vers l'an 1450 à 55; n'emportant pour touts titres avec lui que ses armes et un brevet de capitaine d'artillerie ou du génie.

([1]) Avant 1750.

» Un duel occasionna sa fuite : ils étoient deux frères qui eurent affaire avec deux autres, ils furent assez heureux pour faire mordre la poussière à leurs adversaires. Mais ils ne jouirent pas longtemps de leur victoire; ils virent s'élever sur leurs têtes un orage terrible qui les menaçoient; ils prirent le parti d'abandonner leur patrie. L'un, comme je l'ai déjà dit, se retira auprès du comte d'Armagnac qui avoit alors guerre à soutenir contre le roi de France. Pour l'autre, on ne sçait pas ce qu'il devint. Du reste ce premier, dont le Sʳ d'Ayrenx descend, fut très bien accueilli chez le comte Jean, et comme il servoit dans le génie il trouva bientôt de l'emploi. Il s'en acquitta même si bien dans les différentes occasions où il fut employé qu'il y gagna l'estime du comte Jean, qui l'honora toujours de sa protection. Il fit même plus pour le récompenser des services qu'il lui avoit rendus, il lui procura un établissement très avantageux avec une demoiselle de Rome (¹) et signa son contrat de mariage.....

» Depuis, cette famille a essuyé beaucoup de fâcheux événements, tels que des procès, des incendies, des pupillarités........ il ne lui reste que ses armoiries qui sont enregistrées dans l'*Armorial général;* encor (en outre) le titre d'une chapelle datée de 1513 qu'elle a à Besolles........ De plus *ses armes sont gravées au-dessus de la chapelle sur une pierre;* et un partage de biens de l'an 1550........ Voilà tous les titres qui ont pu échapper à un laps de temps de près de trois cens ans, ou que les rats, les flammes et les malheurs des familles n'ont pas emportés.

» Pour ce qui est de l'origine de celui qui vint s'établir en Armagnac, touchant l'état de sa famille en Auvergne, on n'a pu encor rien découvrir, parce qu'on croit beaucoup qu'il changea de nom en s'expatriant. » *(Original en papier de 20 centimètres de hauteur sur 14 de largeur.)*

Ce petit livre est encore formé de 72 pages, dont les 37 premières sont remplies par un sermon en latin divisé en trois points. La 39ᵉ page contient les Alliances du sieur d'Ayrenx, écuyer; la Tradition ou relation sur un d'Ayrenx venu d'Auvergne en Armagnac commence au haut de la page 40 et finit au milieu de la page 42. A la page 45 il y a des opérations d'arithmétique et une formule d'algèbre; et à la page 72 une pièce de vers adressée à une demoiselle. — Les Alliances, la Tradition ou relation, les choses de mathémathiques et la pièce de vers sont de la même écriture.

Ce même livre, écrit avant 1750 par un M. d'Ayrenx de Rincaulet, est dans les *Archives de M. Joseph d'Ayrenx, au château de Peyre-cave, commune de Montagnac-sur-Auvignon, canton de Nérac, Lot-et-Garonne,* depuis que le rameau de Rincaulet n'est plus représenté que par des dames.)

_____

(¹) Celui qui a écrit cette Tradition ou Relation a confondu son aïeule de 1550 avec son aïeule plus ancienne de 1450-1460.

Après avoir lu ce qui est écrit plus haut sur les seigneurs d'Albars, seigneurs barons de Clavières-Ayrens, seigneurs de Barriac, etc.; sur leurs luttes sanglantes, soit avec leurs voisins les châtelains de Pouls, soit avec les hommes d'armes de l'abbé d'Aurillac; sur les anathèmes du même abbé; sur leurs contestations violentes et séculaires avec ce dernier pour la part de justice ou autres droits féodaux prétendus par chacune des deux parties sur l'église d'Ayrens; sur les poursuites judiciaires et ecclésiastiques, les condamnations, les revendications, suites naturelles des violences à main armée. Si, connaissant la situation et ayant tous ces faits présents à la mémoire, on lit avec soin la Tradition de famille ou relation de la migration d'un d'Ayrenx, d'Auvergne en Armagnac, en 1450-1455, il est impossible de n'être pas frappé des rapports qui existent entre ces faits et ces souvenirs transmis de père en fils, qui s'enchaînent, s'appuient mutuellement, se corroborent, et semblent être la suite naturelle les uns des autres, bien qu'ils soient écrits dans des provinces et à des époques si éloignées, par des hommes n'ayant jamais eu de rapports entre eux.

Il résulte de tous ces faits, *non la preuve incontestable*, mais *la probabilité, presque la certitude,* que les seigneurs d'Albars de Clavières Ayrens et de Barriac sont les ancêtres de la famille d'Ayrenx établie en Armagnac vers 1450-1455, dont je vais donner la filiation.

Jean V, 19e comte d'Armagnac, 22e de Fezensac, 7e de Rodez et comte de l'Isle-Jourdain, vicomte de Lomagne, d'Auvillars, de Bruilhois, etc., du 5 septembre 1450 au 6 mars 1473, est le fils et le successeur immédiat de Jean IV et de Blanche de Bretagne, et le petit-fils du puissant connétable de France Bernard VII, qui le 3 août 1415 s'intitulait: Bernard, par la grâce de Dieu, comte d'Armagnac, de Fezensac, de Rodez et de Pardiac, vicomte de Fezensaguet, de Bruilhois, de Creyssel et de Carladais, seigneur des terres de Rivière, d'Aure et des montagnes de Rouergue, et d'une princesse de la maison royale, Bonne de France et de Berry.

Le comte Jean V d'Armagnac reçoit N... d'Ayrenx au nombre de ses officiers (dont il a un impérieux besoin par suite de sa position menacée par le roi de France), apprécie son origine chevaleresque, ses qualités personnelles, ses vertus guerrières, s'attache à lui, et, pour le récompenser des services rendus, le marie et signe son contrat de mariage.

Mais qui lui fait-il épouser? Ce ne peut pas être Marie de Rome, vivant l'an 1550 et que le rédacteur de la Tradition de famille a confondue avec son autre aïeule de 1450-1460. C'est incontestablement, comme un ensemble de faits le démontre, une demoiselle DE SARIAC, d'une maison égale en naissance à la maison d'Albars.

La damoiselle de Sariac, qui épouse N. d'Ayrenx, appartient à une maison d'ancienne chevalerie du pays de Magnoac (l'une des Quatre Vallées d'Aure), où sont situés le château et la terre de Sariac, près la ville de Castelnau de Magnoac, à six lieues d'Auch. Elle est fille, soit de Jean I de Sariac, chevalier, seigneur de Sariac, Cizos, Vieuzac, etc., qui sert dans les guerres de Gascogne contre les Anglais en 1425 et 1430, et fait son testament l'an 1471; soit du cousin germain dudit Jean I, nommé Bertrand de Sariac de Sérignac, chevalier, coseigneur haut justicier de Belmont, qui sert dans les guerres de Guienne contre les Anglais, et rend hommage au comte Jean V d'Armagnac, le 2 avril 1469. La même dame a pour neuvième aïeul paternel Arnaud I de Sariac, chevalier, seigneur de Sariac en 1136, bienfaiteur de l'abbaye de Berdoues, au diocèse d'Auch, en 1150.

De Sariac porte : *d'argent, à une corneille de sable, becquée et membrée de gueules.*

N... d'Ayrenx adopte les armes de sa femme, à l'exemple d'un très grand nombre de gentilshommes qui s'éloignent de leur province d'origine à cette époque. Il conserve et transmet à ses descendants qui l'ont toujours portée depuis, *la corneille de sable, becquée et membrée de gueules,* et pour brisure change le *champ d'argent* en *champ d'or.* Nous verrons les preuves authentiques et encore existantes que depuis l'année 1513, sous le règne de Louis XII jusqu'à nos jours, la famille d'Ayrenx a toujours porté les dites armes.

Le comte Jean V était le plus puissant vassal du roi de France. Ce fut un crime irrémissible aux yeux de Louis XI. Après des événements très divers, dans lesquels le comte ne montra pas toujours la loyauté désirable, le roi fit assiéger Lectoure par une armée puissante. Le 6 mars 1473, l'armée royale, commandée par Pierre de Bourbon, sire de Beaujeu, gendre de Louis XI, s'empare de la ville et du château de Lectoure, massacre le comte Jean V d'Armagnac et un grand nombre de ses chevaliers.

Ceux qui avaient combattu pour le comte Jean V furent dégradés de noblesse et eurent leurs biens confisqués. Les plus heureux et non les plus nombreux obtinrent, sous le règne suivant, d'être réintégrés dans

leur ancienne noblesse et dans leurs biens. Je citerai, par exemple,
les fils de Guillaume de Las, maître d'hôtel du comte d'Armagnac.
(J'ai eu sous les yeux l'*original en parchemin des lettres patentes, avec
le sceau royal encore attaché, données à cet effet le 5 mai 1492, par
le roi Charles VIII*, et faisant parties des *Archives de M. Ernest de
Brondeau, résidant au château de Lécussan, près Agen*).

On est dès lors autorisé à croire que N... d'Ayrenx, l'un des officiers
du comte Jean V, fut, comme les autres, dégradé de son ancienne
noblesse et eut ses biens confisqués.

CHAPELLE D'AYRENX

XI. ANTOINE D'AYRENX, 1er du nom, fils de N... d'Ayrenx et de
damoiselle N... de Sariac, qui précèdent, fonde le 16 octobre 1513,
dans l'église Sainte-Marie de Bezolles, la chapelle d'Ayrenx, encore
existante. Il fait sculpter ses armes à la clef de voûte de l'entrée de
cette chapelle, et graver son nom, comme on peut le voir dans la
gravure ci-dessus.

La petite ville de Bezolles, dans l'église de laquelle Antoine d'Ayrenx
fonde, sous le règne de Louis XII, la chapelle d'Ayrenx, était dans les
siècles passés le chef-lieu de l'une des communes et juridictions du

comté de Fezensac. C'est donc dans les anciens États de Jean V, comte
d'Armagnac et de Fezensac (qui avait si bien accueilli son père venu
de l'Auvergne), qu'Antoine d'Ayrenx fonde la chapelle de son nom.
Bezolles est aujourd'hui une commune du canton de Valence-de-
Condom, arrondissement de Condom (Gers). Elle est située à peu près
à égale distance de Valence-de-Condom sur Baïse et de Vic-Fezensac
sur l'Osse, entre ces deux petites rivières, et entourée des communes
de Pardeillan, La Mazère, Mirant et Justian.

(*Voir aux Preuves l'acte de donation du local pour cette fondation,
acte dont la famille possède encore la grosse en parchemin, portant la
marque authentique du notaire,* qui en outre signe : HUGONE DE RUPPE).

Au xviiie siècle, le 8 avril 1788, Jacques-Rémy d'Ayrenx, seigneur
du château noble de Bautian, près Vic-Fezensac, 8e descendant direct
d'Antoine d'Ayrenx, fondateur de ladite chapelle d'Ayrenx, est le chef
des nom et armes, et en cette qualité le détenteur des actes les plus
précieux de sa famille. Craignant qu'un incendie, ou tout autre événe-
nement de force majeure, ait pour résultat de détruire la preuve de
cette fondation, ce seigneur de Bautian, soit de son propre mouve-
ment, soit à la demande de quelqu'un de ses collatéraux, produit
devant Me Gaultier, notaire royal de Vic-Fezensac, la grosse en parchemin signée : HUGONE DE RUPPE, avec paraphe, puis la retire après
s'en être fait délivrer sur parchemin une expédition conforme, qu'il
signe, ainsi que le notaire. En sorte qu'aujourd'hui les petits-fils ou
arrière-petits-fils dudit Jacques-Rémy d'Ayrenx, seigneur de Bautian,
possèdent en parfait état de conservation et ont mis sous mes yeux, la
grosse de 1513 et l'expédition authentique de 1789 de ladite fondation.

Les maisons chevaleresques ont leur destinée comme les empires,
tantôt grande, brillante et prospère, tantôt mauvaise ou désastreuse
par suite de troubles, de fautes, de crimes ou de malheurs, suivis
d'une plus ou moins rapide décadence; puis des jours meilleurs
peuvent luire et ramener une prospérité relative.

Nous avons vu au moyen âge les seigneurs d'Albars porter le titre
et les insignes de chevaliers; contracter des alliances avec des maisons
d'origine chevaleresque; par exemple Guy I d'Albars épouser, vers
1195-1220, la fille et la nièce de quatre chevaliers, seigneurs de
Pléaux, d'une grande maison féodale; noble Raymond Ier, seigneur
d'Albars, chevalier, sceller un acte du sceau de ses armes en 1259;

nobles Maurin et Raymond II, seigneurs d'Albars, chevaliers et fils de Raymond Iᵉʳ, sceller également un acte, le 3 novembre 1270, de leur grand scel sur cire rouge; Pierre I, seigneur d'Albars, damoiseau, puis chevalier, devenir, vers 1280, seigneur baron de Clavières-Ayrens par son mariage avec l'héritière de cette baronnie; ses fils, chevaliers, continuer d'être l'un seigneur baron de Clavières-Ayrens, l'autre seigneur d'Albars, de Barriac, etc.; Guy II d'Albars faire hommage au roi Philippe IV le Bel, en 1313, de la seigneurie et baronnie de Clavières-Ayrens.

A cette période, que j'appellerai de prospérité, en succède une de troubles, de crimes ou de malheurs : Jean et Guillaume d'Albars, seigneurs de Clavières-Ayrens, très jeunes en 1335, après la mort de leur père Guy II, s'emparent en 1367, à l'improviste, à main armée, du château de Pouls pendant l'absence de Jacques de Biorc, auquel la garde en est confiée, jettent le beau-père du châtelain dans les fossés, incendient une partie de la forteresse. Ils révoltent par cet acte brutal et incendiaire toute la noblesse de la contrée, réunie pour célébrer la noce du fils du puissant seigneur de Montal, baron de La Roquebrou, et beau-père dudit Jean d'Albars.

A partir de ce moment, et pendant un siècle, se succèdent les luttes sanglantes, les vengeances, les procès judiciaires ou ecclésiastiques, les revendications, les excommunications lancées par le puissant abbé d'Aurillac, qui dispute aux d'Albars, soit de la branche des seigneurs de Clavières-Ayrens, soit de la branche des seigneurs de Barriac, *aliàs* d'Ayrenx, telle ou telle partie de la haute justice sur Ayrenx ou autre droit féodal. Pendant cette période néfaste d'un siècle, les deux branches d'Albars, liées dans la mauvaise comme dans la bonne fortune, ont alternativement des succès et des désastres, jusqu'à ce que les barons de Clavières, restés puissants, deviennent très riches par un mariage avec l'héritière du comptorat de Saint-Christophe.

Les d'Albars de Barriac, *aliàs* d'Ayrenx, conservent une situation intermédiaire entre la grande et la petite noblesse; mais, l'un d'eux, plus compromis que les autres, est obligé de fuir la province d'origine, est bien accueilli chez le comte Jean V d'Armagnac, le plus puissant feudataire du royaume. Cet excès de puissance fut le malheur du nouveau protecteur et du protégé. Le roi Louis XI ne voulut pas supporter en France un prince pouvant, à un moment donné, devenir un danger pour le monarque. La perte du comte d'Armagnac fut résolue.

Elle fut réalisée par une armée royale, pourvue de tout ce qui est nécessaire pour un long siège. La ville et le château de Lectoure furent étroitement assiégés et enfin pris le 6 mars 1473, malgré leur forte position. Le comte Jean V d'Armagnac fut massacré, ainsi qu'un grand nombre de ses officiers. Ceux qui échappèrent au massacre furent déchus de leur ancienne noblesse et eurent leurs biens confisqués.

C'est pour ce motif qu'Antoine I d'Ayrenx, fils d'un officier de l'armée du comte d'Armagnac, vaincue le 6 mai 1473, ne prend pas de qualifications nobiliaires, le 16 octobre 1513, dans l'acte de donation d'un local pour la fondation de la chapelle d'Ayrenx à l'église Sainte-Marie de Bezolles; il se qualifie et se nomme : prudent homme maître Antoine d'Ayrenx *(providus vir magister Antonius d'Ayrenxis).* Il fait sculpter à la clef de voûte de la chapelle qu'il fonde, son écusson, au centre duquel est une corneille, armes que ses descendants directs n'ont pas cessé de porter depuis, comme nous le verrons. Il fait en outre graver, à côté de ses armes, les mots : « Chapelle de M. d'Ayrenx. »

XII. N... D'AYRENX, fils du fondateur de la chapelle d'Ayrenx, possède dans les juridictions ou paroisses de Bezolles, Mirant, Rosès, La Mazère, Saint-Paul et Beaucaire, onze métairies, qui sont partagées à son décès par les cinq enfants nés de son mariage :

1º Barthélemi I, qui a continué la postérité;

2º DOMENGES D'AYRENX,   nommés dans un acte d'échange passé à
3º PIERRE I D'AYRENX,   Bezolles, diocèse d'Auch, sénéchaussée
4º ANTOINE II D'AYRENX,   d'Armagnac, le 18 décembre 1550, entre
                            lesdits Barthélemi et Pierre I.

5º JEANNE D'AYRENX.

XIII. BARTHÉLEMI D'AYRENX, 1er du nom, demeurant à Bezolles, est le frère aîné de Domenges, Pierre I, Antoine II et Jeanne, nommés dans le contrat d'échange cité du 17 décembre 1550. Il est donc l'aîné des petits-fils d'Antoine Ier d'Ayrenx, fondateur de la chapelle de son nom dans l'église Sainte-Marie de Bezolles; il est par cela même le gardien de l'acte de fondation, qui est toujours resté chez les aînés de ses descendants.

Le même acte de 1550 constate qu'à cette date ledit Barthélemi I d'Ayrenx avait épousé MARIE DE ROME. Cette dernière, mariée avant 1550, et encore vivante en 1604, a donc été confondue, comme je l'ai fait remarquer à la page 114, avec damoiselle N... de Sariac, qui me paraît avoir épousé, un siècle plus tôt, le premier d'Ayrenx, établi en Gascogne vers 1450-1455.

Barthélemi I d'Ayrenx passe divers actes en 1550-71-74-98; son nom est écrit Ayrenx, Dayrenx, de Ayrenx et d'Ayrenx. Ces diverses orthographes se voient quelquefois dans le corps du même acte. La même variété d'orthographe se trouve pour plusieurs de ses descendants : par exemple, le 26 juillet 1574, un contrat de vente est passé en faveur de Barthélemi de Ayrenx, habitant de Bezolles, retenu et signé par Jehan des Fieux, notaire à Lannepax, sénéchaussée d'Armagnac (aujourd'hui commune du canton d'Eauze, Gers). Au-dessous est le reçu des ventes dudit acte, daté de Bezolles, le 24 avril 1603, signé DE NARBONNE. (Grosse en parchemin.)

Le 29 mai 1604, Marie de Rome, veuve dudit Barthélemi Iᵉʳ, habitante de Bezolles, et agissant comme mère et légitime administreresse de ses plus jeunes enfants, passe un contrat dans lequel elle est représentée par Jean-Raymond, l'aîné de ses fils. Elle a de son mariage :

1º Jean Raymond, qui a continué la postérité;
2º DOMINIQUE D'AYRENX, nommé en 1611-13-19-22-25;
3º BARTHÉLEMI II D'AYRENS, en 1611, 22, 25;
4º MATHIEU I D'AYRENX, 1611;
5º ANNE D'AYRENX, mariée par contrat du 26 décembre 1611, dans la maison de son frère aîné, avec ARNAUD DESBARATZ ou DES BARATZ; elle est assistée de ses quatre frères.

XIV. JEAN-RAYMOND D'AYRENX, notaire, fils aîné de Barthélemi Iᵉʳ et de Marie de Rome, est nommé Mᵉ Jean-Raymond de Ayrenx, notaire, dans l'acte du 17 juin 1593, par lequel il rachète une pièce de vigne appelée à Perrouche, en la juridiction de Bezolles (grosse en parchemin délivrée le 27 octobre 1619, par Jean Lacoste, notaire royal de Valence, qui a retenu le contrat). Il est également nommé Mᵉ Jean-Raymond de Ayrenx, notaire royal, habitant au lieu de Bezolles, dans le contrat d'achat d'une vigne de dix-huit journaux, retenu et délivré par le même Lacoste, notaire royal, et pour les lods et ventes le 1ᵉʳ février 1609, signé DE NARBONNE (grosse en parchemin). Il est nommé de même dans un autre contrat d'achat du 10 mai 1621, retenu et grossoyé par ledit Jean Lacoste, notaire royal de Valence près Condom. (Idem.) Enfin il est nommé quatre fois Mᵉ Jean-Raymond de Ayrenx, notaire royal, dans un acte d'échange de biens qu'il fait avec Peyon Crespin, le 14 février 1622, signé Lacoste, notaire royal. (Idem.)

La chapelle d'Ayrenx est la première que l'on trouve à main gauche, en allant du portail d'entrée vers le maître-autel de l'église de Sainte-Marie de Bezolles. Elle a été, depuis sa fondation jusqu'à la Révolution de 1789, le lieu de sépulture de la famille de son fondateur. Deux titres écrits sur parchemin et encore existants, l'un du mois de décembre 1601, émanant de l'archevêque d'Auch, l'autre du curé de Bezolles en date du 25 avril 1605, donnent l'un et l'autre l'autorisation à Jean-Raymond d'Ayrenx d'être enterré dans ladite chapelle, autorisation qui est pour lui et pour sa famille *(originaux en parchemin)*.

Cet arrière-petit-fils du fondateur de la chapelle, signe toujours : DE AYRENX, fait son testament le 31 janvier 1629, retenu par Lasserre, notaire à Justian, et ne vit plus le 19 octobre 1629, jour où Domenges Dansos, sa veuve, agissant comme mère et tutrice de ses enfants, est représentée par Dominique-Mathieu, l'un d'eux. Il laisse de son mariage avec DOMENGES DANSOS, morte le 16 mars 1662 :

1° Jean, qui suit;

2° DOMINIQUE MATHIEU I D'AYRENX, notaire, marié avec MARIE BUZET, par contrat du 4 février 1651, passé devant Me Ducornet, notaire. Il signe : DE AYRENX, comme son père, et meurt sans laisser de postérité;

3° BARTHÉLEMI III D'AYRENX, prêtre, docteur en théologie, curé de Saint-Martial, au comté de Benauges, achète une maison à Saint-Martial le 9 mai 1678. Il est inhumé le 1er décembre 1680, sous le nom de Barthélemi d'Ayrenx. *(État civil.)*

4° Messire PIERRE II D'AYRENX, prêtre, bachelier en théologie, curé de Sillas de 1659 à 1678, curé de Calens et de Luxey, puis de Saint-Martial en Benauges après son frère, en 1693, est toujours nommé et signe d'AYRENX. Il est parrain, le 6 janvier 1681, de Pierre IV, son petit-neveu, et fait son testament le 16 août 1699, en faveur de Dominique Mathieu II et Barthélemi IV, frères, ses neveux. Il fait un legs à Jean d'Ayrenx de Rincaulet, aussi son neveu, et meurt le 20 octobre 1699;

5° Mathieu II d'Ayrenx, auteur des SIEURS DE RINCAULET, rapporté après la descendance de son frère aîné;

6° Autre PIERRE D'AYRENX, mort sans enfants.

XV. JEAN D'AYRENX, fils de Jean-Raymond et de Domenges Dansos, qui précèdent, épouse, avant 1657, MARIE BEZOLLES GOUNOIX, ou BEZOLLES DE GOUNEYS. Nous verrons Jean Bezolles-Goneys, Sr de Las Lannes, et damoiselle Anne de Sariac, sa femme, être parrain et marraine d'Anne d'Ayrenx, le 31 septembre 1691. Ces noms de Bezolles et de Sr de Las Lannes, et ce mariage avec damoiselle Anne de Sariac, de la maison noble qui porte : *d'argent, à une corneille de sable, becquée et membrée de gueules;* le tout constaté dans des actes publics de la commune de Bezolles, permettent de croire que la femme de Jean d'Ayrenx appartient à une branche, légitime ou non, de la maison chevaleresque des seigneurs et comtes de Bezolles.

Le 27 septembre 1661, Jeanne de L'Église, étant dans la salle noble de Lagardebière, en Armagnac, juridiction de Bezolles, fait une donation en faveur desdits Jean et Dominique Mathieu I d'Ayrenx, frères.

Jean d'Ayrenx écrit sur un petit livre de raison, la date de la mort de sa mère, en 1662, et de la naissance de ses cinq enfants, du 6 mars 1657 au 2 juin 1665, dans l'ordre suivant :

1º Dominique Mathieu II, qui a continué la postérité;

2º ARNAUDE D'AYRENX, née le 17 mai 1659, décédée le 16 novembre suivant.

3º MATHIEU III D'AYRENX, né le 10 novembre 166., décédé le 12 décembre 1671;

4º BARTHÉLEMI IV D'AYRENX, né le 9 mars 1663, curé de Sillas de Fauillet, et chapelain de Grignols; puis curé de Saint-Martial en Benauges, au diocèse de Bazas. Il est héritier, avec Dominique Mathieu II, son frère aîné, de Me Pierre II d'Ayrenx, son oncle, curé de Saint-Martial, de Calens et Luxey. Il a son nom Barthélemi d'Ayrenx sur la cloche dudit Saint-Martial, à la date de 1718, et meurt le 2 septembre 1732;

5º PIERRE III D'AYRENX, né le 2 juin 1665, capucin le 14 août 1682, sous le nom de frère Fulgence.

À la même époque vivait et était fille dudit Jean d'Ayrenx, ou de l'un de ses frères, Dominique-Mathieu I ou Mathieu II d'Ayrenx, sieur de Rincaulet :

6º Damoiselle GENEVIÈVE D'AYRENX, mariée avec Me PIERRE LA CROIX, avocat en parlement, dont elle a eu :

Damoiselle Jacquette La Croix, mariée, par contrat du 2 septembre 1703, à noble François de La Roque, seigneur de La Roque et de La Brane, veuf de noble damoiselle Isabeau de Cours d'Espalais, et fils aîné de noble Jean François II de La Roque, seigneur de La Roque et autres places, lieutenant-colonel et capitaine commandant la compagnie colonelle du régiment du duc d'Anjou, maintenu dans la noblesse par jugement du 31 mars 1667, rendu par M. Pellot, intendant de Guienne, et de noble dame Anne de Barbotan, mariés en 1643.

Bernard, seigneur de La Roque dans le comté de Fezensac,

rend hommage de cette terre, en 1409, au comte d'Armagnac. François de La Roque, marié en secondes noces en 1703, a pour cinquième aïeul paternel Armand, seigneur dudit La Roque, marié en 1471 avec noble Bourguine de Bezolles. Il a pour repré_ sentant actuel M. le comte de La Roque-Ordan, demeurant dans son château de La Roque d'Ordan, situé à deux lieues de la ville d'Auch. (*Armorial général de France*, par d'Hozier, registre III, art. de *La Roque*).

XVI. DOMINIQUE MATHIEU II D'AYRENX, procureur juridictionnel de Bezolles (c'est-à-dire le représentant du seigneur dudit lieu pour le fait de la justice), est né le 6 mars 1657. Il est l'aîné des enfants de Jean d'Ayrenx et de Marie Bezolles de Gouneys. Il épouse, le 21 février 1680, CÉCILE DE LEBÉ qui porte pour armes : *de gueules, au chevron d'or, accompagné en pointe d'un lièvre courant du même; au chef d'argent, chargé de trois étoiles de sable.*

Cécile de Lebé est proche parente et probablement la petite-fille de Jean Lebé (d'une ancienne famille qui a donné des magistrats et des administrateurs au comté de Gaure), marié le 30 novembre 1614 avec Françoise de Bastard d'Argentens, fille de Dominique de Bastard, écuyer, seigneur d'Argentens, et de noble Jeanne de Mons d'Ardennes, mariés le 13 juillet 1579. (*Généalogie de la maison de Bastard,* Paris 1847, p. 55 et 518). Ce Dominique de Bastard, qui paraît être le bisaïeul de Cécile de Lebé, est l'un des fils de Claude de Bastard, chevalier, seigneur du Bosq en Armagnac, et du fief des Oliviers en la paroisse et juridiction de Fleurance, capitaine de soixante hommes d'armes, et le petit-fils de Pierre de Bastard, écuyer, coseigneur de Terland et de Maultrot en Berry, seigneur du Bosq, de Vidalot et du fief des Oliviers en Armagnac, capitaine et gouverneur du comté de Gaure et de la ville de Fleurance pour Alain *le !grand,* sire d'Albret. Il a pour quatrième aïeul paternel Guillaume II de Bastard, chevalier, sixième vicomte de Fussy, seigneur de Torland, de Maultrot, etc., en Berry, capitaine d'une compagnie de cinquante-huit hommes d'armes et de quarante-deux hommes de trait, conseiller du Roi, lieutenant général du sénéchal au bailly de Berry, maître des requêtes, conseiller privé et chambellan de Charles, dauphin et régent du royaume, qui fut le roi Charles VII, et enfin gouverneur du bailliage et lieutenant général pour le Roi en Berry en 1429.

Sa filiation est prouvée par titres depuis Roaud Bastard, chevalier, seigneur de Bastard-sur-Sèvre, de l'île de Her, et de la ville du Pèlerin-sur-Loire, très noble chevalier, un des premiers de la patrie *(Roaldus Bastardus, Rodaldus, Roaldus de Peregrino, nobilissimus miles, de primoribus patriæ)*, ainsi nommé et qualifié en 1049-1050 dans l'acte par lequel il fonde le prieuré de Sainte-Marie du Pèlerin-sur-Loire, en présence du comte, de la comtesse et de l'évêque de Nantes.

Dominique Mathieu II étant procureur juridictionnel de Bezolles présente des suppliques au juge de la même juridiction, les 24 décembre 1693, 22 septembre 1694, et en 1696 à MM. les officiers de l'Élection d'Armagnac, et signe toujours AYRENX.

Il fait enregistrer ses armoiries à l'*Armorial général de France*, comme le prouve le récépissé suivant, que je copie sur l'original mis sous mes yeux :

> « No 471.
>
> » Je, commis à la Recette des Droits d'Enregistrement des Armoiries, ordonné estre fait par l'Édit du mois de novembre dernier ; reconnois que Monsieur Mathieu Ayrens, procureur jurisdictionnel de Besoles,
>
> » A cejourd'huy apporté en ce Bureau, et présenté ses armes pour estre enregistrées à l'*Armorial Général,* et m'a payé, sçavoir, pour les Droits d'enregistrement suivant le tarif vingt livres, pour les deux sols pour livre quarante sols et trente sols pour tous les autres frais réglez par Arrest du Conseil du 20 novembre dernier, promettant de délivrer le Brevet dudit Enregistrement, en me rapportant le présent. Fait à Auch, ce trentunième jour de mars mil six cens quatre vingt dix neuf.
>
> » Recepissé de la somme de 23.10.
>
> » Controllé les an et jour susdits.   » LACROIX.
>
> » *Porte d'or, à une corneille de sable, becquée et membrée de gueules.* » (*Original en papier,* aux Archives de la famille d'Ayrenx.)

Le 16 août 1699, ledit Dominique Mathieu II et son frère Barthélemi IV d'Ayrenx, prêtre, sont, en vertu du testament cité à la page 122, héritiers de leur oncle paternel Me Pierre II d'Ayrenx, curé de Saint-Martial au comté de Benauges, diocèse de Bazas.

Le même Dominique Mathieu II est en 1705 consul de la communauté de Bezolles, élection d'Armagnac, comme le prouve la quittance ou récépissé *de trois deniers pour livre des consuls honoraires.* (*Original en papier,* daté d'Auch le 14 mars 1706.)

Il meurt à Bezolles, le 5 septembre 1721, âgé de soixante-quatre ans, ayant eu de son mariage avec Cécile de Lebé, les onze enfants suivants :

1o Pierre IV, qui a continué la postérité ;

2o MARIE D'AYRENX, née le 25 février 1683, tenue sur les fonts baptis-

9

maux de l'église Sainte-Marie de Bezolles par Anne Soulon ou Solon, comme prieure de la dite église. Elle épouse M. DU THUZO et meurt à Beaumont le 15 mars 1761;

3º BARTHÉLEMI V D'AYRENX, tenu au baptême le 16 juillet 1684, par son oncle paternel Mᵉ Barthélemy IV, curé de Saint-Martial; il meurt le 12 octobre 1740, chapelain de Saint-Dominique de Castay;

4º HENRI D'AYRENX, né le 4 mai 1686, décédé le 1ᵉʳ août suivant;

5º LOUISE D'AYRENX, née le 23 septembre 1687, mariée à N... COURTOIS DE CASSAIGNE, et marraine de Gabriel, son neveu, le 17 avril 1731;

6º CÉCILE D'AYRENX, née le 19 décembre 1689;

7º ANNE D'AYRENX, née le 30 septembre 1691, a pour parrain et marraine, le 6 octobre suivant, Jean Bezolles Goneys, Sʳ de Las Lannes, et damoiselle Anne de Sariac, sa femme. Elle est décédée le 2 mai 1715;

8º Mʳ Mᵉ ANDRÉ I D'AYRENX, né le 14 septembre 1693, prêtre, docteur en théologie, achète le 15 février 1735, étant curé de Saint-Martial, une pièce de terre pour l'agrandissement du cimetière, pièce de terre dont il payera la rente annuelle à Monseigneur et Madame du comté de Benauges. Il est curé de Saint-Martial jusqu'en 1767, comme le constate la lettre on ne peut plus flatteuse que Jean-Baptiste-Amédée de Grégoire de Saint-Sauveur, évêque de Bazas, lui écrit le 20 mars 1767. (*Orignal de la lettre adressée à Monsieur d'Ayrens, curé de Saint-Martial, écrite en entier et signée par l'évêque de Bazas et scellée de ses armes.* Voir aux Pièces Justificatives.)

Le 10 avril 1768, le dit Mʳ Mᵉ André I d'Ayrenx fait devant Mᵉ Gauttier, notaire royal de la ville de Vic-Fezensac, son testament dans lequel il déclare vouloir :

« Que s'il décède dans la paroisse de Bezolles, ou aux environs, » son corps soit inhumé dans la chapelle de sa famille, située dans » l'église paroissiale dudit Bezolles; veut que ses honneurs funèbres » soient faits très modestement..... »

Il fait ensuite des legs pieux et institue pour héritier général et universel Mᵉ André II d'Ayrenx, son neveu, prêtre et curé de Noulens, y habitant audit diocèse d'Auch. Il meurt le 5 mai 1770;

9º HENRIE D'AYRENX, née le 2 mars 1696;

10º MARIE-ANNE D'AYRENX, née le 12 novembre 1698;

11º ISABEAU D'AYRENX, née le 1ᵉʳ novembre 1701.

XVII. PIERRE IV D'AYRENX, fils aîné de Mᵉ Dominique Mathieu II, procureur juridictionnel de Bezolles, et de Cécile de Lebé, est né le 6 janvier 1681. Il a pour parrain Mᵉ Pierre II d'Ayrenx, curé de Saint-Martial en Benauges, son grand-oncle paternel, représenté en vertu de sa procuration par Pierre III d'Ayrenx, écolier, neveu du parrain et oncle du baptisé.

Il épouse, le 1ᵉʳ juillet 1721, demoiselle JEANNE CASSIN, et passe à

Vic-Fezensac le 12 mai 1739, avec messire Jean de Mellet, seigneur de Las, de Saint-Orens et autres places, une police sous-seing privé, signée : LAS DE MELLET. D'AYRENX. *(Original en papier aux Archives de la famille.)* Il meurt le 31 décembre 1755, ayant eu de ladite Jeanne Cassin, décédée le 16 septembre 1753 :

1° JOSEPH D'AYRENX, né le 26 janvier 1724;

2° BERNARD D'AYRENX, né le 7 août 1725, mort jeune;

3° Barthélemi VI d'Ayrenx, seigneur de Bautian, qui suit :

4° ANDRÉ II D'AYRENX, chanoine, né le 17 juillet 1728, tenu sur les fonts de baptême par Me André I d'Ayrenx, docteur en théologie, curé de Saint-Martial, son oncle paternel, et par sa tante Madame du Thuzo. Il devient curé de Noulens, chanoine de Vic-Fezensac, et meurt le 9 mai 1791.

5° ISABEAU D'AYRENX, née le 9 février 1730, fait profession au couvent de Vopillon le 12 août 1753, et meurt à Condom le 20 janvier 1794 (ou 1795);

6° GABRIEL D'AYRENX, né le 17 avril 1731, tenu au baptême par M. Courtois de Cassaigne, et Madame Courtois de Cassaigne, née d'Ayrenx, mariés;

7° MARIANNE D'AYRENX, née le 16 mai 1735, religieuse au couvent de Vopillon, le 8 juin 1753, morte à Auch le 17 septembre 1796;

8° MARIE D'AYRENX, née le 17 décembre 1739, tenue au baptême par les prieures de l'église Sainte-Marie de Bezolles (qui sont la fille de M. Joseph Solon et la sœur de M. Frix Solon).

XVIII. BARTHÉLEMI VI D'AYRENX, 1er seigneur du château noble DE BAUTIAN, né le 30 août 1726, a pour parrain Me Barthélemi V d'Ayrenx, son oncle paternel (mort chapelain de Saint-Dominique de Castay). Il perd sa mère le 16 septembre 1753 et son père le 31 octobre 1755.

Il épouse dans l'intervalle, le 25 juin 1754, demoiselle MARIE THIEUX DE LASSERRE, de la ville de Montréal au diocèse de Condom, fille de M. Jacques Thieux de Lasserre, et de demoiselle Marie Cezeau de Lassalle. On sait que la famille Cezeau de Lassalle, originaire de Suisse, portait le nom de Chezeaux, corrompu en idiome gascon en celui de Cezeau, lorsque vers le milieu du seizième siècle, un capitaine de ce nom s'établit en Condomois, après avoir servi dans le régiment suisse sous les règnes de François Ier et d'Henri II.

François de Lassalle Cezeau, chef de cette famille, fait avec distinction en 1760 et 1761 les campagnes du Bas-Rhin; sert à Saint-Domingue de 1763 à 1767, et fait les campagnes de 1793 et 1794 contre l'Espagne. Il est en 1821 maréchal de camp en retraite, chevalier de Saint-Louis.

Cezeau de Lassalle porte : *d'azur, au chevron d'or, accompagné en chef à dextre d'une merlette, à sénestre d'une croix potencée, et en pointe. d'un lion, le tout d'or.* Supports : deux lévriers. (*Dict. universel de la Noblesse de France*, par M. de Courcelles, tom. IV, Paris 1821, p. 340).

Barthélemi VI d'Ayrenx devient seigneur du château noble de Bautian. Il acquiert en effet de messire Jean de Mellet, baron de Saint-Orens, seigneur de Las, Siurac et autres lieux, la seigneurie, maison noble et château appelé de Bautian et la chapelle de Saint-Nicolas, par contrat du 9 août 1768.

CHATEAU DE BAUTIAN

Les Archives du château d'Augé nous ont fait connaître les noms des seigneurs d'Augé et de Martet et fourni les hommages rendus par eux depuis le règne de Charles VII, comme on peut le voir aux pages 3 à 8. Les Archives du château de Bautian, aujourd'hui en partie transportées au château d'Augé, vont nous donner les noms des seigneurs et les hommages du château de Bautian durant quatre siècles, depuis l'année 1401, sous le règne de Charles VI.

Le 4 mars 1401, noble Bernard de Montclar, seigneur de Bautian, étant dans la maison archiépiscopale de la ville d'Auch, fait hommage au magnifique prince Bernard VII, 17e comte d'Armagnac, 20e de Fezensac, 5e de Rodez, comte de Charolais et de Pardiac, vicomte de Lomagne, Auvillars, etc., du 25 juillet 1391 au 12 juin 1418, mort connétable de France. Il fait cet hommage pour le château de Bautian, ses appartenances et confrontations, et la maison et terres de Massas. Ses successeurs ont souvent produit cet acte écrit en latin.

L'an 1418, étant dans le château de Vic, Bernard II ou Bertrand de Montclar, agissant au nom de Bernard Ier, son père, fait en vertu de la procuration de ce dernier, une reconnaissance et serment de fidélité (autre acte produit également).

Le 31 mars 1420, noble Bertrand de Montclar fait hommage de la seigneurie de Bautian, de la métairie de Mazères et leurs dépendances et de deux petites métairies situées près le château de Bautian, à Jean IV comte d'Armagnac, Fezensac, Rodez, etc., fils et successeur du connétable.

L'hommage du 14 juin 1540 est ainsi formulé :

« Pour ce qu'il a pleu au Roy nostre souverain seigneur mander par commission à Monseigneur le sénéschal d'Armaignac, à tous exempts ou non exempts tenans fiefs mouvans du roy, nostre souverain sire, ou autres, bailher et délivrer le dénombrement de ce qu'ils tiennent et possèdent ;

» A ceste cause, je Jean de Moncla, seigneur de Bautian, bailhe mon dénombrement à vous Messieurs les Commissaires à ce députés pour ledit seigneur, des choses que tiens et possède en la seigneurie de Bautian de présent.....

» Et premièrement je tiens et possède madite maison et salle noble de Bautian, avec ses appartenances et dépendances en la judicature de Vic-Fezensac, sénéschaussée d'Armaignac, où je fais ma continuelle résidence..... Item plus, tiens deux petites touches de bois joignant à la dite salle..... Item plus, tiens en la dite salle trois petites pièces de vigne..... Item plus, tiens à la dite salle preds ..... Item plus, tiens un molin en lad. judicature de Vic-Fezensac, assis en la rivière de l'Osse..... Item plus, tiens une autre borde noble en lad. judicature de Vic-Fezensac appellée aux Baratz..... Item plus, tiens en lad. borde un petit bois..... Item plus, tiens une autre petite borde noble en lad. judicature de Vic-Fezensac, au lieu appellé à Mazères..... Item plus, tiens agriers..... et iceux biens tiens en foy et homage des Roy et Reine de Navarre, comptes d'Armaignac et de Fezensac; et pour raison diceux suis sujet au ban et arrière-ban comparoir, et moy et les seigneurs de Cassaignet et du Busca sommes tenus de pourter et faire aud. arrière-ban un archer équipé. Lequel dénombrement moy susd. Jean de Moncla, seigneur dud. Bautian, baille au Roy nostre dict souverain seigneur, ou à Messieurs les Commissaires à ce députés.....

» En tesmoings de ce me suis ycy soubzsiné de mon seing, dont jay acoutumé user, cy mis le quatorziesme jour de juin l'an mil cinq cens quarante.
                                          » JEAN DE MONCLA.

» Nous Jean de Goullard (de Galard), chevalier, baron de l'Isle en Loumaigne et de Sainte-Lieurade, séneschal d'Armaignac, commissaire de par le Roy en ceste partie députe..... expressement subrogé, a compareu et c'est présenté personnellement noble Jean de Moncla, escuyer, seigneur de la salle noble de Bautian, lequel suivant le vouloir et mandement du Roy..... »

Le 5 juin 1554, le même Jean de Montclar fait un nouvel hommage pour le château de Bautian et autres terres nobles.

Il existait une lutte perpétuelle entre les seigneurs d'une terre noble, exempte de certaines charges ou contributions, et les municipalités toujours occupées d'assimiler les terres nobles aux terres rurales; les premiers défendaient les privilèges de leurs fiefs, comme dédommagement ou compensation de l'impôt du sang, le plus dur de tous les impôts, qu'ils étaient tenus de payer tant qu'ils avaient la force de manier une épée; les maires ou consuls, préoccupés avant tout d'amoindrir les charges de leurs administrés, faisaient des procès incessants pour essayer de restreindre l'étendue des terres déclarées nobles ou exemptes d'impôts fonciers. Un procès perdu par des consuls était repris dix ou douze ans après par de nouveaux consuls, sous une nouvelle forme quand on pouvait la trouver. Et les siècles se succédaient sans que les questions de nobilité ou de l'étendue de la nobilité d'une terre fussent définitivement résolues. Les consuls faisaient faire un nouvel arpentement de leur commune, joignaient les terres nobles aux terres rurales, et le seigneur était tenu d'intenter un procès et de prouver à nouveau la nobilité de ses terres, sans quoi elles restaient rurales.

L'arrêt suivant, rendu le 31 décembre 1605 par la Cour des Aides et Finances de Montpellier, maintient le seigneur de Bautian en la nobilité de son domaine de Beautian et de ses métairies de Mazères et Juau :

« *Extraict des Registres de la Cour des Aydes.*

» Entre noble Anthoine de Montcla, seigneur de Beautian, appellant de la nouvelle recherche faicte en la ville de Vic en Armaignac en l'année mil six cens deux, de ce que en icelle l'on y auroit comprins la seigneurie de Beautian et la métairie de Mazères et leurs dépendances, d'une part;

» Et les Consuls de la ville de Vic en Armagnac, inthimés, d'autre.

. » Veu les homages faicts par noble Bernard et Bertrand de Montcla à Bernard et Jean comtes d'Armaignac, de la seigneurie de Beautian et des métairies de Mazères et leurs dépendances, les quatriesmes et dernier mars mil quatre cens un et quatre cens vingt; dénombrements faicts par noble Jean de Montcla pardevant le sénéchal d'Armaignac des années mil cinq cens quarante et mil cinq cens cinquante quatre, par lesquels led. Jean de Montcla dénombre ladite seigneurie de Beautian et la métairie de Mazères et leurs dépendances, dans lesquelles a esté construit deux petites métairies près le chasteau dud. Beautian, appelées à la Bourdette et à Juau; Plaides du premier octobre mil six cens quatre, griefs d'appel et réponse à iceulx. Requestes remonstratives et autres productions des dictes parties.

» LA COUR, auparavant faire droict sur l'appel, fins et conclusions des parties, ordonne qu'elles diront et produiront plus dans trois mois. Cependant et par manière de provision et sans préjudice du droict des parties, a déclaré la seigneurie et chasteau de Beautian, ensemble les métairies appellées à Mazères, Labourdette et Juau construites et basties dans le mesme fonds, avec les vignes, bois, terres, preds et leurs dépendances nobles, quittes et immeunes de toutes charges et impositions, tant ordinaires qu'extraordinaires, suivants les confrontz contenus aux dits hommages des années mil quatre cens un, et mil quatre cens vingt, suivant la vérification qui en sera faicte par le Commissaire qui sera sur ce député, avec inhibition et deffence auxd. Consuls le comprendre pour raison d'icelles en leur département. Néantmoingtz a déclaré et déclare la métairie appelée à la Bordeneufve et la piesse apellée de Richard ruralz, pour raison desquelles led. Sr de Montcla contribuera avec les manans et habitants de la ville de Vic, tous dépens réservés en fin de cause.

» Faict et prononcé à Montpellier le dernier jour du mois de décembre mil six cens cinq.

Mr de Chefdebien.   JANUIER.

                                Collationné vingt cinq sols. »

(Expédition en parchemin).

Le 17 novembre 1633, noble Antoine de Monclar, seigneur de Bautian, fait son hommage. Il donne son dénombrement du château noble de Bautian, avec ses édifices, basse-cour, patus, garenne, etc., et autres terres nobles énumérées dans les dénombrements précédents. *(Original signé Ducasse, juge mage et conservateur du domaine; Dupuy, procureur du Roy et d'Orléans, greffier.)*

Le 2 juin 1639, le même noble Antoine de Montclar, seigneur de Bautian, donne devant le sénéchal d'Armagnac un nouveau dénombrement des biens nobles qu'il possède *(également en parchemin).*

Le 13 juin 1662, noble Godefroy d'Astugue, seigneur de Bautian (gendre d'Antoine de Monclar, qui précède), fait, devant le sieur Daspe, juge-mage en la sénéchaussée d'Auch, et commissaire à ce député par ordonnance du 30 août 1660, hommage pour raison du « chasteau, » terre et tour noble de Bautian, métairies de Labourdette, Juau et » Mazères, droit d'agrier, un moulin sur la rivière de l'Osse, terres, » bois, preds, vignes, appartenant à ladite maison, avec un pigeonnier » dans l'enclos d'icelle ».

Il rend son dénombrement le 30 août 1662, devant le même sieur Daspe.

Les commissaires déclarent que ledit dénombrement a été bien fait et dûment publié, et maintiennent ledit d'Astugue dans la possession et jouissance des biens dénombrés par lui. *(Expédition authentique en parchemin.)*

Le cadastre porte ce qui suit :

> « Estat des articles nobles de l'article des héritiers de noble d'Astugue de Moncla, sieur de Bautian.
> » 1er tom. et 1er Cadastre de la Porte Dessus, biens nobles, folio 34.
> » Héritiers de noble d'Astugue de Moncla, sieur de Bautian, prétendant jouir noblement, en conséquence d'un arrêt de la Cour des Aydes et Comptes de Montpellier du 30 décembre 1605, rendu sur les hommages et aveux de 1401 et 1420, du 14 mars 1540, 5 juin 1554, 17e novembre 1633, 1635, et arrêt de la Cour des Aydes de Montauban du 3e août 1671, savoir :
> » Château, pigeonnier, jardin, enclos, terre y joignant, garenne, métairie, bois, vigne, terre et pred à Bautian et à Las Barthes de dessus, confronte du levant un ruisseau, et chemin roial tirant vers Condom; midi autre ruisseau qui sépare le présent terroir de celui de Marambat; couchant, la rivière de Losse, demoiselle de Carboire du Bouscarrot, le sieur de Lamothe, le sieur de Miran, et pred rural de la chapelle de Saint-Nicolas; septentrion, la dite rivière et le dit ruisseau, contenant le château, pigeonnier, enclos..... »

On trouve plus loin :

« Estat des articles des biens ruraux de noble d'Astugue de
Moncla, sieur de Bautian, et de la chapelle de Saint-Nicolas.
» Cadastre du quartier de la Porte Neuve, tom. II, fol. 133..... »

Le 17 juillet 1724, Jean du Saux, sieur de Bautian, résidant dans
son château de Bautian, sénéchaussée d'Auch, juridiction de Vic-
Fezensac, en Armagnac, étant en la cour de parlement, comptes, aides
et finances de Navarre, séant à Pau, fait son hommage et prête serment
de fidélité pour ledit château de Bautian, fonds et biens nobles mouvant du roi de France. (*Expédition en parchemin.*)

Le 29 septembre 1730, étant dans le château de Malausane, paroisse
de Bérard, juridiction de Condom, sieur Jean du Saux, seigneur de
Bautian, habitant dudit château de Bautian, vend ledit château, etc.,
à noble Jean de Mellet, écuyer, seigneur de Las, Cieurac et Saint-
Orens, habitant son château de Las en Fezensac, en présence de noble
Jacques de Héron, écuyer, chevalier de Malausane, y habitant.

Trois jours avant, les mêmes sieurs du Saux de Barroque, seigneur
de Bautian, et Jean de Mellet, seigneur de Saint-Orens, avaient fait
vérifier l'état des constructions par deux experts. (*Grosse en parch.*)

Le 25 septembre 1754, Jean de Mellet, habitant à Condom, fait hommage en la cour de parlement, comptes, aides et finances de Navarre,
séant à Pau, pour raison de la terre et seigneurie de Las, en haute,
moyenne et basse justice, pour le domaine noble de Bautian, situé
dans Vic-Fezensac, et pour le domaine noble appelé de Caillabet, avec
la justice haute, moyenne et basse, biens et droits en dépendant.
(*Expédition en parchemin.*)

Le 19 août 1756, Jean de Mellet, baron de Saint-Orens, fait son
dénombrement dudit château noble de Bautian et autres lieux, dénombrement vérifié par arrêt du 17 juillet 1759.

Tous ces hommages, dénombrements et arrêts de cours souveraines,
durant une période de quatre siècles, ne peuvent laisser de doute sur
la nobilité du château de Bautian, qui a toujours été garni de grosses
tours féodales encore existantes.

Enfin, Barthélemi d'Ayrenx, seigneur de Bautian, prête foi et hommage dudit château noble de Bautian, relevant directement du roi
Louis XV, en sa qualité de vicomte de Fezensaguet. Le même noble
Barthélemi d'Ayrenx présente une supplique pour son dénombrement,
qu'il fournit le 16 mars 1774, devant la Chambre des comptes, aides
et finances de Navarre, séant à Pau.

Il fait un nouvel hommage au roi Louis XVI le 9 août 1776, etc., comme il est dit plus explicitement dans le document suivant, dont je ne citerai ici que le commencement :

« *Extrait des Registres du parlement de Navarre.*

» Entre noble Barthélemy Dayrens, de Vic Fesensacq, demendeur en vérification de denombrement pour raison du château noble de Botian, avec ses édifices, métairies et autres biens, fiefs, agriers et autres droits seigneuriaux, moulin à eau et autres appartenances et autrement, d'une part;

» Le Receveur principal de l'administration des domaines qui a pris communication du procès, d'autre;

» Le procureur général du Roy, concluant, d'autre;

» Campagne.

» VU par LA COUR les lettres d'hommage impétrées en la chancellerie par le sieur Barthélemy Dayrens, seigneur de Bautian, habitant de Vic Fesensacq le 20 août 1773; l'hommage par luy rendu le 21 du même mois pour raison du château noble de Bautian, avec ses édifices, métairies et autres biens, fiefs, agriers, moulin à eau, et autres droits seigneuriaux, appartenances et dépendances, le tout noble; le dénombrement par luy fourni le 6 mars 1774; l'Arrêt qui en ordonne la publication du 16 dudit; les publications au lieu de Vic Fesensacq par Mestre, huissier, les 10, 17, et 24 avril suivant; l'Inventaire remis au greffe par le sieur Dayrens le 9 mai 1778, contenant douze productions qui sont les Lettres d'hommage rendu à Louis XVI le 9 août 1776; l'Arrêt de vérification rendu au profit du sieur de Saint-Orens, possesseur avant l'exposant des droits dénombrés le 17 juillet 1759; concluant led. sieur Dayrens déclarer le dénombrement bien et duement lu et publié, procédant à la vérification d'icelui, le maintenir dans la possession et jouissance des biens, droits et revenus par lui dénombrés.....

(*Voir aux Preuves les pièces relatives à ces deux derniers hommages.*)

Le 4 mars 1776, messire Gérard d'Auxion, seigneur d'Ayguetinte, et M. Barthélemi d'Ayrenx, seigneur de Bautian, habitant de la ville de Vic-Fezensac, font un sous seing privé pour un échange et permutation d'immeubles. (*Original en papier*, signé : D'AUXION D'AYGUETINTE. D'AYRENX.)

Barthélemi VI d'Ayrenx, seigneur de Bautian, signait toujours D'AYRENX, sans rien ajouter. Il vivait encore à la fin de l'année 1793, puisqu'il a inscrit le décès de dame Marie Thieux de Lasserre, sa femme, décédée le 31 octobre 1793, dont il avait eu :

1º Jacques Rémy d'Ayrenx, 2ᵐᵉ seigneur de Bautian, qui a continué la postérité;

2º ANDRÉ III GERMAIN D'AYRENX DE BAUTIAN, chanoine, né le 30 mai 1758; tenu au baptême par Mᵉ André d'Ayrenx, qui a été curé de Noulens et chanoine du chapitre de Vic-Fezensac, et Isabeau d'Ayrenx, religieuse au couvent de Vopillon, près Condom, ses oncle et tante paternels.

Ordonné prêtre le 21 décembre 1782, par Monseigneur d'Apchon, archevêque d'Auch, est envoyé habitué de Notre-Dame de Garaison.

Le titre par lequel André-Germain d'Ayrenx est, au commencement du XIXᵉ siècle, nommé chanoine honoraire d'Agen, constate que le dit ecclésiastique a été précédemment vicaire général sans indiquer dans quel diocèse. (*Original signé et délivré par Monseigneur* JEAN JACOUPY, *évêque d'Agen, contresigné* GUILLON, *secrétaire.*)

3º MARIE-HIPPOLYTE D'AYRENX, née le 18 juillet 1759, tenue au baptême par M. Mᵉ Jean-Pierre Thieux de Lasserre, curé de Montréal, et dame Marie-Hippolyte Thieux de Lasserre, religieuse au couvent de Gondrin, ses oncle et tante maternels, représentés par Mademoiselle Marianne d'Angalin de Bouillon, religieuse aux dames Carmélites à Auch. Elle reçoit pour son aumône dotale, six mille livres.

4º MARIE-CHRISTINE D'AYRENX, née le 23 juillet 1763, décédée le 22 février 1765;

5º MARIE-JULITE D'AYRENX, née le 17 juin 1765, religieuse chez les dames Carmélites à Auch. Le 5 mai 1789, elle reçoit comme sa sœur, six mille livres pour son aumône dotale;

6º MATHIEU-JEAN-CHRISOSTÔME D'AYRENX, né le 18 septembre 1766, tenu au baptême par M. Mathieu du Thuzo, et demoiselle Marie Caupenne, son épouse, oncles à la mode de Bretagne du baptisé. Il est mort le 5 novembre de la même année.

XIX. JACQUES-RÉMY D'AYRENX, 2ᵉ seigneur DE BAUTIAN, avocat, né le 1ᵉʳ octobre 1756, a pour parrain et marraine M. Jacques Thieux de Lasserre, et dame Marie Cezeau de Lassalle, ses grand-père et grand'mère maternels.

Il épouse, le 6 août 1787, noble demoiselle ROSE-SCHOLASTIQUE-FRANÇOISE DE SOUVILLE, qui se constitue tous ses biens, comme fille légitime de feu messire Jean-Baptiste-François de Souville, conseiller du roi, seigneur de Lunax et Villeneuve, et de défunte Jeanne-Françoise de Duplan. M. Barthélemi d'Ayrenx, seigneur de Bautian, et dame Marie Thieux de Lasserre, représentés, en vertu de leur procuration passée devant Mᵉ Gaultier, notaire royal soussigné, le 2 août précédent, par M. Mᵉ André d'Ayrenx, prêtre, chanoine du chapitre collégial Saint-Pierre de Vic-Fezensac, donnent à leur fils futur époux tous et chacuns leurs biens, sous certaines réserves. Le

chanoine procureur constitué donne également tous ses biens, sous
certaines réserves, à son neveu futur époux. Toutes ces conventions
sont faites en présence et avec l'assistance de M. Me André, frère du
futur époux; de noble Bernard-François de Souville et noble dame
Rose-Clarisse de Fondeville, frère et belle-sœur de la future épouse;
noble Paul-César de Souville, son autre frère, gendarme de la garde
du roi; noble demoiselle Anne-Marguerite de Souville, sa sœur; messire Philippe Féraud, seigneur de Lescun, capitaine de dragons au
régiment du roi, son cousin; messire de Vigneau et deux demoiselles
de Vigneau, ses cousin et cousines; demoiselle Anne d'Aste, sa
cousine.

L'acte, passé dans la ville de Puymaurin, diocèse de Comminges,
sénéchaussée de Toulouse, en présence de M. Me Gabriel Lasmartres,
bachelier en théologie, curé de Puymaurin, et Me Dominique Dulerm,
vicaire de Saint-Ferréol, tous signés à la minute avec Gaultier, notaire
royal, est contrôlé et insinué à Vic-Fezensac, le 18 août 1787. *(Expédition authentique.)*

Le lendemain 7 août 1787, la bénédiction nuptiale leur est donnée
dans l'église de Puymaurin, en présence des mêmes personnes, signées
au registre avec le curé. *(État civil de Puymaurin, arrondissement de
Saint-Gaudens.)*

De Souville porte : *d'argent, au chevron de gueules, accompagné en
chef de deux losanges d'azur, et en pointe d'une aigle de sable; au chef
d'azur, chargé de trois étoiles d'or.*

Le baron de Souville, neveu de Rose-Scholastique-Françoise de
Souville (devenue par son mariage Mme d'Ayrenx, dame du château
noble de Bautian), est mort en 1874, laissant trois enfants de son
mariage.

Léon, baron de Souville, marié avec Mlle de La Roche-Vaussac, qui
porte : *écartelé d'argent et de gueules, à l'aigle éployée de gueules et
d'argent de l'un en l'autre.*

Anatole de Souville, marié avec Mlle de Serre, qui porte : *d'argent,
au cerf passant de gueules, reposant sur une terrasse de même; au chef
d'azur, chargé de trois roses d'argent.*

Eugénie de Souville, mariée à M. Boyer de Fauscalombe de Meyronnet, baron de Saint-Marc, qui porte : *écartelé, aux 1 et 4 d'azur,
au bœuf passant sur une fasce, accompagné de trois étoiles en chef et
d'un cœur en pointe, le tout d'or,* qui est de Boyer; *aux 2 et 3 d'azur,*

*à la montagne accompagnée de deux croissants et issant d'une mer, le
tout d'argent,* qui est de Meyronnet.

Le 24 août 1788, Jacques-Rémy d'Ayrenx est qualifié avocat en
parlement, seigneur de Bautian, mari de dame Rose-Françoise-Scholastique de Souville, dans l'extrait de naissance de Barthélemi-Maurice,
son fils aîné. (*État civil de Puymaurin,* cité.)

Deux mois plus tard, le 26 octobre 1788, le même Me Jacques-Rémy
d'Ayrenx, 2e seigneur de Bautian, avocat en parlement, présente l'original du récépissé d'enregistrement des armoiries de la famille
d'Ayrenx, donné le 31 mars 1699, à Me Mathieu Ayrenx, procureur
juridictionnel de Bezolles (son bisaïeul paternel), par Lacroix, commis
dans la ville d'Auch à la recette des droits d'enregistrement des armoiries. Il se fait en outre donner par Me Jacques-Antoine Gaultier, notaire
de Vic-Fezensac, une expédition collationnée sur ledit original, et
signe *d'Ayrenx.*

Nous avons vu à la page 117 que le 8 avril 1789, Jacques-Rémy
d'Ayrenx, seigneur de Bautian, détenteur des papiers les plus importants de sa famille, dont il est l'aîné, présente à Me Antoine Gaultier,
notaire royal à Vic-Fezensac, la grosse de la donation du local pour la
fondation de la chapelle d'Ayrenx, faite le 16 octobre 1513, en faveur
d'Antoine d'Ayrenx, son 7e aïeul paternel, puis la retire, après avoir
signé l'expédition authentique, écrite sur parchemin, délivrée par
ledit Gaultier et conforme à ladite grosse.

Le 14 décembre 1834, l'ancien seigneur de Bautian meurt à Auch.
Sa veuve, Mme Rose-Françoise-Scholastique de Souville, fait son testament le 16 octobre 1842, devant Me Salinères, notaire à La Plume, en
faveur de M. André-Maximin d'Ayrenx, son troisième fils, avec lequel
elle demeure au château d'Augé, commune de La Plume. Elle meurt
et est inhumée dans la même commune, le 6 septembre 1842.

Elle avait eu de son mariage :

1° Barthélemi VII Maurice d'Ayrenx de Bautian, qui suit;

2° Clément-François d'Ayrenx, né le 21 novembre 1790, capitaine
de chasseurs à cheval, chevalier de la Légion d'honneur, marié par
contrat du 3 décembre 1817 avec demoiselle Félicité Louvel, du
lieu de Villaines-la-Juhel (Mayenne), dont il a eu :

Clément d'Ayrenx, lieutenant de cavalerie, chevalier de la Légion
d'honneur. (Résidence *près d'Avranches.*)

3º André IV Maximin d'Ayrenx, rapporté après la descendance de son frère aîné;

4º Lucien d'Ayrenx, dont l'article suivra ceux de ses frères;

5º THÉRÈSE D'AYRENX (Marie-Marguerite-Thérèse), née le 29 vendémiaire an VI (20 octobre 1797), à Auch, mariée dans la même ville le 16 octobre 1815, à JEAN-FRANÇOIS-LOUIS DE SOLIRÈNES, capitaine;

6º EULALIE D'AYRENX (Marie-Laurence-Eulalie), née à Auch le 18 frimaire an VIII (9 décembre 1799), mariée dans la même ville le 9 août 1824, avec BLAISE-AIMÉ DE SOLIRÈNES D'ASQUES, veuf le 29 mars 1832, et décédé à Auch le 12 janvier 1854.

XX. BARTHÉLEMI VII MAURICE D'AYRENX DE BAUTIAN, né le 24 août 1788, est le fils aîné de Mᵉ Jacques-Rémy d'Ayrenx, 2ᵉ seigneur de Bautian, avocat en parlement, et de dame Rose-Françoise-Scholastique de Souville. Il a pour parrain et marraine Barthélemi VI d'Ayrenx et dame Marie Thieux de Lasserre, anciens seigneur et dame de Bautian, ses aïeul et aïeule paternels. Il est baptisé en présence de MM. Anthelme Cassaignoles, Pierre Cassaignoles, Jean-Marie-Louis Cassaignoles, juge de Vic-Fezensac, et M. Jean Thore, par Mᵉ André d'Ayrenx, chanoine du chapitre de la même ville. (*État civil de Vic-Fezensac.*)

Il épouse ZOÉ DE BÉROT DE COLOGNE (Henriette-Marguerite), née à Verdun-sur-Garonne, le 23 novembre 1792, fille de noble Joseph-Charles-Marguerite de Bérot de Cologne, natif de L'Isle-Jourdain, et de Marie-Françoise-Joséphine des Égaulx de Nolet, native de Beaumont. — Le 16 décembre 1852, ledit Joseph de Bérot de Cologne meurt, âgé de quatre-vingt-huit ans, et veuf de dame Joséphine des Égaulx de Nolet. (*État civil d'Auch.*)

Jean-Jacques des Égaulx est qualifié écuyer en février 1709.

Jean-Joseph des Égaulx de Nolet est procureur du roi au Parlement de Toulouse, au département des eaux et forêts, de 1748 à 1755.

Noble François Bourguigne, chevalier des Égaulx de Nolet, marié avec Charlotte-Rose-Marie de Lartigue, née en 1769, fille de messire Joseph-François, ou François-Joseph de Lartigue, seigneur de Montbernard, Aspet, le Castéra, Aubiac, baron de Goueytes et autres places, et de Jeanne-Marie-Élisabeth de Cordurier, eut pour fils Auguste des Égaulx de Nolet.

Des Égaulx de Nolet porte : *écartelé, aux 1 et 4 de gueules, au lion rampant d'argent, qui est des Égaulx; aux 2 et 3 d'azur, à deux palmes d'argent passées en sautoir, surmontées de deux étoiles, qui est de Nolet.*

Barthélemi-Maurice d'Ayrenx épouse en secondes noces dame Jeanne-Marie-Magdeleine-Françoise Forgues, de Bagnères-de-Bigorre.

Le 2 février 1860, Barthélemi VII Maurice d'Ayrenx, voulant se conformer au désir exprimé par ses frères, ou ses collatéraux, d'avoir une expédition authentique de la présentation et enregistrement des armoiries de la famille d'Ayrenx, se fait assister de deux témoins, et dépose au rang des minutes de Mᵉ Cazaux, notaire à la résidence de Bezolles, canton de Valence (Gers), avec autorisation d'en délivrer des expéditions légales, l'expédition de cet acte faite le 26 octobre 1788, par Mᵉ Gaultier, notaire royal à Vic-Fezensac, et collationnée sur l'original présenté, puis retiré par Mᵉ Jacques-Rémy d'Ayrenx, avocat, seigneur de Bautian, père du déposant.

Le même Barthélemi-Maurice avait eu de son premier lit :

1° AMAN D'AYRENX;
2° Charles, qui suit;
3° CAROLINE D'AYRENX, mariée à M. MULSON, à Auch;
4° Henri-Clément, rapporté après son frère aîné.

Ledit Barthélemi-Maurice d'Ayrenx de Bautian a laissé du deuxième lit :

5° Jean-Paul, rapporté après ses frères;
6° GÉRARD-MAURICE D'AYRENX, né le 4 janvier 1843, épouse à Bordeaux, le 23 mai 1867, LÉONTINE-MARGUERITE ROUSSEAU, fille d'Arnaud Rousseau, propriétaire à Auvillars, et de dame Françoise Pouzol. Il obtient la rectification d'actes de l'État civil en vertu d'un jugement rendu le 17 juillet 1878 par le tribunal de première instance de Condom. Il a de son mariage :

MARIE D'AYRENX, née à Paris le 10 décembre 1868.

XXI. CHARLES D'AYRENX (Charles-Joseph-François), né à Auch, le 25 septembre 1819, épouse en 1854 HÉLOISE-FRANÇOISE GÉRAUD, née en 1832 à Tours-sur-Marne, canton d'Aï, arrondissement de Reims. Il a de ce mariage :

1° RENÉ-ALBERT D'AYRENX, né à Tours-sur-Marne, le 17 septembre 1860;
2° GUSTAVE-ALBERT D'AYRENX, né à Saint-Germain-la-Ville, canton de Marson, arrondissement de Châlons-sur-Marne, le 14 avril 1862;
3° MARIE-FRANÇOISE D'AYRENX, née à Épernay, le 24 juin 1865.

RÉSIDENCE : Épernay, Champagne.

XXI. HENRI CLÉMENT D'AYRENX, né le 27 mai 1824, capitaine de cavalerie au 9ᵉ régiment de chasseurs, chevalier de la Légion d'honneur, est le fils de Barthélemi VII Maurice d'Ayrenx de Bautian et d'Henriette-Marguerite-Zoé de Bérot de Cologne, sa première femme. Il épouse le 28 mai 1861 sa cousine germaine ÉLISABETH D'AYRENX (fille d'André IV Maximin d'Ayrenx et de dame Angelina de Bernard de Lagrange du Tuquo), décédée sans enfants au château d'Augé, commune et canton de La Plume, le 3 novembre 1867. *(État civil de La Plume.)*

M. Clément d'Ayrenx, retiré du service, réside à Paris.

XXI. JEAN PAUL D'AYRENX, né le 21 mai 1841, du second mariage de Barthélemi-Maurice d'Ayrenx de Bautian avec dame Forgues, épouse 1° le 30 mai 1864, au village d'Ampels, commune de Valence-sur-Baïse, JEANNE JOSÈPHE CASTAING, décédée à Condom le 1er décembre 1873; 2° le 21 mai 1879, à Paris-Passy, seizième arrondissement, MARIE-JULIE-ZÉLIE DE LAVILLEMARAIS, née à Paris le 24 janvier 1857, fille de Jules-Édouard de Lavillemerais, avocat, et de dame Julie-Geneviève François. — Il avait obtenu la rectification de son extrait de naissance le 1er avril 1879, par jugement du tribunal civil de première instance d'Auch, chef-lieu du département du Gers.

Il a du premier lit :

1° ALBERT D'AYRENX (Albert-Maurice-Grégoire), né le 29 mai 1868;
2° MARIE-JOSÉPHINE D'AYRENX, née le 12 janvier 1871, décédée à Condom, le 16 février 1874;

Jean-Paul d'Ayrenx a du deuxième lit :

3° GUSTAVE D'AYRENX (Antoine-Alexandre-Gustave), né à Condom, le 17 février 1880;
4° HENRI D'AYRENX (Louis-Henri-Alfred), né audit Condom, le 7 avril 1883.

RÉSIDENCE : *Condom.*

2ᵐᵉ Rameau issu des Seigneurs de BAUTIAN,

existant.

Armes : *D'or, à une corneille de sable, becquée et membrée de gueules.*

XX. ANDRÉ IV MAXIMIN D'AYRENX, né dans la ville d'Auch le 25 frimaire an III (15 décembre 1794), est le troisième fils de Jacques-Rémy d'Ayrenx, ancien seigneur de Bautian, et de dame Rose-Françoise Scholastique de Souville, et le frère puîné de Barthélemi VII Maurice d'Ayrenx de Bautian. (Voir p. 137.)

Il épouse, le 18 mai 1839, ANGELINA DE BERNARD DE LAGRANGE DU TUQUO (Marie-Chrisostomette-Augustine-Azéma), née le 30 septembre 1815, veuve d'Henri de Seovaud, et fille de noble Zacharie Cazimir de Bernard de Lagrange du Tuquo et d'Aminthe de Fabry d'Augé (Marie-Magdeleine-Augustine), mariés le 8 décembre 1814, demeurant au château d'Augé, commune et canton de La Plume, département de Lot-et-Garonne. La future épouse est, par son père, la petite-fille de messire Jean-Chrisostôme de Bernard de Lagrange, écuyer, seigneur du Tuquo, lieutenant au régiment de Forez en 1783, chevalier de Saint-Louis le 6 mars 1817, et de dame Adélaïde Martin ; et par sa mère, la petite-fille de messire Jean de Fabry, chevalier, seigneur d'Augé et de Martet, commandant du génie, mort au château d'Augé le 27 juin 1814, et de dame Augustine de Montaut de Saint-Sivié, décédée au même château le 1er février 1841.

De Bernard de Lagrange du Tuquo porte : *écartelé, aux 1 et 4 de gueules, au chevron d'or, au chef d'argent chargé d'un croissant de gueules, accosté de deux étoiles du même,* qui est de Bernard ; *aux 2 et 3 d'argent, à une roue à six rais de sable, au chef d'azur chargé de trois étoiles d'or,* qui est de Larroudé.

André Maximin d'Ayrenx meurt au château d'Augé le 8 novembre 1860, ayant eu de son mariage cinq enfants nés au château d'Augé :

1º ÉLIZABETH D'AYRENX (Marie-Françoise-Élizabeth), née le 4 mars 1840, mariée le 28 mai 1861 à son cousin germain HENRI-CLÉMENT D'AYRENX, alors capitaine de cavalerie au 9e régiment de chasseurs, chevalier de la Légion d'honneur, et décédée sans postérité le 3 novembre 1867 (*État civil de La Plume*);

2º THÉRÈSE D'AYRENX (Marie–Thérèse–Catherine–Constance), née le 22 octobre 1841, mariée le 25 novembre 1860 avec son parent EDMOND-STYLLITE DE BERNARD DE SAINT-LARY, second fils de noble Antoine de Bernard de Saint-Lary et de dame Émilie de Gramont de Villemontès.

De Bernard de Saint-Lary porte : *de gueules, au chevron d'or; au chef d'argent chargé d'un croissant de gueules, accosté de deux étoiles du même.*

Elisabeth d'Ayrenx a de son mariage :

A. Jeanne de Bernard de Saint-Lary;
B. Edmond de Bernard de Saint-Lary.

3º GABRIEL D'AYRENX (Marie-Joseph-Gabriel-Auguste), né le 18 septembre 1842, mort jeune;

4º Charles, qui suit;

5º Joseph, rapporté après la descendance de son frère.

XXI. CHARLES D'AYRENX (Charles-Joseph-Jules-Gabriel), né le 14 novembre 1844, capitaine des mobilisés du Lot-et-Garonne pendant la guerre de 1870-71, marié à Mont-de-Marsan le 10 juillet 1876, avec demoiselle MARIE DABAN, fille de M. Édouard Daban, propriétaire, et de dame Lamarque, résidant ensemble à Mont-de-Marsan et au château de la Glorieuse.

Il a de ce mariage deux enfants nés au château d'Augé :

1º MAXIME D'AYRENX (Édouard-Mathieu-André-Maxime), le 28 juillet 1878;

2° GENEVIÈVE D'AYRENX (Françoise-Marguerite-Geneviève), le 8 octobre 1881.

RÉSIDENCE : *le château d'Augé, commune et canton de La Plume (Lot-et-Garonne).*

XXI. JOSEPH D'AYRENX (André-Marie-Joseph), né au château d'Augé, comme ses frères et ses sœurs, le 18 novembre 1847, est le frère puîné de Charles et le dernier fils d'André IV Maximin d'Ayrenx et de dame Angélina de Bernard de Lagrange du Tuquo (v. p. 144). Il fait la campagne de France en 1870-71, en qualité de sous-lieutenant de mobiles du département de Lot-et-Garonne.

Il épouse à Montagnac-sur-Auvignon, le 18 avril 1871, demoiselle PAULE CATHERINE MARCON, fille de M. Hilaire-Donatien Marcon, avocat, et de dame Nancy Lacoste.

On trouve, à la suite de cette généalogie et des Pièces Justificatives, les *Souvenirs et Impressions* du voyage que M. Joseph d'Ayrenx fit en Auvergne au mois de juillet 1878, au village d'Ayrens et au château de Clavières-Ayrens, où il fut reçu et traité par M. le Curé, madame la comtesse de La Salle de Rochemaure et M. le comte de La Salle de Rochemaure, comme le descendant des anciens seigneurs des dits lieux.

M. Joseph d'Ayrenx a eu de son marige trois enfants nés au château de Peyrecave :

1° VALENTINE D'AYRENX (Angelina-Marie-Nancy-Valentine), le 19 avril 1872;

2° ÉTIENNE D'AYRENX (Antoine-Marie-Barthélemi-Étienne), le 12 décembre 1877, décédé le 23 mars 1879;

3° MAGDELEINE D'AYRENX (Henriette-Josèphe-Marie-Magdeleine), le 16 août 1880.

RÉSIDENCE : *le château de Peyrecave, commune de Montagnac-sur-Auvignon, canton de Nérac (Lot-et-Garonne).*

MM. de Frère étaient seigneurs barons de Peyrecave aux XVIIe et XVIIIe siècles. Ils sont aujourd'hui représentés par Numa, baron de Frère de Peyrecave, résidant avec sa famille au château de Marteret près Jégun (Gers).

3me Rameau issu des Seigneurs de BAUTIAN,

existant.

Armes : *D'or, à une corneille de sable, becquée et membrée de gueules.*

XX. LUCIEN D'AYRENX (André-Lucien), né dans la ville d'Auch en juillet 1807 (4e fils de Jacques-Rémy d'Ayrenx, ancien seigneur du château noble de Bautian, et de noble dame Rose-Françoise-Scholastique de Souville), est le frère puîné de Barthélemi VII Maurice, de Clément-François et d'André IV Maximin. Il épouse à Soustons, chef-lieu de canton de l'arrondissement de Dax, département des Landes, le 4 octobre 1833, ROSE ZULMÉ DE SAINT-MARTIN LACAZE, née dans la même commune le 14 septembre 1807, sœur de Lydie et d'Alexandrine, filles les unes et les autres de noble Alexandre, chevalier de Saint-Martin Lacaze, et de dame Marie-Denis-Delphine Ducasse.

De Saint-Martin Lacaze est d'origine chevaleresque et porte : *d'argent, au chêne de sinople, terrassé du même, sénestré d'un lion rampant sur le fût du chêne.* Support deux lions.

Lucien d'Ayrenx, mort à Bayonne le 30 mars 1851, et Zulmé de Saint-Martin Lacaze ont eu de leur mariage sept enfants, nés à Soustons :

1° Clément, qui suit;

2° CAROLINE D'AYRENX (Marie-Denis-Geneviève-Caroline), née le 3 janvier 1835, mariée le 16 décembre 1856, à JEAN MINVIELLE, fils de Dominique Minvielle et de dame Marie Tauziède. Elle est morte à Bordeaux le 6 mai 1863;

3° JEANNE-FÉLICIE D'AYRENX, née le 26 mai 1836, supérieure au couvent des Ursulines de Tartas;

4° BERTHE D'AYRENX (Ursule-Nicole-Berthe), née le 7 octobre 1837;

5° ROSE-MARIE D'AYRENX, née le 20 août 1839, décédée à Soustons, le 10 août 1840;

6° MARIE D'AYRENX (Marie-Augustine-Angelina), née le 11 janvier 1841, mariée à Soustons le 10 avril 1866, avec ANNE-CASIMIR-FORTUNÉ comte D'ESCUDIÉ DE VILLESTANG, né à Toulouse, capitaine adjudant de place de 1re classe à Bayonne, chevalier de la Légion d'honneur, mort dans ladite ville au mois de mai 1867, fils de Benjamin d'Escudié de Villestang et de dame Adelaïde Fabre. La comtesse d'Escudié de Villestang, née d'Ayrenx, a de son mariage :

Guillaume, comte d'Escudié de Villestang (Félix-Benjamin-Guillaume), né à Bayonne, le 15 février 1867.

D'Escudié de Villestang porte : *d'argent, à 3 bandes de gueules, à l'écu d'or placé en abyme.* Supports : *2 lions la tête contournée.* Couronne de comte.

RÉSIDENCE : *Bayonne.*

7° NOÉMI D'AYRENX, née le 25 octobre 1844.

XXI. CLÉMENT D'AYRENX (Jean-François-Clément), né à Soustons le 16 octobre 1843, vérificateur des hypothèques à Paris, actuellement receveur particulier des finances à Brives (Corrèze), épouse le 22 mai 1883, Marie-Françoise-Thérèse-Mathurine SARAH NAVAILLES, fille de Bertrand-Antoine Navailles, officier supérieur d'artillerie en retraite, domicilié au château d'Aro, commune de Saugnac-et-Cambran (Landes), et de dame Suzanne-Clara-Fortunée Vergès, décédée.

Il a obtenu en 1878 la rectification de son extrait de naissance par jugement du tribunal de première instance de Dax.

RÉSIDENCE : *Brives.*

IV. Sieurs de RINCAULET,

Éteints.

Armes : *D'or, à une corneille de sable, becquée et membrée de gueules.*

XV. MATHIEU AYRENX ou D'AYRENX, sieur de RINCAULET, près Mauléon (Gers), procureur juridictionnel des baronnies d'Auzan, est l'un des fils de Jean-Raymond et de Domenges Dansos, mariés; il a pour frères : Jean, auteur des seigneurs de Bautian, Barthélemi III d'Ayrenx, curé de Saint-Martial au comté de Benauges, et Pierre II d'Ayrenx, prêtre, bachelier en théologie, curé de Calens et Luxey, puis de Saint-Martial, après Barthélemi III (voir p. 121 et 122).

Il épouse par contrat du 6 mai 1664, passé devant Mᵉ Laborde, notaire, damoiselle **MARIE DE NAVAILLES**, fille de Michel de Navailles, décédé avant 1674, et nièce de messire Olivier Navailles, docteur en théologie, archiprêtre de Mauléon.

De Navailles porte : *écartelé, aux 1 et 4 d'azur, au lion d'or ; aux 2 et 3 losangé d'argent et de sable.*

Mathieu d'Ayrenx acquiert de grands biens dans le bas Armagnac notamment ceux de Rincaulet en la commune de Mauléon (limitrophe d'Estang et de Roquefort), qu'il achète à messire Claude Doat, notaire, l'un des héritiers de M. de Rincaulet. Cet acte d'achat, passé le 18 novembre 1664 devant Mᵉ Laffitau, notaire, est ratifié le 19 du même mois devant ledit notaire, par le sieur Jacques Doat, fils dudit Claude. Rincaulet relève du fief de Monseigneur de Maniban.

Mathieu d'Ayrenx, sieur de Rincaulet, meurt le 28 septembre et non le 9 décembre 1673, comme il semble résulter de l'inventaire des biens, en date du 9 février 1674. Il laisse à damoiselle Marie de Navailles, sa veuve, décédée le 2 juin 1675 :

1º Jean d'Ayrenx, sieur de Rincaulet, qui suit;
2º OLIVIER D'AYRENX, né le 6 mars 1671, baptisé le 9 dans l'église de Mauléon, nommé le 9 février 1674 et le 15 février 1686;
3º Autre JEAN D'AYRENX, marié avec damoiselle MARIE DE POUDENX, qui porte : *d'or, à 3 lévriers de gueules, l'un au-dessus de l'autre;*
4º PIERRE D'AYRENX ?
4º MARIE D'AYRENX, née le 9 septembre 1669 *(État civil de Mauléon)*
5º Autre MARIE D'AYRENX.

XVI. JEAN D'AYRENX, sieur de RINCAULET, né le 13 février 1667, épouse le 15 juillet 1686, par contrat passé dans la ville d'Aire devant Mᵉ Desabafoy, notaire, damoiselle JEANNE DE PÉCLAVER. Dans le contrat il est question d'Olivier d'Ayrenx, qui a partagé avec son frère, futur époux, les trois métairies de Cato, Laspeyres et Martinon, situées dans la commune de Bezolles. Le mariage religieux est célébré le même jour dans l'église de Bourdalat. *(État civil de Bourdalat, Landes.)*

Jean d'Ayrenx, sieur de Rincaulet, est inhumé dans l'église de Bréchan, annexe de Mauléon, le 13 avril 1714; sa veuve Jeanne de Péclaver fait son testament le 25 janvier 1724, nomme ses enfants et est inhumée à côté de son époux, le 2 mars 1730. *(État civil de Mauléon.)*

Cinq enfants sont nés de leur mariage :

1º Joseph d'Ayrenx, sieur de Rincaulet, qui a continué la postérité;
2º PIERRE D'AYRENX;
3º JEANNE-MARIE D'AYRENX, mariée le 14 juillet 1698 avec PIERRE LAFFITE, seigneur DE VERGUIGNAN, de la ville d'Aire;
4º FRANÇOISE D'AYRENX, née le 5 avril 1695;
5º MARIE-THÉRÈSE D'AYRENX, née le 5 avril 1695, jumelle de Françoise.

XVII. JOSEPH D'AYRENX, sieur DE RINCAULET, avocat en parlement, juge de Montégut (aujourd'hui commune du canton de

Villeneuve, arrondissement de Mont-de-Marsan, Landes), épouse, le
26 février 1726, demoiselle MARIE ANNE RAMAZIELLE DE LAOU-
BASSE DE LA CABANNE. Le futur époux est assisté de Pierre IV
d'Ayrenx, habitant à Bezolles, et de Pierre Laffite, seigneur de Verguignan, de la ville d'Aire, son beau-frère.

Il fait son testament le 21 mars 1749, meurt cinq jours après; est
inhumé dans l'église de Bréchan, annexe de Mauléon *(Idem)*, et sa
femme le 17 février 1757. *(Idem.)*

Quatre fils et sept filles étaient nés de ce mariage :

    1º JEAN D'AYRENX, né le 28 septembre 1730, et dit fils de M. Joseph
    d'Ayrenx, sieur de Rincaulet *(Idem);*

    2º JEAN-MARIE D'AYRENX, décédé à Rincaulet, inhumé le 27 avril 1760
    dans l'église de Bréchan, annexe de Mauléon *(Idem);*

    3º Noble François d'Ayrenx, écuyer, sieur de Rincaulet, qui a continué
    la postérité;

    5º JEANNE-MARIE D'AYRENX;

    6º MARIE-THÉRÈSE D'AYRENX;

    7º CATHERINE D'AYRENX;

    8º MARIE D'AYRENX;

    9º MARIE-ANNE D'AYRENX;

    10º MARIE D'AYRENX;

    11º FRANÇOISE D'AYRENX, née le 3 septembre 1738.

. XVIII. Noble FRANÇOIS D'AYRENX, écuyer, sieur DE RINCAULET,
né le 6 avril ou 3 septembre 1736 *(État civil de Mauléon)*, fils de Joseph
qui précède, épouse à Lencouacq, canton de Roquefort (Landes),
le 8 février 1763, demoiselle MARGUERITE DE LESCALE, fille
de M. Mᵉ Jean de Lescale, mousquetaire, conseiller du roi, maire
perpétuel de la ville de Roquefort, de Mont-de-Marsan, seigneur de
Castillon (?), et de dame Magdeleine d'Asques.

De Scala ou de Lescale porte : *d'or, à l'aigle à deux têtes, éployée de
sable, couronnée de gueules, tenant dans ses serres une échelle à cinq
échelons de gueules.* Couronne de marquis; supports, deux griffons.
(Cachet de la lettre écrite le 6 juillet 1784, signée : DE SCALA DE CASTILLON,
officier d'infanterie. Cette lettre et le mémoire généalogique adressés
à messire Jean-Marie-François de Lescale de Vérone, chanoine de
Castres, aumônier de monseigneur le comte d'Artois, abbé de l'abbaye
de Saint-Ambroix au diocèse de Bourges, font partie de mes Archives,
comme tous les papiers de la maison de Lescale de Vérone, d'Agen.)

En 1779, le chevalier de Sariac intente un procès contre le Sʳ Joseph Broca. François d'Ayrenx, appelé en garantie par ce dernier, est dans toutes les pièces judiciaires de cette action en garantie, nommé et qualifié : « Noble François Dayrenx, habitant de la paroisse de Bré- » chan en Armagnac. » *(Dossier du procès, 24 juillet et 9 août 1779.)*

François d'Ayrenx, sieur de Rincaulet, et Marguerite de Lescale laissent de leur mariage :

1° Pierre, qui suit;

2° JEAN-FRANÇOIS-BAPTISTE D'AYRENX, né à Rincaulet, paroisse de Bréchan, commune de Mauléon, le 17 juillet 1770, sert, à partir du 19 mars 1792, en qualité de lieutenant des chasseurs nobles dans l'armée du prince de Condé, par lequel il est nommé Joseph dans le certificat suivant :

« NOUS Louis-Joseph de Bourbon, prince de Condé, prince du sang, pair et grand Maître de France, duc de Guise, etc., etc., colonel général de l'infanterie Française et Étrangère, chevalier des ordres du roi de France et de l'ordre de Saint-André de Russie, grand prieur de l'ordre hospitalier de Saint-Jean de Jérusalem (Malte) et grand Prieuré de Russie, commandant en chef par les ordres du roi, une division de la noblesse de l'armée française.

» D'après les ordres du roi, en datte de Mittau le dixième jour d'octobre 1801, par lequel Sa Majesté voulant maintenir les dispositions du règlement du 15 mai 1796, pour tous les droits acquis par ce règlement avant le premier jour de janvier 1798, et faire jouir dés à présent de l'état et rang d'officier ceux des nobles à pied et à cheval :

» Certifions que Joseph d'Ayrenx, né à Rincaulet, commune de Mauléon, bas Armagnac, province de Guienne, le 17 juillet 1770, a commencé à servir dans la compagnie de sa province, à l'armée de M. le duc de Bourbon, le 12 mars 1792, et qu'en conséquence de l'ordre du roi, ci-dessus mentionné, il doit être reconnu sous lieutenant, à la suite de l'infanterie, et jouir de ce rang en toutes circonstances à compter du 12 mars 1792.

» En foi de quoi nous lui avons livré le présent certificat, signé de notre main, contre-signé par le secrétaire de nos commandements et scellé du sceau de nos armes.

» Fait au quartier général. Fentritz, le 10 février 1801.

» LOUIS-JOSEPH DE BOURBON.

Par S. A. S. Monseigneur

» VIRRÜM ».

Jean-François-Baptiste d'Ayrenx, qualifié chevalier de Saint-Louis, épouse le 13 novembre 1811, à Saint-Loubouer (Landes), MARIE-

Marguerite-Aimée de La Borde de Lassalle, née à Saint-Sever le 29 octobre 1775, fille de messire Joseph II de La Borde, écuyer, seigneur de Lassalle, lieutenant de vaisseau, chevalier de Saint-Louis, et de Marie-Hippolyte-Rosalie de l'Abbadie de Saint-Germain (cette dernière est cousine de madame Charlotte d'Abbadie de Saint-Germain, épouse d'Aimar, marquis de Dampierre, pair de France sous la Restauration). Jean-François-Baptiste d'Ayrenx meurt le 19 août 1844. (État civil de Saint-Sever.)

Le 18 août 1877, M. le baron de Cabannes de Cauna, si versé dans la connaissance de l'histoire des anciennes familles du pays des Landes, répond la lettre suivante aux questions historiques adressées par écrit :

« ..... Les armoiries de la famille de Navailles Banos vous les connaissez; elles sont : Écartelé, aux 1 et 4 d'azur, au lion d'or; aux 2 et 3 losangé d'argent et de sable. Il n'y a jamais eu aux environs de Saint-Sever d'autre famille de Navailles que celle de Banos et de Dume; seulement dans les généalogies qu'ils ont publiées, on ne mentionne de 1500 à 1800 que les mâles et chefs de la race. Aucune des demoiselles de Navailles n'a trouvé place parmi les alliances; pas même damoiselle Marie de Navailles, mariée en 1650 à M. de Barry, seigneur de Pujol et vicomte de Lanuxe.....

» Le vieux chevalier d'Ayrenx, qui servit sous la Restauration et à la prise d'Alger, était fort ami des Navailles, et considéré comme leur parent, étant présent à tous les mariages, et notamment de demoiselle Caroline de Navailles avec M. Alexandre de Laborde Lassalle..... » (Original).

M. le baron de Cauna est parent et bien informé; en effet, cette Caroline de Navailles était fille de messire Nicolas-Jean-Baptiste, baron de Navailles, de Banos et de Dume, page du duc d'Orléans de 1788 à 1790; et sœur de Charles-Joseph-Ferdinand-Léonard, baron de Navailles-Banos, marié le 28 août 1844 avec demoiselle Émilie de Cabannes-Cauna. Et Joseph-Alexandre de La Borde de Lassalle était le neveu de Marie-Marguerite-Aimée de La Borde de Lassalle, mariée en 1811 avec le chevalier d'Ayrenx.

XIX. PIERRE D'AYRENX DE RINCAULET, fils aîné de noble

François d'Ayrenx, écuyer, sieur de Rincaulet, et de dame Marguerite de Lescale, est né le 1er juin 1768. (État civil de Mauléon.) Il a pour frère puîné le chevalier d'Ayrenx, officier d'infanterie, chevalier de Saint-Louis, dont il vient d'être parlé.

A l'âge de dix-huit ans il subit, sous le nom de Petrus d'Ayrenx, son examen de bachelier in utroque jure, dont le certificat d'aptitude lui est délivré le 6 juillet 1786. Il épouse à Estang, le 17 brumaire an III (7 novembre 1794), demoiselle FRANÇOISE DE BIENSAN, fille de Laurent de Biensan et de dame Françoise de La Borde-Pépéré.

De Biensan porte : *d'argent, au cèdre de gueules, sur lequel repose une civette de gueules ; au chef d'or, chargé de trois étoiles d'azur.* Supports : deux lions.

Pierre d'Ayrenx meurt le 25 mai 1837, et Françoise de Biensan le 17 septembre 1836, ayant eu de leur mariage seize enfants, entre autres :

1° CATHERINE-ÉLIZABETH D'AYRENX, mariée à M. JOSEPH SAINT-LOUBERT BIÉ, capitaine d'infanterie, chevalier de la Légion d'honneur;

2° ÉLIZE D'AYRENX, mariée à M. JEAN LARROQUE, à Eauze;

3° LOUIS-MARIE-JOSEPH D'AYRENX, capitaine d'infanterie, dont le brevet est ainsi conçu : « Le Président du Conseil, ministre secrétaire d'État » de la guerre, informe M. d'Ayrenx, Louis-Marie-Joseph, lieutenant » au 31ᵐᵉ de ligne, que par ordonnance du 11 septembre 1844, le roi » l'a promu au grade de capitaine dans le même corps. » Le capitaine d'Ayrenx est mort à Antibes;

4° ANDRÉ-ROCH D'AYRENX;

5° GERMAINE D'AYRENX, mariée à M. JOSEPH SAINT-AUBIN;

6° MARGUERITE-JULIE D'AYRENX, mariée le 31 mai 1836 à PIERRE-ŒDIPE DE SABATHIER;

7° JOSÈPHE-ÉLISABETH-OCTAVIE D'AYRENX, mariée avec noble MATHIEU-HÉLIAS DE LA SUDRIE, fils de noble N... de La Sudrie et de dame N... de Captau.

De La Sudrie, porte : *de gueules, au lion couronné d'   , accompagné de 14 besans d'   , posés en orle.* Supports : deux requins; couronne de marquis.

8° THOMIS D'AYRENX, docteur en médecine, mort à Eauze, le 10 mai 1871;

9° Martial-Marie-Hyacinthe, qui suit.

XX. HYACINTHE D'AYRENX (Martial-Marie-Hyacinthe), fils de Pierre d'Ayrenx de Rincaulet et de Françoise de Biensan, est né à Villeneuve des Landes, département des Landes, le 15 germinal an XII de la République française (5 avril 1804). Il épouse PAULINE MARIE DE FORTISSON, fille de noble N... de Fortisson et nièce du général Coste de Champeron.

De Fortisson porte : *d'azur, à deux tours d'argent.*

Le même Hyacinthe d'Ayrenx, étant maire de la commune d'Estang, présente au tribunal civil de Condom une requête pour la rectification de deux actes de l'État civil :

1° L'acte de mariage de Pierre d'Ayrenx, son père, porté sur les registres de l'État civil de la commune d'Estang, sous la date du 17 brumaire an III (7 novembre 1794);

2º Son propre acte de naissance, porté sur les registres de l'État civil de la commune de Villeneuve-des-Landes, sous la date du 15 germinal an XII (5 avril 1804).

Il rappelle dans cette requête que :

> « Selon certains documents domestiques de vieille date, le nom patronymique de l'exposant ne serait autre que celui du lieu d'*Ayrenx,* département du Cantal, arrondissement d'Aurillac, canton de La Roquebrou, que ses aïeux auraient jadis possédé en titre de fief. La lettre *D,* placée devant le nom de cette petite localité, devenu celui de la famille de l'exposant, ne serait, dès lors, que l'initiale de la particule, parfois mal à propos confondue avec le nom, quand elle n'était qu'une indication d'extraction, d'origine ou de seigneurie. »

Il expose ensuite les faits et ajoute :

> « De ce qui précède, et des pièces produites à l'appui, il résulte que la lettre *D* fait partie du nom de l'exposant, mais comme initiale de la particule *de,* comme terme de relation, comme signe d'extraction ou d'origine; — et, pour conserver ce caractère, elle doit demeurer distincte du mot *Ayrenx,* et, dès lors, elle doit être accompagnée de l'apostrophe remplaçant la voyelle élidée. »

Le tribunal civil de première instance de l'arrondissement de Condom (Gers) fait droit à cette requête par jugement prononcé le 17 août 1867.

Hyacinthe d'Ayrenx meurt audit lieu d'Estang, canton de Cazaubon, arrondissement de Condom, en 1880, laissant de Pauline-Marie de Fortisson, sa veuve :

1º Andrée-Gabbielle d'Ayrenx, née en 1857, mariée à M. François Cousset, docteur en médecine à Villeréal (Lot-et-Garonne).

2º Eugénie d'Ayrenx, née en 1859, mariée à M. Louis Desgranges-Touzin, à Valence-sur-Baïse;

3º Marie-Jeanne-Caroline d'Ayrenx, née en 1860, mariée à M. Éliacin Louit, à Estang;

4º Marie-Caroline-Alexandrine d'Ayrenx, née en 1863.

Le rameau des sieurs de Rincaulet résidant à Estang (Gers), est éteint dans les mâles.

PIÈCES JUSTIFICATIVES

_____

1.

1195-1220-1230. — **Mariage** entre Guy I d'Albars et Sybille de Pléaux, fille de Bernard de Pléaux, chevalier, et nièce de Raoul II, Pierre et Hugues de Pléaux, tous chevaliers. Ces quatre frères sont fils de Raoul I de Pléaux, chevalier, vivant encore l'an 1230. (_Histoire généalogique des Pairs de France, des grands dignitaires de la couronne, etc._, par M. de Courcelles, tom. II, art. _de Sartiges_, p. 20.)

2.

8 décembre 1259. — **Acte de reconnaissance** du fief d'Albars en faveur de M. le doyen du monastère de Mauriac, fait le 8 décembre 1259 par noble Raymond I, seigneur d'Albars, chevalier, lequel scelle le dit acte du sceau de ses armes. (_L'original de l'aveu, muni du sceau, est aux Archives du château de Scorailles, Auvergne._)

3.

3 novembre 1270. — **Nouvel aveu** de la seigneurie d'Albars, fait le 3 novembre 1270, en faveur du monastère de Mauriac, par noble Maurin, seigneur d'Albars, chevalier, et par son frère Raymond II, qui, à l'exemple de leur père, scellent ledit acte de leur grand scel sur cire rouge. (_Archives du comptorat d'Apchon, aujourd'hui commune du canton de Riom-ès-Montagne, arrondissement de Mauriac, Cantal._)

4.

1271. — **Aveu du même fief**, fait en 1271, par Guillaume I, seigneur d'Albars, après la mort de son père, Maurin, et de sa mère, Ermengarde. Ledit Guillaume, sous la caution de nobles et puissants seigneurs, reconnaît tenir la seigneurie d'Albars du monastère de Mauriac, dépendant lui-même de celui de Saint-Pierre-le-Vif de Sens, dont le fief d'Albars est mouvant. (_Archives du château de Clavières-Ayrens._)

5.

Vers 1280. — **Mariage** de Pierre I, seigneur d'Albars, damoiseau, puis chevalier, avec N... de Clavières-Ayrens, dame baronne de Clavières-Ayrens. (_Idem._)

6.

1289. — Le château ou la tour d'Ayrens ou Ayrenx, peu éloigné de l'église du même nom, est mentionné dans la Bulle du pape Nicolas IV, en 1289. Il fut habité par Guillaume de la Jugie, cardinal en 1374. Il ne doit pas être confondu avec le château de Clavières-Ayrens, placé sur la hauteur.

7.

1297. — **Aveu et dénombrement** de la seigneurie de Clavières-Ayrens, faits en 1297 par Pierre II d'Albars, seigneur baron de Clavières-Ayrens, et par ses deux très jeunes frères Guy et Rigaud d'Albars, coseigneurs du même fief. (*Idem.*)

8.

1313. — **Hommage au roi** Philippe IV le Bel pour la terre et baronnie de Clavières, fait l'an 1313 par Guy II ou Guido d'Albars, toujours dénommé de Clavières, fils et successeur immédiat de Pierre II d'Albars. (*Idem.*)

9.

1367. — **Prise du château de Pouls.** Jean d'Albars et Guillaume son frère, seigneurs de Clavières-Ayrens, s'emparent à main armée, en 1367, et incendient en partie le château de Pouls, pendant l'absence de leur ennemi Jacques, seigneur de Biorc, qui en est châtelain. Puis ils sont contraints par le puissant baron de Montal et de La Roquebrou (beau-père du dit Jean d'Albars) et autres seigneurs voisins, de rendre le château de Pouls et subisssent des condamnations. (*Idem.*)

10.

14... — **Coalition** de la noblesse d'Auvergne contre les envahissements du clergé, dans laquelle figure Jacques I d'Albars, baron de Clavières, fils de Jean, qui précède, et de Brunette de Montal. (*Idem.*)

11.

1450. — **Armorial** *manuscrit de la province d'Auvergne,* dressé par ordre du roi et encore conservé, dans lequel Jacques II d'Albars, seigneur baron de Clavières, se fait inscrire en 1450.

12.

1469. — **Montre et dénombrement** donné en 1469 par Christophe d'Albars, seigneur baron de Clavières, pour le franc-fief qu'il tient en baronnie à Clavières. (*Idem.*)

13.

Mariage dudit Christophe d'Albars, seigneur baron de Clavières, avec haute et puissante dame Catherine, dame comptoresse de Saint-Christophe. (*Idem.*)

14.

1502. — **Hommage** fait au roi Louis XII par Guy III d'Albars, baron de Clavières et comptor de Saint-Christophe, de toutes ses possessions féodales. (*Idem.*)

15.

Vers 1540. — **Mariage** contracté, vers l'an 1540, entre le même Guy III d'Albars, baron de Clavières, comptor de Saint-Christophe, et noble dame Sybille, marquise de Pléaux.

16.

1543. — **Autre hommage** fait en 1543 par ledit Guy III au roi François Ier. *(Idem.)*

17.

1565. — **Mariage** entre Antoinette d'Albars, dame baronne de Clavières, comptoresse de Saint-Christophe, fille héritière des précédents, contracté l'an 1565, avec messire Michel, baron de Guirbaud, gentilhomme du Quercy. *(Idem.)*

18.

Mariage entre Gilberte de Guirbaud, fille et héritière des précédents, et Gilbert de Giscars, baron de Thédirac. *(Idem.)*

19.

20 août 1599. — **Enquête** ordonnée par le lieutenant général du haut pays, à la demande de haut et puissant seigneur Gabriel de Giscars, baron de Thédirac, seigneur baron de Clavières, etc., etc., pour prouver que le château et la baronnie de Clavières-Ayrens sont situés dans la paroisse d'Ayrens, et régler les longues contestations survenues au sujet de certains droits de haute justice entre le dit baron ou l'un de ses prédécesseurs, d'une part, et Monseigneur l'abbé d'Aurillac, d'autre part. *(Mêmes archives du château de Clavières-Ayrens, appartenant à M. le comte de La Salle de Rochemaure, où se trouve l'original de cette enquête.)*

20.

1662. — **Funérailles et litre funèbre.** — Messire Henri, marquis de Cardaillac, de Saint-Cernin, etc., colonel général des mousquetaires, maréchal de camp des armées du roi, est en même temps baron de Clavières-Ayrens, lorsqu'il meurt au dit château en 1666. Une litre ou ceinture funèbre aux armes dudit baron de Clavières est peinte intérieurement et extérieurement autour de l'église d'Ayrens, comme témoignage public de son droit féodal sur cette église. L'abbé et les chanoines d'Aurillac, d'abord très émus de cette prétention, discutent et finissent par reconnaître les droits du défunt et de ses héritiers. Ils conviennent que la chapelle dite de Clavières et la moitié de l'église d'Ayrens relèvent de la baronnie en haute, moyenne et basse justice; que le chapelain doit chaque année aller rendre à genoux hommage au baron; et que par conséquent Marguerite de Montal Nozières, veuve dudit marquis de Cardaillac, baron de Clavières, n'a pas outrepassé ses droits. *(Idem.)*

21.

1297. — **L'aveu et dénombrement** de la seigneurie et baronnie de Clavières-Ayrens, faits l'an 1297 par les trois jeunes fils de Pierre I, seigneurs d'Albars, et de N... de Clavières-Ayrenx, baron et baronne dudit Clavières-Ayrenx, mariés vers 1280, sont cités au n° 7. Ils constatent, entre autre autres choses, que Rigaud d'Albars, qui depuis a été chevalier, était, lors de cet aveu et dénombrement, coseigneur de Clavières-Ayrenx et le plus jeune des trois frères. Le dit Rigaud est considéré comme le chef de la branche de Barriac d'Ayrenx, terres sur lesquelles il avait et a transmis à ses descendants des droits féodaux, pour lesquels il y a eu de longues luttes avec l'abbaye d'Aurillac (voir p. 106 et histoire de sa branche dans laquelle est mentionné un document judiciaire sur lequel on lit : « les D'ALBARS BARRIAC, *aliàs* D'AYRENX. »).

22.

1450-1455. — **Installation** d'un d'Ayrenx en Armagnac. — N... d'Ayrenx quitte l'Auvergne, sa province d'origine, est bien accueilli par Jean V, comte d'Armagnac, en 1450-1455, sert dans les armées de ce prince, s'établit et se marie dans ses États. *(Voir p. 113 à 116, et archives du château de Peyrecave, commune de Montagnac-sur-Auvignon, Lot-et-Garonne.)*

23.

16 octobre 1513. — **Donation** du terrain pour la **fondation** de la chapelle d'Ayrenx dans l'église de Bezolles, le 16 octobre 1513. Antoine d'Ayrenx, fondateur, fait graver les armes et le nom de sa famille sur la dite chapelle.

In nomine Domini amen. Noverint universi et singuli præsentes pariter et futuri, quod anno ab incartione Domini, millesimo quingentesimo decimo tertio, et die decima sexta mensis octobris, regnante illustrissimo principe et domino nostro domino Francisco, Dei gratia Francorum rege (¹) apud locum de Besolla, Auxis diœcesis et comitatus Fezensiaci, in mei notarii publici et testium infra scriptorum præsentia,

Existens et constitutus personaliter videlicet venerabilis et discretus vir dominus Pontius de Stulto, præsbiter canonicus ecclesiæ collegiatæ Sancti-Petri de Romelio, Condomiensis diœcesis, et rector ecclesiæc parrochialis Beatæ Mariæ dicti loci de Besolla, qui gratis, et ex ejus certa scientia ac spontanea voluntate, non coactus, deceptus per aliquem, seu aliquos, vi, dolo, metu, fraude, nec in aliquo circumventus, per se suosque in futurum successores quoscumque, cum hoc præsenti publiquo instrumento nunc et in perpetuum firmiter valituro, et nullo modo revocaturo, dedit, donavit, attribuit et concessit licentiam, congedium et auctoritatem,

Provido viro magistro Antonio d'Ayrenxis dicti loci de Bezolla habitatoris, ibidem præsenti, ad construendum et ædificandum unam capellam in prædicta ecclesia parrochiali Beatæ Mariæ dicti loci de Besolla, et loco communiter vocato *a la font batiadera,* videlicet una canna per deden la

---

(¹) Il y a ici une légère erreur du notaire qui a signé la grosse de la donation, ou du scribe qui a écrit la grosse signée par le notaire. — Si la donation est du 16 octobre 1513, Louis XII était encore roi de France. Si au contraire François Iᵉʳ était roi lorsque la donation a été faite, elle est postérieure au 1ᵉʳ janvier 1515. — Peut-être l'erreur peu importante que je signale vient-elle de ce que la donation a été faite en 1513 sous le règne de Louis XII, qu'elle n'a été grossoyée qu'après la mort de ce prince, et que le scribe en grossoyant l'acte a inscrit le nom de François Iᵉʳ qui avait commencé de régner. Cela n'infirme en rien la valeur de l'acte, dont l'authenticité est évidente.

gleisa de tot cayre, ab una que la dite capella ne porte préjudice a la dite gleisa, et que totas auffertas et vots, et totas autras causas se apartengan audit rector et tots drets que sy poyran estre au temps advenir.

Plus es estat dit, que si lo dit Anthoni fonda obits et a cappelanias en lad. capella et dona lad. cappellania he obits au caperan qui lui plasera per sa bita, et de qui enla que la dite capellania ou obits sian a donar audit rector ou a sous successours, promittens que nihilominus dictus dominus rector eidem magistro Anthonio d'Ayrenxis ibidem præsenti,

esse et existere bonus et firmus guirens et legitimus defensor, facereque semper sibi et portare bonam et firmam guirentiam et evictionem omnimodam de se ipso et de omnibus aliis impeditoribus, petitoribus et perturbatoribus de mundo præmissorum ratione seu occasione et hoc totum sub expressa hypoteca et obligatione omnium et singulorum bonorum prædictæ ecclesiæ parrochialis Beatæ Mariæ de Besolla; quorumcumque mobilium et immobilium præsentium et futurorum, cum omni integra refectione dampnorum, guarantiarum et expensarum curiæ litis et extra ac etiam interesse, subque omni juris et facti remuneratione ad hoc necessaria, qualibet pariter et cautela, et renunciavit inde super his jamdictus dominus rector gratis, scienter et consultè, specialiter et expressè exceptioni hujus modi donationis, licensiæ, congedii et auctoritatis per ipsum dominum rectorem eidem magistro Anthonio d'Ayrenxis ibidem præsenti non sic factis et non concessis et exceptioni dicti contractus non sic facti et non indicti dictæque guirentiæ et evictionis portare non

11

promissis juri que dicenti quod deceptis in suis contractibus ultra dimidiam justi prætii subvenitur et exceptioni omnium aliorum et singulorum præmissorum per ipsum non sic ut præmissum est actorum factorum dictorum seu concessorum et aliter omni exceptioni, doli, mali, metus seu fraudis conditioni indebili sine causa et ob causam, et generaliter omnibus aliis juribus et legibus canonicis et civilibus, quibus mediantibus contra præmissa venire ullo modo, posset aliqua ratione sive causa, aliquo jure sive titullo ullis universis in futurum temporibus,

Quæ omnia universa et singula præmissa tenere, servare, complere, inviolabitur perpetuo observare prænominatus dominus Pontius de Stulto, rector jamdictus, ad et supra sancta quatuor Dei evangelia ejus manu dextra gratis corporaliter tacta, promisit et juravit.

De quibus promissis omnibus memoratus magister Anthonius d'Ayrenxis requisivit me notarium infra scriptum ut sibi retinerem publicum instrumentum.

Acta fuere præmissa anno, die, mense, loco et regnante quibus supra, præsentibus ibidem in præmissis Vitale de Molera, Vitale de Riguali, et Joanne de Bonafide, dicti loci de Besolla habitatoribus, testibus ad præmissa vocatis, et me Hugone de Rupe, notario publico, loci de Besolla habitatori, qui de præmissis requisitus præsens instrumentum retinui et in meis libris sive protocolis registravi, et deinde in hanc publicam formam per alium mihi fidelem grossari feci, signoque meo publico et autentico quo aliis utor instrumentis et signavi in fidem et testimonium omnium et singulorum præmissorum.

Marque du Notaire.   DE RUPPE not.

(Grosse en parchemin portant la marque authentique et la signature du notaire. Archives de la famille d'Ayrenx.)

24.

1513-1789. — **Même acte** du 16 octobre 1513 portant donation d'une chapelle ou pour une chapelle dans l'église Sainte-Marie de Bezolles, en faveur de la famille d'Ayrenx. Après la transcription littérale dudit acte, on lit ce qui suit :

« Collationné sur une expédition originalle signée DE RUPPE avec parraphe à moy remise et puis retirée avec le présent par Me Jacques Remy Dayrens, seigneur de Bautian, et pour être conforme à ladite expédition originalle me suis soussigné avec ledit Me Dayrens à Vic Fezensac ce huitième avril mil sept cens quatre vingt neuf. En foy de ce, aprouvant un mot rayé et trois renvois en marge.

» GAULTIER, n. r.

» DAYRENX. »

(Grosse en parchemin, archives de la famille.)

25.

17 décembre 1550. — **Contrat d'échange** fait le 17 décembre 1550, entre les petits-fils du fondateur de la chapelle d'Ayrenx en l'église Sainte-Marie de Bezolles. (*Arch. du château d'Augé.* — Voir p. 125 l'analyse de cet acte.)

26.

25 juillet 1574. — **Contrat de vente** en faveur de Barthélemi de Ayrenx, du 25 juillet 1574, signé DES FIEUX, notaire royal, et pour le reçu des rentes dudit acte, à Bezolles le 24 avril 1603, signé DE NARBONNE. (*Grosse en parchemin, archives du château d'Augé.*)

27.

11 juin 1593. — **Revente** en faveur de Jean Raymond de Ayrenx, le 11 juin 1593, signé : LACOSTE, notaire royal. (*Idem, Idem.*)

28.

Décembre 1601. — **Autorisation** donnée au mois de décembre 1601, par Monseigneur l'Archevêque d'Auch, à Jean-Raymond d'Ayrenx, qui signe toujours : DE AYRENX, d'être enterré, ainsi que sa famille, dans la chapelle d'Ayrenx, fondée en 1513 par son bisaïeul paternel dans l'église Notre-Dame de Bezolles. (*Original en parchemin, archives de la famille.*)

29.

25 avril 1605. — **Autre autorisation** semblable donnée au même Jean-Raymond d'Ayrenx et à sa famille, par le curé de Bezolles. (*Original en parchemin, archives de la famille.*)

30.

27 septembre 1661. — **Donation** faite le 27 septembre 1661, par Jeanne de L'Église, étant dans la salle noble de Lagardebière en Armagnac, juridiction de Bezolles, en faveur de Jean et Dominique-Mathieu d'Ayrenx, frères. (*Idem.*)

31.

1er décembre 1680. — **Inhumation** de Barthélemi III d'Ayrenx, prêtre, docteur en théologie, curé de Saint-Martial au comté de Benauges, faite le 1er décembre 1680. (*État civil.*)

32.

1659 à 1699. — Nombreuses **pièces judiciaires** relatives au long procès soutenu pour la cure de Saint-Pierre de Calens et de Saint-Jean de Luxey son annexe, par messire Pierre II d'Ayrenx, prêtre, bachelier en théologie, curé de Silhas de 1659 à 1678, curé de Calens et Luxey, puis de Saint-Martial en Benauges, après son frère Barthélemi III. (*Archives du château d'Augé.*)

33.

7 juin 1694. — **Requête** présentée au roi en son conseil, le 7 juin 1694, par Jean-Jacques du Four, prêtre, curé de la paroisse Saint-Pierre de Calens et de Saint-Jean de Luxey son annexe, au diocèse de Bazas, contre le sieur Pierre d'Ayrens, prêtre, curé de la paroisse de Saint-Martial au même diocèse. (*Copie authentique sur papier timbré de l'époque, signée:* ROLLAND DU BOURG. — *Archives du château d'Augé.*)

34.

30 mars 1699. — **Enregistrement et description des armoiries** de la famille d'Ayrenx à l'*Armorial général de France,* le 30 mars 1699, signé : LACROIX. (*Original,* voir p. 125.)

35.

20 mars 1767. — **Lettre autographe** adressée « à Monsieur d'Ayrens, curé de Saint-Martial », par l'évêque de Bazas (Jean-Baptiste-Amédée de Grégoire de Saint-Sauveur) :

« Je suis très sincèrement et très vivement affligé, Monsieur, que malgré les représentations que j'ay eu l'honneur de vous faire, vous persisties à quitter votre cure, et à abandonner le troupeau que le Seigneur vous avoit confié. J'accepte votre démission pour ne pas vous affliger : mais c'est avec un cœur pénétré de douleur et d'amertume, et avec la plus grande inquiétude que je dois songer à vous donner un successeur. Je fairay de mon mieux pour que mon choix tombe sur un sujet qui marche sur vos traces, et qui puisse soutenir le bien que vous avès établi dans votre paroisse. Je fais des vœux pour le rétablissement de votre santé, et pour la conservation de vos jours.

» Souvenez-vous de moy dans vos prières, je ne cesseray jamais d'être, en Jésus-Christ, votre très humble et très obéissant serviteur.

» † L'ÉVÊQUE DE BAZAS. »

(*Original écrit en entier par ledit évêque et scellé de ses armes sur cire noire. — Archives du château d'Augé.*)

36.

10 avril 1768. — **Testament** du même M. Me André I d'Ayrenx, prêtre, docteur en théologie, ancien curé de Saint-Martial, fait devant Me Gaultier, notaire royal de la ville de Vic-Fezensac, dans lequel le testateur déclare vouloir :

« ... que s'il décède dans la paroisse de Bezolles, ou aux environs, son corps soit inhumé dans la chapelle de sa famille, située dans l'église paroissiale du dit Bezolles; veut que ses honneurs funèbres soient faits très modestement. » (*Archives du château d'Augé.*)

37.

21 août 1773. — **Hommage** du château noble de Bautian, rendu au roi Louis XV, le 21 août 1773, par Barthélemi Dayrens, seigneur de Bautian.

LOUIS, par la grâce de Dieu, roi de France et de Navarre, seigneur souverain de Béarn, comte de Foix, d'Armagnac, de Bigorre, de Marsan, Tursan et Gabardan, des Quatre Vallées et autres païs dépendant de l'ancien et nouveau domaine de Navarre, salut.

Sçavoir faisons que ce jourd'huy, date des présentes, s'est présenté en notre Cour de Parlement, Comptes et Finances de Navarre séant à Pau, le sieur Barthélemy Dayrens, seigneur de Bautian, par le ministère de

Me Daniel Campagne, procureur dans notre dit parlement de Navarre, fondé de procuration spéciale du 4e du présent mois, retenue à Vic Fezensac par Me Galtier, notaire royal, controlée le 9 dudit mois, en vertu des Lettres de la chancellerie du 20 du même mois, lequel, pour obéir aux arrêts de la cour sur ce rendus, nous a fait et prêté ès mains de notre dite cour, les foy, hommages et serment de fidélité qu'il nous doit, pour raison du château noble de Bautian, avec ses édifices, metteries et autres biens, fiefs, agriers, moulin à eau et autres droits seigneuriaux, apartenances et dépendances, le tout noble mouvant de nous, à cause de notre vicomté de Fezensac, et ce en forme ordinaire et accoutumée, étant tête nue, genoux à terre, sans chapeau, épée, ceinture, éperons, manteau, ni gans, tenant les mains jointes sur les saints évangiles;

Et ce fait, lui a été ordonné de bailler son aveu et dénombrement desdits biens et droits en dépendant, dans quarante jours, et de le faire vérifier quarante jours après, passé lesquels et faute ce faire le présent hommage demeurera pour non fait.....

Fait à Pau en notre dite Cour de Parlement, Comptes, Aides et Finances de Navarre, le vingt un août mil sept cent soixante treize et de notre règne le cinquante huitième.

Par le Roy en sa chambre des comptes de Navarre.

PUYON.

(Expédition en parchemin timbré, archives du château d'Augé.)

38.

6 mars 1774. — **Dénombrement** que fournit M. Barthélemy d'Ayrenx, seigneur de Bautian, devant vous nos seigneurs de Parlement, chambre des Comptes, Aydes et Finances de Navarre, séant à Pau, faisant suite à l'hommage rendu le vingt un août mil sept cent soixante treize en votre dite cour.

Article premier. — Premièrement ledit seigneur dénombrant jouit et possède noblement dans la jurisdiction de Vic Fezensacq le terroir de Bautian, château appellé à Bautian, pigeonnier, jardin, enclos, vivier, garenne, métairie, terres, bois, prés, vignes appelées de Bautian et à las Barthes de dessus, le tout joignant et contigu, et dans lesquelles possessions il a été depuis un certain tems édifié et construit une nouvelle métairie appelée de La Bourdette Bautian, confronte du levant un ruisseau et chemin royal tirant vers Condom.....

Art. second. — Plus ledit seigneur jouit et possède noblement audit lieu et à las Barthes terre et pré.....

Art. trois. — Plus ledit seigneur jouit et possède noblement bois, vignes et gebra à las Benches de Larroque.....

Art. quatrième. — Plus jouit et possède noblement un moulin où il n'y a eu pendant longtems que les mazures, actuellement en bon état, moulant à trois meules sur la rivière de L'Osse, canal, pré et terre au lieu dit au moulin de Bautian.....

Art. cinquième. — Plus jouit et possède noblement une métairie, patus et terre à Juau et à Bordenave.....

Art. sixième. — Plus jouit et possède noblement plante à Richart et au Peseracq.....

Art. septième. — Plus jouit noblement terre au Président.....

Art. huitième. — Plus jouit noblement jardin, terre labourable et inculte audit parsan de Juau.

Art. neuvième. — Plus jouit noblement terre audit parsan.....

Art. dixième. — Plus jouit noblement bois autrement à Saint-Nicolas.

Art. onzième. — Plus jouit noblement terre audit lieu.....

Léquel aveu et dénombrement je certifie véritable........ en foy de quoy ay signé à Vic Fezensacq ce six mars mil sept cens septante quatre.

D'AYRENX.

Controllé à Pau le 15 mars 1774 .... signé BAZIN.
(Suivent les trois publications faites les 10, 17 et 24 avril 1774.)
(Archives du château d'Augé.)

39.

16 mars 1774. — **Arrêt** qui ordonne la publication du dénombrement.

Extrait des Registres du Parlement de Navarre.

Vu l'acte d'hommage prêté le 21 août 1773 par le sieur Barthélemy Dayrens, seigneur de Beautian, pour raison du château noble de Beautian, avec les édifices, métairies et autres biens, fiefs, agriers, moulin à eau et autres droits seigneuriaux, apartenances et dépendances, le tout noble;

Le dénombrement par lui fourni, contrôlé à Pau le 15 du présent mois par Bazin, la présentation de Campagne, procureur, l'acte demandant ordonner que le dénombrement sera publié aux formes ordinaires, l'ordonnance d'un *soit montré* au procureur général du Roi; conclusions par lui baillées, la distribution faite au sieur de Lafargue, conseiller.

Ouï son rapport, et le tout vu :

DIT A ÉTÉ, que la Cour octroye acte au dénombrant de la remise dudit dénombrement; ce faisant, ordonne qu'il sera paraphé par le greffier et les feuilles cottées par première et dernière, et ensuite publié par trois dimanches consécutifs à l'issue de la messe paroissiale, où les biens sont situés et partout ailleurs où besoin sera, en présence du peuple et des consuls ou juge.....

Prononcé à Pau en Parlement grand'chambre, Comptes, Aydes et Finances de Navarre, le seize mars mil sept cent soixante quatorze.

Collationné.

LACADÉ.

(Archives du château d'Augé.)

40.

A nos seigneurs du parlement en finances.

Supplie humblement noble Barthélemy d'Ayrens, habitant à Vic-Fezensacq, disant que son procès en verification du dénombrement est instruit et prêt à recevoir jugement; mais M. de Lafargue, rapporteur, est absent, de manière qu'il est de toute nécessité de le subroger. Ce considéré, il vous plaira de vos graces nos seigneurs subroger un de vous à M. de Lafargue pour le raport du procès dont s'agit, et ferès justice

Pour procureur Me Campagne.

DUBOYS, notaire.

(Original en papier. Archives du château d'Augé.)

41.

Actes de noble Barthélemy d'Ayrens, de Vic-Fezensac, pour raison de son dénombrement.

Du 21 août 1773. — Noble Barthélemy d'Ayrens, habitant à Vic-Fezensac, demandeur par lettres d'hommage du 20 du courant, pour raison du château noble de Bautian, avec les édifices, métairies et autres fiefs, biens, agriers et autres droits et devoirs seigneuriaux, moulin à eau, apartenances et dépendances, situé dans la juridiction de Vic-Fezensac.

1774. — Vu l'homage en collationné porté par ledit sieur Dayrens le 21 août 1773, et ordonne qu'il fournira son dénombrement dans quarante jours.

Le quinze mars mil sept cents soixante quatorze, Campagne pour le sieur Dayrens a remis son dénombrement duement contrôlé à Pau ce jourd'huy par le sieur Bazin, demandant ordonner qu'il sera publié aux formes ordinaires et ensuite procédé à la vérification d'iceluy.

Jay retiré ledit homage et dénombrement, signé Danglade.....

Collationné,

Cassore.

La Cour ordonne que le procès sera montré au procureur général du Roy pour conclure. Fait à Pau en parlement le seize mars 1774.

Collationné,

Dufor.

Veu le procès suivant les actes.

Je requiers pour le Roy donner acte au dénombrant de la remise de son dénombrement; ce faisant ordonner qu'il sera cotté, parraphé, ensuite lu et publié aux formes pour les publications raportées dans le mois avec les pièces justificatives d'icelluy, ou fautte de le faire, le dellay passé, requerir ce qu'il apartiendra. Au parquet le 16 mars 1774.

Casaus.

(Original, archives du château d'Augé.)

42.

Échange entre messire Géraud d'Auxion, seigneur baron d'Ayguetinte, et M. Barthélemy d'Ayrenx, seigneur de Bautian, 4 mars 1776.

Entre nous messire Géraud Dauxion, seigneur baron d'Ayguetinte, y habitant, et M. Barthélemy Dayrenx, seigneur de Bautian, habitant de la ville de Vic-Fezensac, soussignés, a été fait échange et permutation des pièces cy après énoncées pour notre plus grande commodité.

1º M. d'Ayguetinte baille en échange audit sieur Dayrenx une pièce de terre qui confronte du levant au chemin royal qui va de Vic à Valence; midi, couchant et septentrion à terre, vigne et bousquet du sieur Dayrenx; plus autre pièce de terre.....

Et moy dit sieur Dayrenx baille en contre-échange, audit sieur d'Ayguetinte, une pièce de terre appelée au Président, confronte du levant et couchant audit sieur d'Ayguetinte, midi à ruisseau.....

Fait double du présent et retiré de part et d'autre, au Président ce 4 mars mil sept cents septante six.

Dauxion Dayguetinte.

d'Ayrenx.

(Original en papier, archives du château d'Augé.)

43.

Hommage du château noble de Bautian, rendu au roi Louis XVI, le 9 août 1776, par Barthélemy Dayrenx, seigneur de Bautian.

LOUIS, par la grace de Dieu, roi de France et de Navarre, seigneur souverain de Béarn, comte de Foix, d'Armagnac, de Bigorre, de Marsan, de Tursan et Gabardan, des Quatre Vallées et autres pays dépendans de l'ancien et nouveau domaine de Navarre, salut :

Sçavoir faisons, que cejourd'hui, date des présentes, s'est présenté en notre Cour de Parlement, Comptes, Aides et Finances de Navarre, séant à Pau, Barthélemy Dayrens, seigneur de Botian, par le ministère de Me Daniel Campagne, procureur en notre dite cour, fondé de procuration spéciale du 18e octobre 1775, retenu à Vic-Fezensac par Goltier, notaire royal, contrôlé au bureau de ladite ville le 20e ; et en vertu des Lettres de la chancellerie du 6e du présent mois, lequel pour obéir aux arrêts de la Cour sur ce rendus, Nous a fait et prêté ès mains de notre dite cour, les foi, hommage et serment de fidélité qu'il nous doit pour raison du château noble de Bautian, avec ses édifices, métairies et autres biens, fiefs et agriers et autres droits seigneuriaux, moulin à eau, appartenances et dépendances, scitué en la juridiction de Vic-Fezensacq, mouvant de nous à cause de notre vicomté de Fesensacq, et ce en forme ordinaire et accoutumée, étant tête nue.....

Fait à Pau en notre dite Cour de Parlement, Comptes, Aydes et Finances de Navarre, les deux chambres assemblées, le neuf avril mil sept cents soixante seize.

Par le Roy en sa chambre des comptes de Navarre.

LACADÉ.

(Expédition en parchemin timbré. Archives du château d'Augé.)

44.

Inventaire avec douze productions produites par noble Barthélemy Dayrens, seigneur de Botian, habitant à Vic-Fesensacq, Campagne, F. E. 1778, f. 16. Baillé le neuf may mil sept cent soixante dix huit.

Noble Barthélemy Dayrens, seigneur de Botian, habitant à Vic-Fesensacq, au procès qu'il a en la Cour en verification de son dénombrement, baille inventaire avec production et dit :

L'exposant désirant fournir son dénombrement prit des Lettres d'homage en la chancellerie le 29 août 1773.....

A cause du joyeux avènement à la couronne par le décès de Louis XV, les vassaux de S. M. furent obligés d'homager de nouveau pour Louis XVI. En conséquence l'exposant prit des Lettres de chancellerie...

Partant :

L'exposant demande déclarer le dénombrement bien et duement lu et publié, procédant à la verification d'icelluy le maintenir dans la pocession et jouissance des biens, droits et revenus par luy dénombrés, avec deffences à toutes personnes de l'y troubler à telle peine que de droit avec dépens et autrement.

DUBOYS. *M. C.*

(Archives du château d'Augé.)

45.

Extrait de récépissé fait par le sieur Labat, receveur du Domaine, sur le registre des finances de l'étude de Me Campagne, procureur.

Procès sur vérification de dénombrement de noble Barthélemy Dayrens, seigneur de Botian, habitant à Vic-Fesensacq, pour le château noble de Botian et autres lieux, complet suivant les actes que moy procureur soussigné certiffie avoir vériffié et remis à M. de Labat pour l'envoyer à M. Poulon.

Pau, le 11 may 1779.

LABAT.

Et à côté dudit récépissé, on trouve le suivant : Jay retiré des mains de M. Labat, le procès cy contre sans dire.

Pau, le 8 janvier 1780.

DUBOYS. *M. C.*

Pour copie dont l'original est en mes mains.

CAMPAGNE.

(Archives du château d'Augé.)

46.

Arrêt de vérification du dénombrement de messire Barthélemy Dayrens, habitant à Vic-Fesensacq, 26 février 1780.

Extrait des Registres du parlement de Navarre.

Entre noble Barthélemy Dayrens, de Vic-Fesensacq, demandeur en vérification de son dénombrement pour raison du château noble de Botian, avec ses édifices, métairies et autres biens, fiefs, agriers et autres droits seigneuriaux, moulin à eau et autres appartenances et dépendances et autrement, d'une part :

Le receveur principal de l'administration des Domaines, qui après communication du procès, d'autre ;

Le procureur général du Roy, concluant, d'autre,

Campagne,

Vu par la Cour les Lettres d'homage impétrées en la chancellerie par le sieur Barthélemy Dayrens, seigneur de Bautian, habitant à Vic-Fesensacq, le 20 août 1773.

L'homage par luy rendu le 21 du même mois pour raison du château noble de Bautian, avec ses édifices, métairies et autres biens, fiefs, agriers, moulin à eau et autres droits seigneuriaux, appartenances et dépendances, le tout noble :

Le dénombrement par luy fourni le 6 mars 1774 ;

L'arrêt, qui en ordonne la publication du 6 dudit ;

Les publications faites au lieu de Vic-Fesensacq par Meste, huissier, les 10, 17 et 24 avril suivant.

L'inventaire remis au greffe par le sieur Dayrens, le 9 may 1778, contenant douze productions qui sont les Lettres, l'homage, le dénombrement, l'arrêt de publication, les publications.

Les Lettres d'homage et l'homage rendu à Louis XVI, le 9 août 1776.

L'arrêt de vérification rendu au profit du sieur de Saint-Orens, possesseur avant l'exposant des droits dénombrés le 17 juillet 1759.

Concluant ledit sieur Dayrens déclarer le dénombrement bien et duement lu et publié; procédant à la vérification d'icelui le maintenir dans la possession et jouissance des biens, droits et revenus par luy dénombrés, avec deffenses à toute sorte de personnes de l'y troubler, à telle peine que de droit, avec dépens.

L'acte demandant arret fait par ledit sieur Dayrens, le 6 juin 1778.

L'ordonnance rendue sur les actes le 6 juin portant que le procès sera porté au directeur général des Domaines pour fournir son dire et ensuite communiqué au procureur général du Roy.

L'acte fait aux diettes de l'instance par ledit sieur Dayrens, le 12 janvier 1780, où il dit qu'il a remis l'extrait du récipissé de Me Labat, receveur général des Domaines qui justiffie qu'il a pris le procès pour fournir son dire le 11 mars 1779, et que ce n'est que le 8 janvier 1780 qu'il l'a rendu sans aucun dire, l'exposant ne peut pas l'y forcer, il suffit qu'il l'ait mis à portée de le donner, affin qu'il n'ait rien à se reprocher, outre que les intérêts du Roy sont également confiés à M. le procureur général, qui devra conclure. C'est pourquoi il persiste dans ses conclusions.

La remise faite au greffe par ledit sieur Dayrens, le 21 janvier 1780 du dénombrement fourni par messire Jean de Melet, baron de Saint-Orens, seigneur de Las, Suirac et autres lieux, le 19 août 1756, vérifié par arrêt du 17 juillet 1759,

Les conclusions données par le procureur général du Roy, le 23 février 1780.

La remise faite par ledit sieur Dayrens au greffe, le 23 février 1780, de son contrat d'acquisition du 9 août 1768, de la seigneurie, maison noble et château appelé de Bautian, et de la chapelle Saint-Nicolas, du sieur de Melet, baron de Saint-Orens, au bas duquel se trouve la quittance de l'ensaisissement du 9 novembre 1768.

Les nouvelles conclusions données par le procureur général du Roy, le 24 février 1780.

La distribution faite au sieur de Sajus, conseiller, duement raportée;

Ouï son rapport;

Et le tout vu:

DIT A ÉTÉ que la COUR a déclaré et déclare ledit dénombrement bien et duement lu et publié, et procédant à la vérification d'icelui a maintenu et gardé, maintient et garde le dénombrant dans la propriété, possession et jouissance de tous et chacuns les biens et droits par luy dénombrés à la charge de foy et homage à chaque mutation de seigneur et de vassal et du service personnel le cas échéant, le tout sans préjudice des droits du Roy en autres choses, et d'autruy en tout, ordonne que dans le mois, à la diligence du dénombrant, l'original dudit dénombrement et une expédition en forme du présent arrêt seront déposés aux chartes de Sa Majesté, au château de la présente ville, pour être ajoutés à l'inventaire des titres et y avoir recours quand besoin sera, à peine de saisie desdits biens et droits dénombrés, même de la réunion d'iceux au domaine de Sa Majesté; condamne le dénombrant aux dépens du présent arrêt prononcé à Pau, en Parlement, chambre des Comptes et Finances le vingt six février mil sept cens quatre vingt.

Collationné.

J. DILOR.

(Archives du château d'Augé.)

47.

6 juillet 1786. — **Certificat d'aptitude** de bachelier *in utroque jure,* délivré à *Petrus d'Ayrenx.*
(Original en parchemin, archives de la famille.)

48.

6 août 1787. — **Contrat de mariage** passé le 6 août 1787, à Puymaurin, diocèse de Toulouse, devant Me Gaultier, notaire royal, entre Jacques-Rémy Dayrens, avocat en parlement, seigneur du château noble de Bautian, et noble demoiselle Rose-Scholastique-Françoise de Souville (voir p. 135 et 136, l'analyse exacte de cet acte).

49.

7 août 1787. — **Mariage religieux** des mêmes.
Me Jacques Rémi Dayrens, avocat en parlement, âgé de trente ans, fils de M. Barthélemi Dayrenx, seigneur de Bautian, et de dame Marie Thieux de Lasserre, mariés, habitants de la ville de Vic-Fezensac, au diocèse d'Auch;
Et demoiselle Rose-Scholastique-Françoise de Souville, fille de feu noble Jean-Baptiste François de Souville, conseiller du roi, seigneur de Lunax, et de dame Jeanne Françoise de Duplan, mariés, habitants de Puymaurin; les constitutions de l'Église et les ordonnances royaux observés ont contracté mariage par paroles de présent et reçu la bénédiction nuptiale dans l'église de Puymaurin, le mardi septième jour du mois d'août mil sept cent quatre vingt sept.
La cérémonie a été faite par M. André Dayrenx, prêtre, docteur en théologie, chapelain à Garaison, en notre présence et à la présence de messire André Dayrenx, chanoine de Vic-Fesensac, de noble Bernard François de Souville, de Paul César de Souville, frères de l'épouse, et de messire Jean Philippe Feraud, seigneur de Lescuing, capitaine de dragons, et de Jean-Dominique Marc de Vignaux, de la ville de Lombez, de Joseph-Auguste Melchior Duplan, clerc tonsuré, et autres qui ont signé, ainsi que nous et les époux..... et LASMARTRES, curé, signés au registre.
(État civil de la commune de Puymaurin.)

50.

Le **Contrat de mariage** suivant fait connaître tous les parents paternels et maternels de Rose-Scholastique-Françoise de Souville, mariée le

6 août 1787 avec Jacques-Rémy d'Ayrenx, seigneur du château noble de
Bautian, et grand'mère ou bisaïeule paternelle de tous les MM. d'Ayrenx
actuels :

L'an mil sept cent quatre vingt quatre et vingt cinquième jour du mois
de novembre, après midi, en la ville de Tarbes, comté de Bigorre, devant
nous, notaire royal, au lieu de Cierp, diocèse de Commenges, soussigné.

Ont comparu noble Bernard-François-Bertrand de Souville, fils de noble
Jean-Baptiste-François de Souville, coseigneur de Lunax, habitants de la
ville de Puymaurin, et de deffunte dame Jeanne-Françoise de Duplan,
assisté et conseillé par Me Pierre-Joseph Duplan, conseiller du Roy, son
juge en chef de la châtellenie de Samatan, y habitant, son oncle maternel,
et de Me Guillaume Nassans, avocat en parlement, juge général du païs et
comté d'Astarac, habitant de la ville de Masseube, son proche parent, et
procureur fondé dudit noble de Souville père, suivant sa procuration du
vingt trois du courant, retenue par Me Souville, notaire de Saint-Blancard,
controllée au bureau de Boulogne, suivant l'extrait qu'il en rapporte et qui
demeurera annexé au présent, pour en faire partie, après avoir été de luy
paraphée. Assisté encore de très haut et très puissant seigneur messire
Armand-Alexandre, comte de Gontaut, seigneur du marquisat de Saint-Blancard, La Chapelle, Louzière, Siadoux, Charlas, Montgaillard, Labarthe,
Savaillan, Auriebat, Saint-Elix et Basus et autres lieux, colonel d'infanterie, commandant pour le Roy dans la province de Bigorre et Nébouzan,
sous les ordres de monseigneur le maréchal duc de Biron, de messire
Jacques-Philippe, comte de Haget, brigadier des armées du Roy, mestre de
camp, lieutenant commandant du régiment de Chartres, infanterie, d'une
part;

Et demoiselle Claire de Fondeville, fille légitime de feu messire Bertrand
de Fondeville, et de dame Jacquette de Lassus, demeurant en la présente
ville, assistée et conseillée de lad. dame sa mère, de messire Pierre-Clair de
Fondeville, son frère, vicomte de Labatut, seigneur de Marignac et autres
places, de dame Angélique-Clotilde de Luscan de Labatut, sa belle-sœur, de
noble Joseph de Salles, baron de Hiis, et de dame Marquete de Fondeville,
mariés, ses beau-frère et sœur, de noble Jean de Batailhe, seigneur de
Sérignac, demeurant en la ville de Pontac, son beau-frère, de dame Suzanne
de Fondeville de Rives, sa sœur, de messire Jean-Charles Carmentran, baron
d'Espalais, et de dame Jacquette de Fondeville, mariés, ses beau-frère et
sœur, mariés, demeurant en la présente ville, de demoiselle Marie-Margue-
rite-Charlotte-Apollonie-Rose de Fondeville, de messire Pierre de Lassus,
baron de Labarthe, conseiller honoraire au parlement de Toulouse, et de dame
Dominiquete Duffau de Lassus, son épouse, de Marc-François de Lassus de
Nestier, conseiller au même parlement, leur fils, ses oncle, tante et cousin,
de Me   de Gérac, avocat en parlement, habitant à Saint-Gaudens,
son cousin, et de messire Pierre-Marie de Lassus de Ladevèze, seigneur de
Pujo, Sarrous et autres places, lieutenant général de la sénéchaussée de
Bigorre, représentant en même temps, lesd. MM. et dame de Lassus et
de Gérac, de messire Jean Gémit de Luscan, prêtre chanoine de l'église

cathédrale de Tarbes, et de messire Jean-Jacques, baron d'Angos et du Bourg, demeurant en la présente ville.

Lad. demoiselle de Fondeville, future épouse, assistée en outre de très haut, très puissant et très illustre prince Charles-Armand-Jules de Rohan, prince de Rohan-Rochefort, lieutenant général des armées du Roy, gouverneur pour Sa Majesté des villes et citadelles de Nismes et Saint-Hypolite, premier baron de Bigorre, seigneur marquis de Bénac, etc., etc., de très haute, très puissante et très illlustre princesse Marie-Henriette-Charlotte-Dorothée d'Orléans de Rothelin, princesse de Rohan–Rochefort, épouse dud. seigneur prince, de très haute et très illustre princesse
de Rohan-Rochefort, leur fille, étant actuellement en la présente ville, ensemble de très haute et très puissante dame Louise-Françoise de Levis-Lerans, veuve de messire de Polaminy, demeurant en son château de La Loubère, d'autre part.

Lesquels dits noble Bernard-François-Bertrand de Souville et demoiselle Claire de Fondeville, de l'avis et approbation de leurs dits parents et assistants se sont promis mariage et de le célébrer incessamment, selon les saints décret et constitutions canoniques et politiques au *(illisible)* de l'une des parties.

Et pour le support des charges du présent mariage, lad. demoiselle de Fondeville, future épouse, conjointement avec led. messire Pierre-Clair de Fondeville, vicomte de Labatut, son frère, s'est constitué en dot, pour ses droits légitimaires paternels, la somme de quatre vingt mille livres, dont led. messire de Fondeville, son frère, vouloit luy faire le payement comptant, mais qu'il a été prié de garder jusqu'à ce qu'on aura eu l'occasion de l'employer utilement; bien entendu qu'il sera averti quatre mois à l'avance, lorsqu'on voudra retirer lad. somme en tout ou en partie et jusqu'au quel temps, il en payera, comme il s'y oblige, l'intérêt au taux de l'ordonnance, lequel intérêt diminuera néanmoins à proportion des payements, qui se feront dud. capital; laquelle dot sera reconnue sur la totalité des biens dud. noble Jean-Baptiste-François de Souville, quoiqu'elle soit reçue par led. noble de Souville, futur époux.

En contemplation, charges et support du même mariage led. Guillaume de Nassans, en sa qualité de procureur fondé et en vertu du pouvoir à luy donné a promis instituer led. noble de Souville, futur époux, héritier universel des biens de noble de Souville, son père, et comme il l'institue d'hors et déjà, sous la réserve toutefois de dix mille livres en propriété pour en disposer librement et de la manière qu'il jugera à propos, et qui néanmoins en deffaut de disposition, appartiendront au futur époux, sous la réserve de la somme de trente six mille livres pour chacune des demoiselles ses filles, et de quarante mille livres, avec sa maison de Toulouse, douze couverts, quatre grandes cuillers, deux flambeaux, mouchettes et porte-mouchettes, quatre salières, et sa petite caffetière, le tout d'argent, en faveur de noble Paul-César de Souville, son fils cadet, afin de tenir aux uns et aux autres, lieu de leurs droits légitimaires paternels, et encore de payement de legs que leur a fait messire (Paul-César) de Souville, archidiacre et chanoine de la cathédrale de Tarbes, à son décès, en fin de payements de leurs droits maternels.

Suivant le même pouvoir, led. s^r procureur fondé luy donne pour l'aider à supporter les charges de son mariage, la jouissance d'hors et déjà de tous les biens dépendants des trois métairies et maison de Puymaurin, moulin et tuillerie, même de la maison d'habitation lorsque les futurs époux voudront y habiter; il luy donne encore la jouissance des maisons et biens de Saint-Frajou et voisinage, et enfin la propriété et jouissance de la maison que led. noble de Souville possède dans la présente ville de Tarbes, quartier de la Cède, avec tous les meubles, effets et argenterie qui s'y trouvent. Au delà de quoy, led. sieur procureur fondé promet que M. de Souville père, comptera à son fils, futur époux, la somme de soixante mille livres et luy délivrera de créances pour trente mille livres à la première occasion que led. futur époux trouvera d'employer cette somme en biens fonds, dont ce dernier jouira en seul; consent aussi led. procureur fondé que le futur époux reçoive la dot constituée à lad. demoiselle de Fondeville et qu'il en jouisse, même qu'elle soit reconnue snr les biens dud. noble de Souville père; bien entendu que si noble Paul-César de Souville venoit à décéder sans enfants de légitime mariage, la maison de Toulouse et l'argenterie réservée pour luy reviendront par manière et force de substitutions aud. s^r de Souville, futur époux.....

J. GAVARET, notaire royal.

(Grosse en parchemin faisant partie des archives du château d'Augé.)

51.

24 août 1788. — **Extrait de naissance** de Barthélemi-Maurice Dayrens de Bautian.

Barthélemi-Maurice, fils naturel, légitime de M. Jacques-Remy Dayrens, avocat en parlement, seigneur de Bautian, et de dame Rose-Françoise-Scholastique de Souville-Dayrens, né le vingt quatre août mille sept cens quatre vingt huit, a été baptisé le même jour par moy André Dayrens, chanoine du chapitre de cette ville de l'archiprêtré, témoins.....

(État civil de Vic-Fezensac.)

52.

26 octobre 1788. — **Expédition notariée**, écrite le 26 octobre 1788 par Me Jacques-Antoine Gaultier, notaire à Vic-Fezensac, du récépissé d'enregistrement des armoiries de la famille d'Ayrenx, donné le 31 mars 1699 par Lacroix, commis dans la ville d'Auch à la recette des droits d'enregistrement des armoiries. Me Jacques-Rémy d'Ayrenx, seigneur de Bautian, avocat en parlement, présente audit notaire l'original dudit récépissé, puis le retire par devers lui, après avoir signé l'expédition collationnée sur l'original. *(Acte en parchemin, archives de la famille.)*

53.

10 février 1801. — **Certificat** de lieutenant des chasseurs nobles dans l'armée du prince de Condé, délivré par Louis-Joseph de Bourbon, prince de Condé, en faveur de Jean-François-Baptiste d'Ayrenx, né à Rincaulet, commune de Mauléon, bas Armagnac. *(Original aux archives de la famille; voir p. 149.)*

54.

2 février 1860. — **Acte notarié** fait le 2 février 1860, par lequel Barthélemi-Maurice Dayrenx, détenteur des papiers de famille comme l'aîné des fils de Jacques-Rémy Dayrenx, ancien seigneur de Bautian, dépose au rang des minutes de Mᵉ Cazaux, notaire à Bezolles, l'expédition authentique du récépissé d'enregistrement d'armoiries mentionnée au nº 52.

(Acte notarié. Archives de la famille.)

55.

17 août 1867. — **Jugement** de rectification d'actes de l'état civil rendu par le tribunal de 1ʳᵉ instance de Condom, en faveur de sʳ Hyacinthe-Marie-Martial d'Ayrenx, issu des sieurs de Rincaulet, et maire de la commune d'Estang, Gers. *(Expédition authentique; voir p. 152.)*

56..

1878. — **Jugement** de rectification d'actes de l'état civil rendu par le tribunal de 1ʳᵉ instance de Dax, rendu en faveur de Jean-François-Clément d'Ayrenx, actuellement receveur particulier des finances à Brives, issu des seigneurs de Bautian. *(V. p. 145.)*

57.

17 juillet 1878. — Troisième **Jugement** de rectification d'actes de l'état civil, rendu par le tribunal de 1ʳᵉ instance de Condom, en faveur de Gérard-Maurice d'Ayrenx, issu des seigneurs de Bautian. *(V. p. 139.)*

58.

1ᵉʳ avril 1879. — Quatrième **Jugement** de rectification d'actes de l'état civil, rendu par le tribunal de 1ʳᵉ instance d'Auch, rendu en faveur de Jean-Paul d'Ayrenx, issu des seigneurs de Bautian. *(V. p. 140.)*

Ce livre, tiré à 150 exemplaires, ne sera pas mis en vente. Il est exclusivement destiné aux membres de la famille, à quelques amis, et peut-être à telle ou telle bibliothèque publique. J'ai cru dès lors pouvoir placer, après les Pièces Justificatives, la relation suivante d'un voyage en Auvergne que M. Joseph d'Ayrenx (reçu comme le descendant des anciens seigneurs de Clavières-Ayrenx) avait uniquement rédigée pour l'intimité de sa famille. Cette relation est, dans une certaine mesure, une Pièce Justificative.

Agen, janvier 1884.

J. DE BOURROUSSE DE LAFFORE.

✤✤

SOUVENIRS ET IMPRESSIONS

DE MON VOYAGE EN AUVERGNE

Effectué le 17 Juillet 1878.

Le village Ayrens, qui fut notre berceau, est abandonné de la famille depuis plus de quatre siècles.

Il se trouve situé dans une des plus riches vallées du Cantal, commune du canton de Laroquebrou, arrondissement d'Aurillac.

Ma première visite dans cette contrée si pleine de souvenirs pour moi, eut lieu le 17 juillet 1878. Le vénérable curé de cette commune, M. Reyt, avec lequel j'étais déjà en relation, m'attira en ces lieux de la façon la plus gracieuse et me donna l'hospitalité la plus cordiale. — Voici sa dernière lettre que je me fais un plaisir de placer ici :

« Ayrens, le 12 juillet 1878.

» Mon cher Monsieur,

» Je m'empresse de vous répondre pour vous engager à venir aussitôt » que vous pourrez; dans ce moment vous êtes assuré de nous trouver » à Ayrens, le pays n'est pas encore dépouillé de sa robe de verdure qui » fait sa principale beauté et sa grande richesse; plus tard vous n'auriez » pas les mêmes avantages. Je vous conseille d'arriver à Aurillac, mercredi

12

» prochain, 17 du courant, par le train de une heure après midi; vous descen-
» drez à l'hôtel de Bordeaux où un voiturier d'Ayrens ira vous demander.

» Il est entendu que vous mettrez pied à terre au presbytère : le lende-
» main jeudi nous irons dîner chez madame la comtesse de La Salle de
» Rochemaure, qui nous a déjà demandés. Je serais heureux que madame
» d'Ayrenx pût vous accompagner dans votre visite au pays de vos aïeux;
» elle y trouverait une hospitalité un peu trop montagnarde et auvergnate,
» mais pleine de cordialité et de bon vouloir. Je vous prie de lui offrir mes
» bien respectueux hommages et vous, cher Monsieur, en attendant le
» plaisir de vous serrer la main, veuillez agréer tous mes meilleurs
» sentiments.

» REYT, curé. »

Cette lettre, dictée par un cœur paternel, m'attira droit au presbytère où je reçus une hospitalité qui centupla les charmes que j'éprouvai pendant mon séjour dans ce pays, que je pourrais appeler avec
un légitime orgueil — mon pays.

Vers quatre heures de l'après-midi, j'arrivai sur les limites de la
commune d'Ayrens.

Nous étions au sommet d'une montagne qui présentait le plus
ravissant coup d'œil qu'un touriste puisse désirer. A mes yeux s'offre
un magnifique plateau et mes regards émerveillés, s'étendant plus
loin, vont se perdre à travers les sinuosités d'un terrain gracieusement
accidenté. Les champs, très bien cultivés, sont bordés d'arbres dont
la verte et la vigoureuse ramure ombrage de rustiques demeures.

Je fus réellement heureux, l'impression que j'éprouvai ne peut mieux
se dépeindre. Mille réflexions se présentaient à mon esprit et me ren-
daient muet. La solitude m'était agréable en ce moment où mes
pensées pouvaient se donner un libre cours.

Une demi-heure après j'arrivai devant le presbytère, M. Reyt,
me tendant la main, me présenta au noble habitant du château de
Clavières-Ayrenx, antique demeure de ma famille.

Notre conversation roula longtemps sur le sujet principal qui m'at-
tirait dans ces montagnes, et je dois ici rendre hommage avant tout
au jeune comte de La Salle, qui s'est réellement dévoué à ma cause
en fouillant avec habileté et intelligence tous les parchemins du château, les bibliothèques et généalogies diverses, d'où il a extrait une
Notice sur Ayrens, ses seigneurs, son château et sa chapelle. Ces
recherches me permettent de soulever un coin du voile qui couvre
notre histoire au moyen âge. Notre conversation s'arrêta là pour le
premier jour; je gardai, en le remerciant, la notice que je conserve

avec soin et qui sera très utile et précieuse dans l'avenir pour les miens et pour moi.

Après les compliments d'usage, nous nous séparons. M. le comte de La Salle rentre à son château, après nous avoir cependant, sur l'invitation gracieuse de Mme la comtesse de La Salle, sa mère, fait promettre de nous y rendre le lendemain.

Le jour indiqué, de bonne heure j'ouvris une des croisées de ma chambre, qui donnait sur la petite place du village, en face l'église. Je contemplai avec plaisir toutes ces habitations qui laissent voir une certaine aisance à leurs propriétaires. L'église me parut fort ancienne, le clocher surtout, j'en parlerai en détail dans le courant de mon récit. Dix heures approchaient lorsque M. Reyt et son vicaire venaient prendre de mes nouvelles et voir si j'étais disposé à me rendre à l'invitation de Mme de La Salle. — Je suis prêt, leur dis-je, depuis déjà longtemps ; j'admirais en silence l'aspect de votre village et de ses alentours que je trouve charmants. Mais vous êtes là, je suis à vous.

Nous suivîmes cette route qui serpente le mamelon, traversant des pâturages de la plus grande fraîcheur, jusqu'au parc et au château où nous attendaient cette noble mère et ce noble fils, qui avaient aussi convié les prêtres et parents du voisinage.

Ce fut assurément un des plus beaux jours de ma vie. Je voyais en ces lieux tout ce qui faisait les délices des miens il y a cinq ou six siècles.

Ces épaisses murailles, ces tours majestueuses, cette chapelle couverte de lierre dans laquelle ils allaient prier! Vraiment mon impression fut grande, je ne pouvais dissimuler les élans de mon cœur qui grandissaient toujours auprès de mes aimables hôtes. Nous remontons ensuite ces jardins, où les corbeilles de fleurs répandaient dans l'air leurs parfums embaumés.

Nous entrons dans le vestibule, une porte s'ouvre et le jeune comte de La Salle, m'introduisant dans la salle de réception, me présenta à sa mère que j'eus l'honneur de saluer pour la première fois. — Je ne pus me défendre d'une certaine émotion à la vue de cette dame dont la tête, le maintien et les grandes manières rappelaient une aristocratique origine.

L'annonce du déjeuner vint interrompre le charme d'une conversation que Mme de La Salle savait rendre si intéressante. Mon regard parcourait le salon, dont la forme carrée à cerveau élevé était riche-

ment paré de fort jolis meubles anciens et modernes. Une console dorée
du style Louis XV attira d'abord mon attention, ses sculptures sont
belles et très bien conservées; Mme de La Salle me fit admirer
une galerie de tableaux de famille, qui tous offrent le plus grand
intérêt; la finesse de ces peintures me fit croire qu'ils étaient dus au
pinceau de nos grands maîtres. Mme de La Salle me dit en souriant
que l'auteur de ces tableaux était son père, qui avait consacré ses
loisirs à reproduire ainsi une partie de sa famille.

La cheminée de marbre, très bien ornée, supportait une pendule
très remarquable, du style Louis XIV. Dans le reste de cette belle salle
étaient entassés une quantité de tableaux qui formaient ainsi un beau
désordre pour lequel cette bonne châtelaine réclama mon indulgence,
car, me dit-elle, j'ai des ouvriers dans toute la maison, occupés
à réparer en entier l'intérieur de ce vaste manoir.

Nous nous rendîmes dans l'ancienne salle d'armes où nous attendait
un repas copieusement servi par les soins de la maîtresse de céans.
Cette salle assez longue, avec ses plafonds en voûte, offre ce cachet
antique, plus agréable à l'œil que nos salles modernes. L'ameuble-
ment était simple, Mme de La Salle ayant réuni tous ses plus beaux
meubles Louis XV et Louis XVI dans des appartements éloignés de la
poussière que soulevaient les ouvriers.

Aux trois quarts du repas, Mme la comtesse de La Salle, avec
l'à-propos et la délicatesse d'esprit qui la distinguent, se tournant vers
moi, me dit :

« Dans cette salle, sans doute, vos aïeux ont souvent porté de cha-
» leureux toasts, permettez-moi d'en porter un à votre bienvenue et à
» votre famille qu'il me tarde de connaître. »

Je la remerciai du plus profond de mon cœur et faisant entrechoquer
nos verres, je lui souhaitai une belle-fille digne d'elle, pour le bonheur
de son fils, M. le comte de La Salle, gentilhomme dans l'acception
du mot. Tous nos chers convives applaudirent à cette pensée, car
ils connaissaient déjà les désirs de cette excellente mère. Puis on fait
sauter les bouchons de champagne dont la liqueur se répand à flots
dans nos coupes. Après le déjeuner, M. Félix de La Salle m'offrit
de visiter les réparations qu'il avait entreprises; nous parcourûmes
une foule d'appartements, dans lesquels il y avait quantité d'échafau-
dages et d'ouvriers; j'admirai la belle direction qu'il leur donnait, en
le félicitant de l'harmonie de style qu'il établissait avec l'extérieur de
ce vieux et beau château. Je ne pus m'empêcher de lui témoigner ma

surprise et mon admiration sur l'adresse de ses ouvriers qui étaient tous du pays, sauf un réfugié carliste.

Ayant visité l'intérieur du château, nous allâmes en faire le tour extérieurement; mes yeux ne se lassaient pas d'admirer ces monceaux de pierres qui formaient un bloc d'épaisses murailles, couronnées de machicoulis et accostées de cinq tours crénelées; ce massif de pierre, majestueusement placé sur le sommet d'une forte colline qui l'élance dans l'air, comme plein d'orgueil d'avoir résisté aux tourmentes du monde pour abriter dans ses robustes flancs de nobles amis et des

cœurs généreux. — Je restai là seul et absorbé, mon sang bouillait de joie! Il me semblait voir ceux que je n'ai jamais connus! toutes mes pensées étaient intimes et profondes, tant les souvenirs parlaient haut dans mon âme. J'entretenais ainsi une conversation intime avec ceux des miens, dont je voyais l'image par la pensée. Cette manifestation naturelle et muette me retint là pendant plus d'une heure.

Le soleil disparaissait de l'horizon, il fallait songer au départ et se séparer d'une famille qui avait conquis mon affection. — Je ne dus pas hésiter, j'allai présenter mes hommages à Mme de La Salle, serrer la main à son fils et lui dire à revoir.

M. Reyt et son excellent abbé me rejoignirent; ensemble nous regagnâmes les sentiers multiples qui découpent la montagne et conduisent au village Ayrens.

Ces messieurs me firent visiter leur petite église, qui n'offre rien de remarquable; le chœur paraît très ancien par l'épaisseur de ses murs. Tout l'intérieur est badigeonné, et sans doute que sous cette couche de plâtre, on retrouverait un des beaux décors qui donnent à toutes ces églises cette marque imposante et respectueuse d'antiquité. — *La litre et ses écussons.*

J'ai visité le dallage et n'y ai découvert que deux tombes dont une, recouverte d'une pierre sur laquelle est gravée une grosse croix, laisse penser que sous elle repose la dépouille mortelle d'un prêtre. Sous la nef se trouvent les fonts baptismaux et un bénitier en pierre sculptée; ils sont jolis, car leur forme, le genre de leur travail, enjolivures médaillonnées, les font remonter, si je ne me trompe, à la renaissance. Vient ensuite le clocher d'une forme à peigne (¹), très originale, un mur occupant toute la façade de l'église, percé à son sommet de quatre niches à cloches, recouvertes d'une toiture ogivale. Cette forme de clochers, très répandue en Auvergne, date, dit-on, de l'occupation anglaise.

Nous rentrâmes au presbytère, qui touche à l'église, par une porte réservée de l'église au jardin, spéciale au curé. Nous employâmes la soirée à causer de nos bonnes impressions de la journée et du site splendide du château de Clavières. Notre sujet de conversation était bien vaste, chaque chose et chaque mot nous renvoyaient aux temps où les seigneurs de l'endroit soutenaient des luttes incessantes qui les tenaient sur un qui-vive continuel. Nous suivions pas à pas leurs nombreuses évolutions, leurs rudes combats, et, à ma satisfaction, je voyais que mes démarches seraient bientôt couronnées de succès.

Pour terminer la soirée, nous projetâmes une partie de pêche à la truite, dans le ruisseau qu'on nomme la Diève, qui ondule gracieusement entre les profondes collines voisines du village. J'acceptai de grand cœur et promis à M. Jean-Marie (nom du vicaire) d'être prêt de bonne heure afin de faire cette promenade avec la fraîcheur.

Dès le lever du soleil, armés de nos lignes et chaussés de nos plus fortes bottes, nous gravîmes la montagne d'Ayrens; arrivés au sommet, je jouis d'un spectacle que la nature seule offre sur les montagnes.

Un plateau recouvert de verdure, enjolivé de massifs irréguliers de

_____
(¹) Expression du pays.

bruyère fleurie dont chaque brin penchait sous le poids de la rosée que le soleil radieux endiamantait de ses reflets. Des myriades d'oiseaux de toutes sortes se balançaient doucement dans les airs qu'ils emplissaient de leurs chants harmonieux; ils allaient et venaient sans avoir l'air de s'effaroucher de notre visite. Nous traversâmes entièrement ce plateau féérique et dûmes nous arrêter en face de la gorge profonde qui se trouva devant nous; là spectacle nouveau et saisissant : une nuée de corbeaux s'enfuyait à tire-d'aile à notre approche, ils poussaient des cris lugubres se confondant avec le sourd clapottement des eaux qui se perdaient au fond de cette gorge agreste et sauvage. Ces profondeurs, qu'il nous fallait atteindre par des sentiers raboteux, étaient bordées de rochers imposants à formes aiguës. L'autre versant de colline était richement orné d'une végétation que je contemplai tout le temps de la descente. — Quelle antithèse! disais-je à M. l'abbé, que ce panorama de la nature; d'un côté aridité complète, de l'autre végétation luxuriante.

Nous arrivâmes ainsi près de la Dière, nous fîmes halte sur ses bords où de magnifiques prairies répandaient la suave odeur du foin coupé, que des femmes éparpillaient à l'action du soleil. Nous suivîmes ensuite pendant plusieurs milles les nombreux contours de cette petite rivière. Nous jetions de temps à autre nos lignes au fil de l'eau, d'où, je dois l'avouer, nous ne retirâmes que de faibles captures, notre attention se portait ailleurs; mon excellent guide s'attachait surtout à me faire faire ample connaissance avec le pays que d'autres de ma famille avaient admiré bien des siècles avant moi. A onze heures du matin nous regagnâmes le presbytère, où nous attendait le vénérable pasteur anxieux de notre retard.

A deux heures de l'après-midi, M. le curé Reyt me demanda si je ne serais pas aise d'aller visiter la mairie et les quelques documents qui pourraient m'intéresser; j'acceptai et nous partîmes. Un instant nous suffit pour arriver en face d'une maison basse, où un contrevent ouvert nous laissait voir, dans une chambre humide et obscure deux messieurs qui feuilletaient le Livre Terrier; c'était le maire et son secrétaire, qui depuis la veille, ayant appris mon arrivée, s'étaient empressés d'examiner si le nom que je porte figurait dans les liasses et pièces officielles. Nous entrâmes sur ces entrefaites, M. Reyt me présenta, et tous compliments faits, je remerciai M. le Maire de sa délicatesse à mon égard et lui dis avec juste raison que vraisemblablement aucune note concernant ma famille ne serait trouvée quatre siècles et demi ayant dû entraîner dans la poussière toutes les vieilles feuilles. En effet, le registre le plus ancien ne remontait qu'à l'an 1600.

Je causai un instant avec le premier magistrat de mon village, qui était aussi le docteur médecin de l'endroit, homme intelligent et plein de cœur possédant l'estime de tous les habitants, et dont je conserve un bon souvenir. Son secrétaire, homme d'un certain âge, fut aussi très obligeant pour moi, il voulut me faire visiter sa maison qui passe pour être une des plus anciennes du village. J'y remarquai une forte épaisseur de mur dont les pierres portent l'empreinte de ce cachet d'antiquité qui frappe d'abord, en imposant un certain respect. Il m'avoua ensuite que sur le côté est de sa maison existait autrefois une vieille tour qu'il avait démolie.

M. le curé Reyt me dit que lorsque la soirée deviendrait plus fraîche nous trouverions non loin du village, au haut d'un mamelon, un endroit des plus pittoresques qui nous permettrait, avec la brise embaumée des montagnes, de nous dédommager de cette chaleur caniculaire, qui pendant trois jours nous tenait dans un bain de vapeur continu. Pris au mot, nous partîmes en traversant la place du village qui se trouve en face de l'église; nous trouvâmes un vieux chemin encaissé d'au moins un mètre cinquante et bordé sur la plus grande partie de son parcours, d'énormes chênes séculaires. — Voici, me dit monsieur Reyt, le chemin, qui n'est aujourd'hui qu'un mauvais sentier, le plus vieux des environs, c'est le seul qui autrefois servait de communication avec les villages voisins et par lequel sans doute on se rendait au chef-lieu d'arrondissement, — Aurillac.

Causant ainsi, une petite demi-heure nous suffit pour atteindre le sommet demandé. Il était tapissé de bruyère et d'autres plantes sauvages sur lesquelles nous pûmes nous reposer en admirant la beauté de la nature. Les belles vallées conduisaient nos regards jusqu'aux majestueuses montagnes du haut Cantal (Puy-de-Dôme) rangées comme des forteresses, armées de pics aigus qui semblent jeter le défi au monde entier. Ces sommets arides ont cependant leur utilité; de nombreuses vacheries sont répandues sur leurs flancs. Je pourrais entre autres citer celles de Mme de La Salle, qui y possède quatre-vingts vaches fournissant grande quantité de lait employé à la fabrication du renommé fromage d'Auvergne.

Nous prolongeâmes là notre soirée le plus tard possible, c'était la dernière que je devais passer à Ayrens.

Je ne m'éloignai de ces lieux aimés qu'avec regret et un douloureux serrement de cœur; toutefois, je ne saurais fermer ces feuilles, où sont exprimées d'une manière, hélas! très incomplète toutes les impressions de cette incursion à travers le passé lointain de ma famille, sans exprimer toute ma gratitude envers le digne curé d'Ayrens, dont les procédés m'ont été doublement précieux, d'abord parce qu'il m'a servi de guide dans cette reconnaissance locale, ensuite parce qu'il m'a donné l'occasion d'entrer en relation avec la famille de La Salle de Rochemaure, les dignes châtelains actuels de Clavières-Ayrens.

Le lendemain de bonne heure, la voiture qui devait me ramener arriva devant le presbytère, M. le curé Reyt, me continuant sa courtoisie, se plaça près de moi et m'accompagna gracieusement à Aurillac. Je vois encore d'ici ce long ruban de route qui traverse les décors variés de la montagne; ces immenses prairies entourées de chênes, de frênes et de hêtres d'une hauteur extrême, recourbant majestueusement leur cime, comme pour rendre ainsi hommage à la main suprême qui leur donne la vie. Ils recouvrent de leur ombre les nombreux enfants que les moissonneurs confient à leur abri. Ces enfants dorment là, pendant que leurs pères travaillent; autour d'eux paissent paisiblement des bœufs, vaches et moutons, qui circulent le long des flancs escarpés de la colline avec autant d'assurance que nos troupeaux sur la plaine. Plus loin, de vigoureux Auvergnats aident de belles et plantureuses villageoises aux travaux de la récolte; les uns fauchent le foin de la seconde coupe, pendant que les jeunes filles, de leurs fourches agiles, le répandent en ordre sur les endroits fauchés. Les autres coupent le blé qui, sans être très beau dans ces pays, l'est assez pour encourager cette culture, quoique pénible par la hauteur et la pente de leurs champs. Tous réunis emplissaient les airs de leurs chants, dont la joie remplaçait l'harmonie.

Plus loin et sur notre gauche, je saluai en passant le château de Clavières, qui se détachait à merveille du milieu de son berceau de verdure. J'arrêtai la voiture pour jouir une dernière fois du ravissant coup d'œil qui agitait si fortement les fibres de mon cœur! Mon regard voltigeait de Clavières à Ayrens, d'où j'arrachais mon corps, mais où je laissais avec bonheur ma pensée.

Arrivés au bout de la côte, un petit bois que la route partage offre un coup d'œil vraiment original; il est, dirait-on, le vieil emplacement où jadis d'anciens chevaliers livraient des combats : les arbres les plus gros, groupés sur un promontoire, portent sur leurs flancs d'énormes

cicatrices, recouvertes en partie d'une peau noire et épaisse formant
une croûte écailleuse d'où sort un petit son, résidu des vers, qui
rongent là peut-être depuis des siècles. De gros blocs de pierres çà et
là posés, les uns sur leur plat côté, les autres sur leurs angles saillants,
forment ce désordre que laisse forcément une troupe de soldats après
le combat. J'admirai cette scène que la nature a placée là, au regard
de tous les passants.

C'est là aussi que se trouvent les limites de la commune Ayrens,
que j'allais franchir, en laissant cette vallée qui pendant trois jours
m'avait procuré de douces émotions. M. Reyt, en ce moment me dit :
Vous franchissez les bornes de ma commune, mais n'importe où vous
puissiez aller vous resterez toujours mon paroissien.

Une heure nous suffit pour arriver à Aurillac, je visitai la cathédrale
(style romano-byzantin) et la trouvai bien pauvre ; je témoignai mon
étonnement à M. Reyt, qui le partageait depuis déjà longtemps. Je
parcourus ensuite le reste de la ville, qui ne me séduisit pas.

L'heure du départ arriva, il fallut se séparer ; je le fis à regret, mais
j'obtins de M. le curé Reyt la promesse qu'il viendrait, accompagné de
M. le comte de La Salle de Rochemaure, faire la connaissance de ma
famille, ce qui adoucit beaucoup mes regrets. Je lui serrai affectueuse-
ment la main et me mis en route pour Toulouse où j'arrivai à huit
heures du soir.

Durant tout le trajet, mon esprit voyageait toujours dans le pays
que je venais de laisser ; il me représentait tout ce qui avait frappé ma
vue, et mon cœur remerciait en silence les bons amis que j'y avais
faits. J'étais fier d'emporter leur sympathie, en échange de celle bien
vive que je leur laissais.

JOSEPH D'AYRENX.

Château de Peyrecave, le 30 octobre 1878.

TABLE ALPHABÉTIQUE

Les chiffres **gras** indiquent les descriptions d'armoiries.

Bordeaux. — Imp. G. GOUNOUILHOU, rue Guiraude, 11.

www.ingramcontent.com/pod-product-compliance
Lightning Source LLC
Chambersburg PA
CBHW072223270326
41930CB00010B/1965